教育统计与测量

梅松竹 著

科学出版社

北 京

内 容 简 介

为了适应高等师范院校研究生和本科生培养的教育性和实践性要求，本书将教育统计与教育测量相结合，将教育统计与测量实践中经常用到的几个专题，包括数据收集与特征检验、描述性统计、参数假设检验、非参数检验、方差分析、相关分析、回归分析，以及教育测量的概述和质量分析、数据的统计处理、教育测验的编制程序和技术进行理论阐释和 SPSS 实例解析，旨在促进读者理解和掌握教育统计与测量的基本概念、基本知识、基本原理和基本方法，提高数据分析和处理及教育性解释的教育研究能力。

本书可以作为研究生教育专业教材，也可供在教育统计、教育测量、教育实验及人文社科领域统计决策等方面的技术人员、高校师生及基础教育一线教师参考使用。

图书在版编目（CIP）数据

教育统计与测量 / 梅松竹著. —北京：科学出版社，2021.1（2023.8 重印）

ISBN 978-7-03-066613-0

Ⅰ. ①教…　Ⅱ. ①梅…　Ⅲ. ①教育统计　②教育测量　Ⅳ. ①G40-051 ②G40-058.1

中国版本图书馆 CIP 数据核字（2020）第 211387 号

责任编辑：郑述方 / 责任校对：彭珍珍
责任印制：罗　科 / 封面设计：墨创文化

科学出版社 出版
北京东黄城根北街 16 号
邮政编码：100717
http://www.sciencep.com
成都锦瑞印刷有限责任公司印刷
科学出版社发行　各地新华书店经销
*
2021 年 1 月第　一　版　开本：787×1092　1/16
2023 年 8 月第六次印刷　印张：15
字数：362 000

定价：69.00 元

（如有印装质量问题，我社负责调换）

前　言

教育测量学、教育统计学、教育评价学是教育科学体系中重要的技术性和应用性学科，三者有着密切的内在联系，按照一定的逻辑顺序互为工具和条件，从逻辑推理、模型建构、数理统计、质性判断、教育解释、评价应用等方面为教育研究提供强大支持。它们在教育教学、教育管理、教育研究中有着重要的应用，为人才选拔和绩效评价提供科学手段，也是教师专业素养和专业发展评价的重要维度。

为适应普通高等师范院校教育专业人才培养的需求，将教育统计学与教育测量学中最基本、最重要、最精华的内容进行有机整合，通过核心概念解析和 SPSS 操作案例分析，将教育统计测量理论与实践有效结合，编写了《教育统计与测量》。本书旨在促进学习者树立科学的教育统计、测量与评价理念，理解和掌握教育统计与测量的基本概念、基本知识、基本原理和基本方法；理解教育统计与测量的数据结果和相关研究报告的研究内容；能够针对具体教育问题进行测量工具的编制与选择；掌握统计数据的收集、整理与分析，对相关数据结果进行合理解释和表达，最终提高学习者的教育研究能力。

全书共十一章，分为两大部分，第一章～第七章是教育统计部分，第八章～第十一章是教育测量部分。第一章数据与统计图表，介绍教育统计测量数据的来源、种类及特点，SPSS 数据的收集和整理，以及频数分布表和各类统计图的制作。第二章数据的分布特征，介绍平均数、众数和中位数这三个集中量的含义和操作方法，以及全距、四分位距、百分位距、四分位差、平均差、方差、标准差和差异系数，同时介绍数据的正态分布等状态特征。第三章抽样设计与参数假设检验，包括样本抽样方法、总体平均数估计和显著性检验、平均数差异的显著性检验。第四章非参数检验，重点介绍卡方检验、单样本 K-S 检验、两个独立样本非参数检验和两个相关样本非参数检验。第五章方差分析，介绍单因素方差分析、多因素方差分析、协方差分析、多组方差齐性检验、多因变量方差分析的基本原理，以及 SPSS 操作步骤。第六章相关分析，介绍相关的概念和相关系数的求法，积差相关、等级相关、质与量的相关、品质相关和偏相关的适用范围和操作方式。第七章线性回归，分别介绍一元线性回归及多元线性回归和非线性回归的应用。第八章教育测量学概述，介绍教育测量学的历史与发展、研究范畴、理论体系，包括经典测验理论、概化理论、项目反应理论的优势与不足。同时，介绍教育测量学的核心概念及教育测量要素、分类及功能。第九章教育测量的质量分析，介绍测量误差的含义、分类和来源，以及测量信度、测量效度、测量难度和测量区分度。第十章教育测量数据的统计处理，包括数据的检查与整理、数据的转化和数据的组合。第十一章教育测验的编制程序和技术，介绍教育测验的编制程序和编制技术。

本书在写作过程中得到淮北师范大学教育学院同仁的大力支持，在此谨致由衷的谢意。同时，作者的研究生王斐、王亚莉、李建伟、薛岚、范亚男、梁翰青、郭孝倩、范瑶瑶、盛荟竹、陶明月、程栈及 2018 级学前教育专业硕士和 2019 级应用心理学专业硕士在资料的搜集、整理和校对等方面做了大量的工作，对他们一并表示感谢。在本书的编写过程中，参阅了国内外大量有关教育统计与测量的论文、论著，也从国外的专题网站上吸取了宝贵的经验，在此对各位作者和团体一并表示感谢。

本书是 2018 年安徽省高等学校质量工程重大教研项目“基于大数据监控体系下的高等学校教学质量评价研究（项目编号：2018jyxm1448）”2018 年校级研究生精品课程《教育测量与评价》成果，得到了淮北师范大学学术专著出版资金资助。

由于时间仓促及作者能力有限，书中不足之处在所难免，敬请同行专家、广大读者不吝赐教。

梅松竹

2020 年 1 月

目　　录

第一章　数据与统计图表

第一节　数据的来源、种类、特点

从广义的角度来讲，用数量或数字形式来表示的资料事实，称为数据（data）。例如，某学生身高175cm，数据是从数量关系的角度来反映事物的存在状态。人们在实际工作与研究中，通过测量、调查、实验、观察和评估等方法，获取了大量的数据资料。针对不同性质的数据，将采用不同的统计方法加以处理。

一、教育统计资料的来源

1. 经常性资料

经常性资料主要指日常工作记录和统计报表等文字记载的资料，如日常工作记录、学生档案、课程作业、统计报表等。

2. 专题性资料

通过专题性调查或实验所获得的资料称为专题性资料。通常，专题性资料在平时没有记载，是出于特定目的，通过调查、实验、观察、测验等方式进行搜集的。

1）教育调查

教育调查是教育科学研究中普遍采用的一种方法，是指在没有预定因子、不施行控制的条件下，对现有的教育方面相关客观事实所进行的观察和分析。

从调查方法来分，教育调查可分为现情调查、回顾调查和追踪调查。现情调查是指对当前正在发生的或存在的事物所进行的调查。回顾调查是指用追溯方法来探究造成原因的调查，由结果研究问题。追踪调查是指对同一批调查对象，在较长时间内进行间隔性地观察分析。

从调查范围来分，教育调查可分为全面调查和非全面调查。全面调查是指在一定范围内的普查。非全面调查是指对总体中抽取的一部分对象所进行的调查。在非全面调查中，又分为抽样调查和典型调查。抽样调查是从调查对象的总体中抽取某些单位或个人作为样本进行调查，并从样本的情况来推断总体状况的一种调查方式；典型调查是从调查对象中选择一个或几个有代表性的单位或个人进行深入细致的调查，以少量典型来概括和反映全局的一种调查方式。

2）教育实验

教育实验是指在预定的控制因子影响下，对教育方面相关客观事实所进行的观察和分析。为了突出实验因子的作用，排除非实验因子的干扰，呈现实验者所操纵的自变量对因变量的影响，一般设立两种实验处理进行对照比较，根据两种实验处理对照比较的形式不同，分为单组实验、等组实验和轮组实验。

二、数据的种类

1）按变量的测量水平区分

（1）称名变量。

称名（nominal）变量是指根据事物的某一特征，用来划分、区别事物不同种类的变量。例如，人的性别分为男、女；血型有A型、B型、O型、AB型等。一般不能对这类数据进行加、减、乘、除运算，但通常可对每一类别计算次数或个数。

（2）等级变量。

等级（ordinal）变量又称顺序变量，是指依据事物某种属性的程度，按照其顺序排列形成的变量。例如，学生的阅读能力可划分为“好、中、差”三个等级；考试成绩可以用名次“第1名、第2名、第3名……”来表示等。值得注意的是，等级变量数据之间虽然有次序与等级关系，但这种数据之间不具有相等的单位，也不具有绝对的数量大小和零点，所以只能进行顺序递推运算。

（3）等距变量。

等距（scale）变量是指在观测标识某一特定属性时，具有相对参照点、相等单位的变量。它不仅划分事物的类别，编排了顺序，度量时还具有相等的单位，如温度、标准分等。等距变量观测数据的单位是相等的，但零点却是相对的。对这类数据可进行加、减运算，不能进行乘、除运算。

（4）比率变量。

比率（ratio）变量是指既有绝对参照点，又有相同单位的变量，如物体的长度、重量、体积等，可进行加、减、乘、除运算。

2）按数据的获得方式区分

（1）计数数据。

计数数据是指以计算个数的方式得到的数据，其特点是以整数的形式出现，如班级人数、一分钟呼吸次数等。

（2）测量评估数据。

测量评估数据是指借助测量工具或评估方法把事物的某种属性指派相应数字后所得到的数据，如学生身高、体重、语文成绩等测量结果。

（3）人工编码数据。

人工编码数据是指按照一定规则将不同类别的事物指派适当的数字号码后所形成的数据。例如，男生用“1”表示，女生用“0”表示。人工编码数据在一定程度上具有主观随意性。

3）按数据分布形式区分

（1）离散变量。

离散变量是指在量尺上取值有限且彼此不连续的数据，它代表数轴上可能取到的有限个点值，以整数形式出现，如设备的台数：1，3，6，8。离散变量代表的是一个点而不是一段距离，是一种只能取特殊值而不能取任意值的变量。

（2）连续变量。

连续变量是指在一定范围内连续变化，取值无限多的变量，它的特点是代表数轴上的一段距离，具有实数的稠密性，如时间、身高、体重等。

三、数据的特点

（1）数据的离散性。

数据的离散性是指数据通常以一个个分散的、有一定间隔的数字形式出现。受事物在属性上表现出的数量差异性及观测结果取值精确度等因素的影响，观测所得数据总体或多或少地表现出离散性，例如，心理实验中的测量数据通常具有离散性。

（2）数据的变异性。

数据的变异性是指人们在得到数据的过程中，这些数据总是在一定范围内以变化的形式出现，很少有绝对相同的数据不断出现。例如，统计某市各所小学的学生人数。

（3）数据的规律性。

数据的规律性是指在一定范围内变化着的一组观测数据，其间潜存着某些规律性。例如，对某一年段的学生进行身高与体重的测量，尽管这些数据是离散的和变化的，甚至从表面上看起来是杂乱无章的，但经过对数据的整理、分析与研究，我们可以发现其中所隐含的规律。

第二节　SPSS 的数据收集和整理

一、输入

数据直接输入（新建数据文件）。

数据直接拷贝（使用复制和粘贴命令）。

数据文件直接读入（直接读入、数据库查询导入、文本向导导入）。

（1）导入 Excel 文件操作步骤。

【Step1】进入“SPSS Statistics 数据编辑器”窗口，在菜单栏中选择“文件”｜“打开”｜“数据”选项（图 1-2-1）。

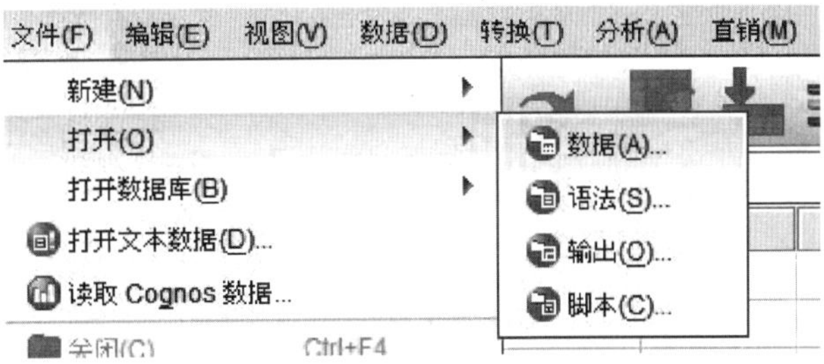

图 1-2-1　SPSS 文件-打开-数据

【Step2】弹出“打开数据”对话框，在“文件类型”中选择“Excel（*.xls，*.xlsx，*.xlsm）”；选择所要打开的 Excel 文件后单击“打开”按钮即可（图 1-2-2）。

图 1-2-2 SPSS 文件-打开-数据查找

（2）Word 数据导入。

对于 Word 文档中的数据，通常先将数据复制到 Excel 中，调整好格式后，再按照导入 Excel 文件操作步骤进行操作。

二、输出

SPSS 结果输出窗口名为“SPSS Statistics 查看器”，它是显示和管理 SPSS 统计分析结果、报表及图形的窗口。可以将此窗口中的内容以结果文件“.sav”的形式保存（图 1-2-3）。（在菜单栏中选择“文件”｜“保存”或“另存为”｜“确定”选项。）

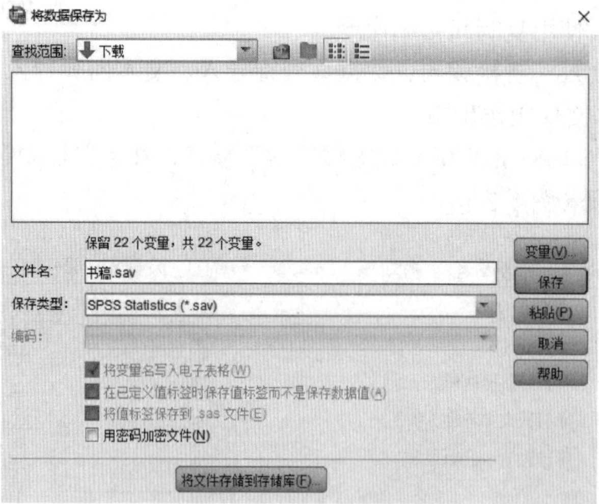

图 1-2-3 SPSS 文件-保存

结果输出部分分成左右两个部分，左边部分是索引输入区，用于显示已有的分析结果标题和内容牵引；右边部分是各个分析的具体结果，称为详解输出区，这和 Word 的文档结构视图十分类似。

详解输出区以简洁的方式反映出详解输出区中各个内容项，便于用户查找操作结果。可以对详解输出区中的表格进行编辑等操作（图 1-2-4）。

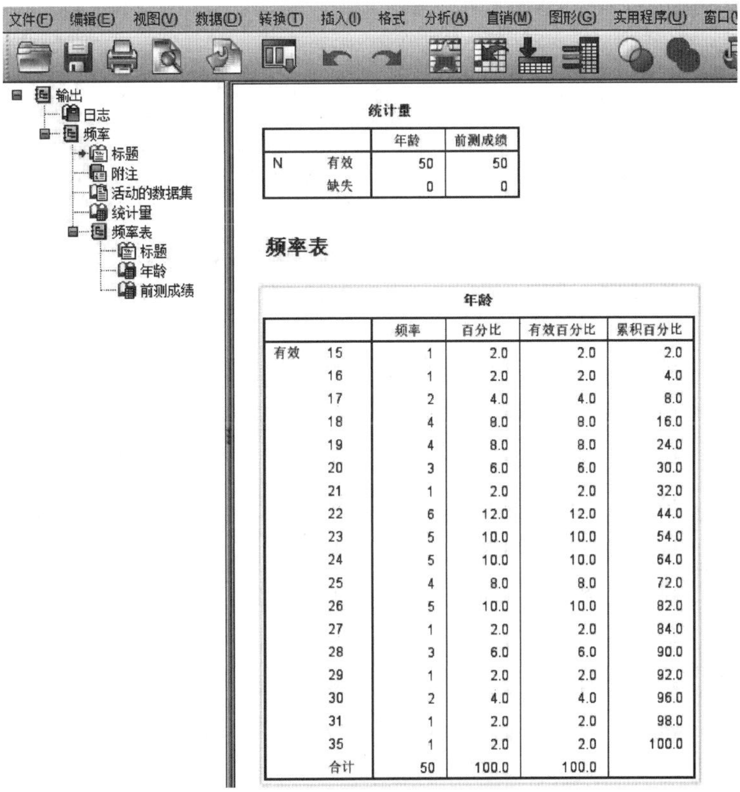

统计量

		年龄	前测成绩
N	有效	50	50
	缺失	0	0

频率表

年龄

		频率	百分比	有效百分比	累积百分比
有效	15	1	2.0	2.0	2.0
	16	1	2.0	2.0	4.0
	17	2	4.0	4.0	8.0
	18	4	8.0	8.0	16.0
	19	4	8.0	8.0	24.0
	20	3	6.0	6.0	30.0
	21	1	2.0	2.0	32.0
	22	6	12.0	12.0	44.0
	23	5	10.0	10.0	54.0
	24	5	10.0	10.0	64.0
	25	4	8.0	8.0	72.0
	26	5	10.0	10.0	82.0
	27	1	2.0	2.0	84.0
	28	3	6.0	6.0	90.0
	29	1	2.0	2.0	92.0
	30	2	4.0	4.0	96.0
	31	1	2.0	2.0	98.0
	35	1	2.0	2.0	100.0
	合计	50	100.0	100.0	

图 1-2-4　SPSS 文件处理详解输出区视图

三、编码

1. 重新编码到相同的变量中

使用“重新编码到相同的变量中”对话框可以重新指派现有变量的值或将现有变量值的范围规定为新值。例如，可将前测成绩为 80 分的用数字 1 来表示，也可以对数值变量和字符串变量重新编码。如果选择多个变量，则它们必须为相同类型，不同类型时可将数值变量和字符串变量放在一起重新编码。

SPSS 的操作步骤如下：

【Step1】打开数据文件，进入“SPSS Statistics 数据编辑器”窗口。

【Step2】在菜单栏中，选择“转换”｜“重新编码为相同变量”选项（图 1-2-5）。

【Step3】在“数字变量”中选入变量“前测成绩”（图 1-2-6）。

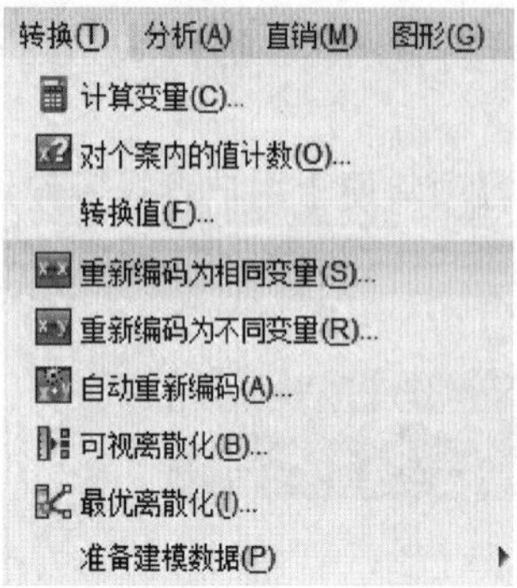

图 1-2-5　SPSS 数据转换-重新编码

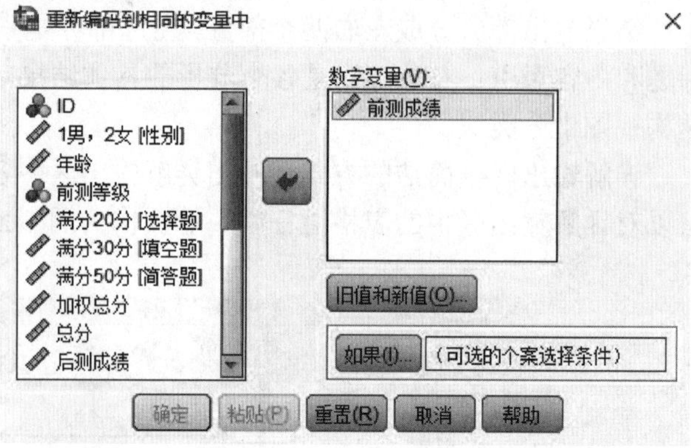

图 1-2-6　SPSS 数据转换-重新编码到相同的变量中

【Step4】单击“旧值和新值”按钮，在“旧值”中输入“80”；在“新值”中输入“1”；之后再单击“添加”按钮（图 1-2-7）。

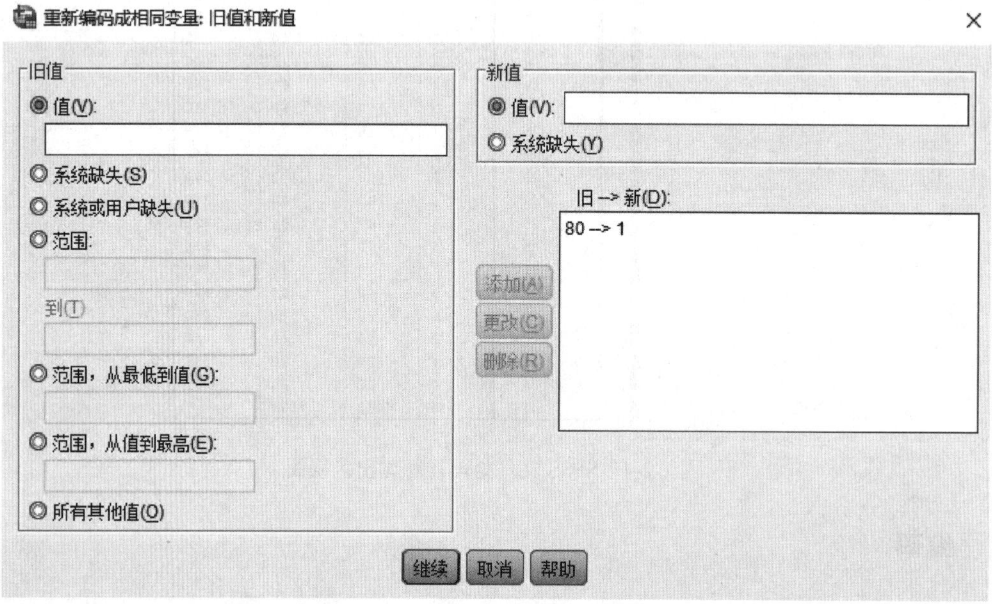

图 1-2-7　SPSS 数据转换-重新编码成相同变量-旧值转换为新值

【Step5】单击“继续”按钮，再单击“确定”按钮。

2. 重新编码为不同变量

使用“重新编码为不同变量”对话框可以重新指派现有变量的值或将现有值的范围规定为新变量的新值。例如，可将前测成绩高于 80 分的用“优秀”来表示。

SPSS 的操作步骤如下：

【Step1】打开数据文件，进入“SPSS Statistics 数据编辑器”窗口。

【Step2】在菜单栏中，选择“转换”｜“重新编码为不同变量”选项（图 1-2-8）。

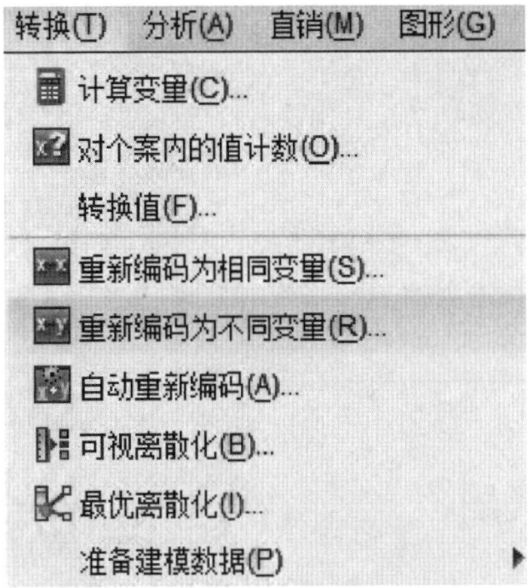

图 1-2-8　SPSS 数据转换-重新编码

【Step3】在“数字变量”中选择变量“前测成绩”，并在“输出变量”的“名称”中输入“等级”（图 1-2-9）。

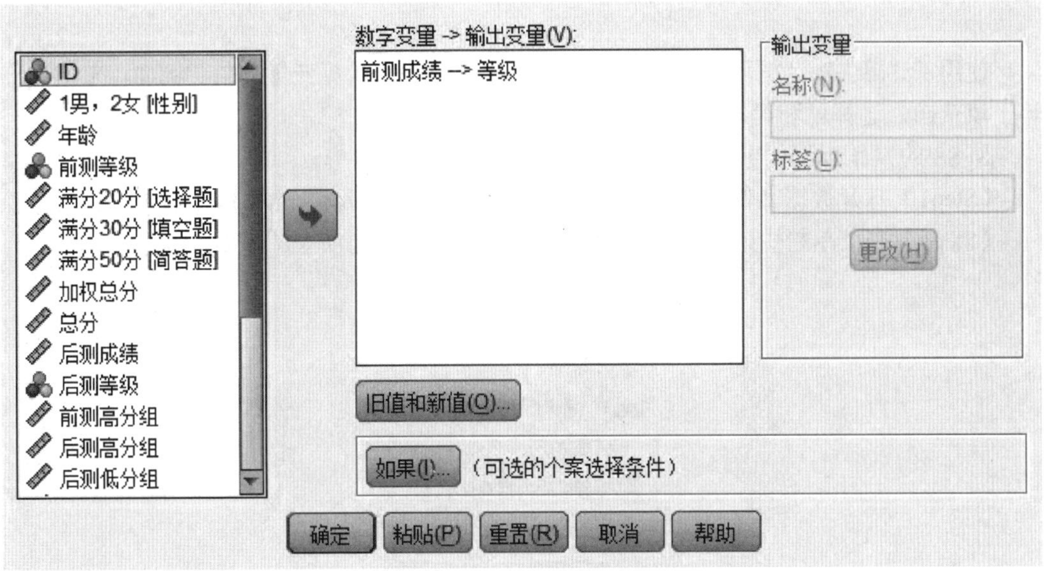

图 1-2-9　SPSS 数据转换-重新编码为不同变量

【Step4】单击“旧值和新值”按钮，在“范围，从值到最高”中输入“80”；在“新值”中输入“优秀”；最后选择“添加”。注意，输出变量应为字符串（图 1-2-10）。

【Step5】单击“继续”按钮，再单击“更改”和“确定”按钮。

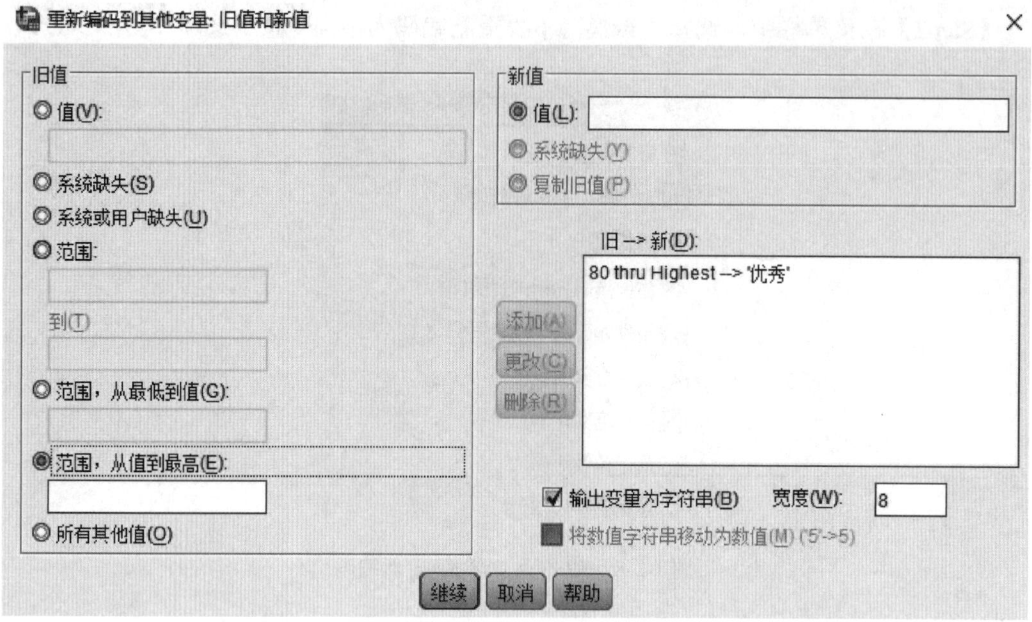

图 1-2-10　SPSS 数据转换-重新编码到其他变量-旧值转换为新值

四、计算

使用“计算”对话框可以基于其他变量的数值转换来计算变量的值。例如，考试总分等于填空题、选择题和简答题相加的和。

SPSS 的操作步骤如下：

【Step1】打开数据文件，进入“SPSS Statistics 数据编辑器”窗口。

【Step2】在菜单栏中，选择“转换”｜“计算变量”选项（图 1-2-11）。

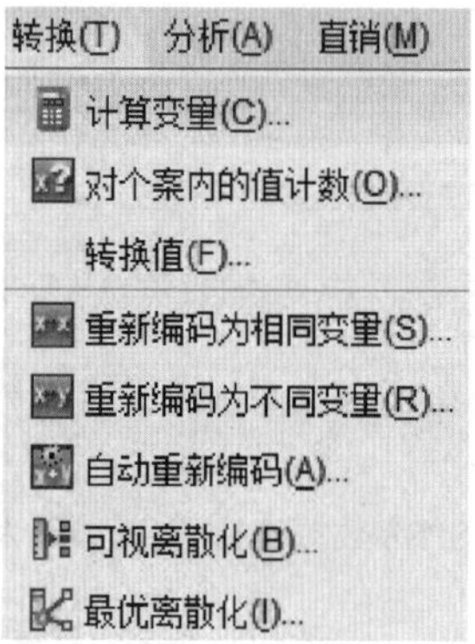

图 1-2-11　SPSS 数据转换-计算变量

【Step3】弹出对话框后，在“目标变量”中输入新的变量的名称“得分”；在“数字表达式”中输入“选择题 + 简答题 + 填空题”（图 1-2-12）。

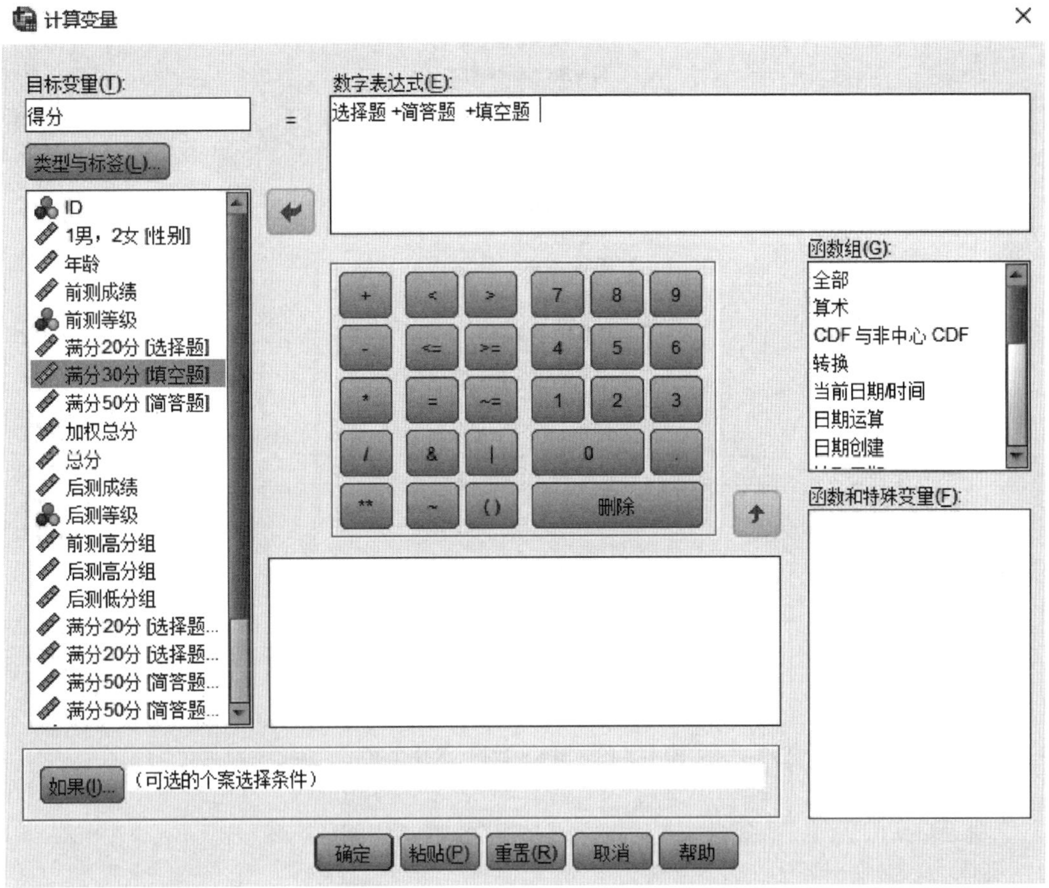

图 1-2-12　SPSS 计算变量-数字表达式

【Step4】单击“确定”按钮，生成新的变量。

五、选择

“选择个案”提供了运用变量和复杂表达式的几种方法来选择个案子组。例如，筛选出前测成绩大于后测成绩的人。“选择个案”也可以对样本进行随机选择，例如，在总量为 50 的样本中随机选择 10 个数据。

1. 有条件地选择个案

【Step1】打开数据文件，进入“SPSS Statistics 数据编辑器”窗口。

【Step2】在菜单栏中，选择“数据”｜“选择个案”选项（图 1-2-13）。

【Step3】打开“如果条件满足”对话框，输入“前测成绩>后测成绩”（图 1-2-14）。

图 1-2-13　SPSS 数据-选择个案

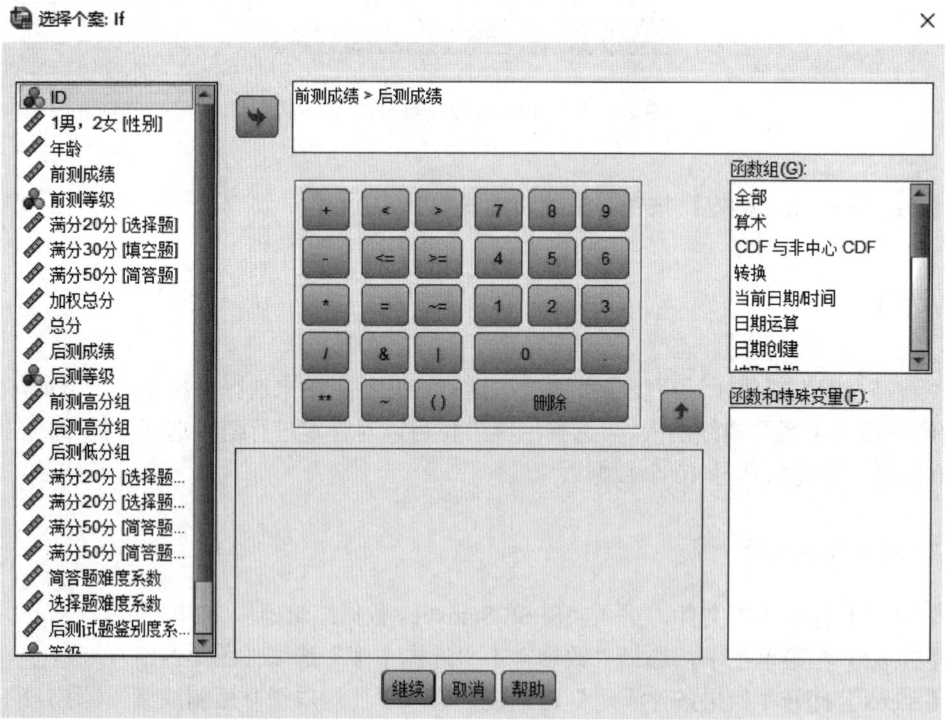

图 1-2-14　SPSS 数据-条件选择个案

【Step4】单击“继续”按钮，再单击“确定”按钮，条件选择个案结果如图 1-2-15 所示。

	ID	性别	年龄	前测成绩	前测等级	选择题	填空题	简答题	加权总分	总分	后测成绩	后测等级
1	1	2	18	71	3	10	12	49	18.40	71	68	4
2	6	1	15	74	3	10	14	50	19.20	74	73	3
3	8	2	20	74	3	8	17	49	18.90	74	71	3
4	16	2	18	75	3	10	17	48	19.70	75	72	3
5	22	2	23	78	3	12	18	48	21.00	78	75	3
6	31	1	19	72	3	9	13	50	18.40	72	68	4
7	40	1	25	70	3	15	18	37	20.30	70	66	4
8	41	2	23	83	2	16	19	48	23.30	83	80	2
9	43	2	19	75	3	10	17	48	19.70	75	74	3
10	45	2	18	71	3	10	13	48	18.50	71	66	4
11	48	1	25	71	3	15	17	39	20.40	71	70	3
12	49	2	23	78	3	17	22	39	22.90	78	73	3

图 1-2-15　SPSS 数据-条件选择个案结果

2. 选择个案的随机样本

【Step1】按照“有条件地选择个案”操作步骤的前两步进行操作。

【Step2】选择“随机个案样本”，打开“选择个案：随机样本”对话框，在“样本尺寸”中选择“精确”，依次输入“10”和“50”（图 1-2-16）。

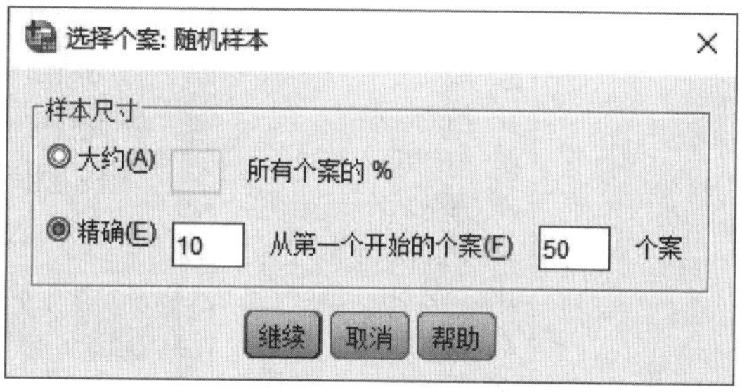

图 1-2-16　SPSS 数据-随机选择个案

【Step3】单击“继续”按钮，再单击“确定”按钮，随机选择个案结果如图 1-2-17 所示。

	ID	性别	年龄	前测成绩	前测等级	选择题	填空题	简答题	加权总分	总分	后测成绩	后测等级
1	10	2	31	81	2	14	20	47	22.40	81	84	2
2	15	2	19	82	2	14	18	50	22.40	82	87	2
3	16	2	18	75	3	10	17	48	19.70	75	72	3
4	20	2	21	80	2	13	24	43	22.30	80	85	2
5	22	2	23	78	3	12	18	48	21.00	78	75	3
6	23	2	18	84	2	16	22	46	23.80	84	86	2
7	29	2	22	78	3	18	16	44	22.60	78	81	2
8	38	2	26	84	2	13	25	46	23.20	84	89	2
9	40	1	25	70	3	15	18	37	20.30	70	66	4
10	47	2	24	74	3	13	15	46	20.20	74	80	2

图 1-2-17　SPSS 数据-随机选择个案结果

六、拆分

“拆分文件”将数据文件分割为单独的组，并根据一个或多个分组变量的值进行分析。

如果选择了多个分组变量，个案按“分组依据”列表的前一个变量的类别中的每个变量进行分组。例如，选择性别作为第一个分组变量，选择年龄作为第二个分组变量，系统将总体先按照性别分为两组，然后在一组内按照年龄进行分类。

SPSS 的操作步骤如下：

【Step1】打开数据文件，进入“SPSS Statistics 数据编辑器”窗口。

【Step2】在菜单栏中，选择“数据” | “拆分文件”选项（图 1-2-18）。

【Step3】可以选择“比较组”或“按组组织输出”，最后单击“确定”按钮（图 1-2-19）。

图 1-2-18　SPSS 数据-拆分文件

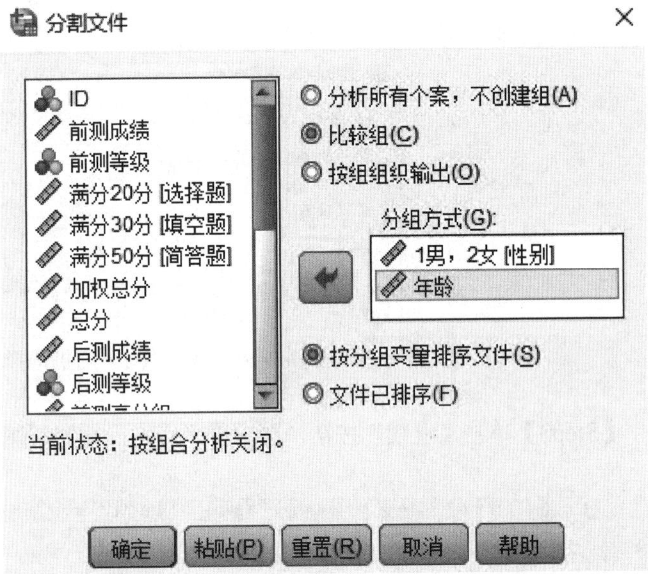

图 1-2-19　SPSS 数据-拆分文件-分组方式

第三节　频数分布表制作

一、统计表的结构及绘制要求

统计表（statistical table）一般由表题、表号、标目、表线、数字、表注等几项构成，各项编制的要求如下。

1. 表题

表题，即表的标题，应写在表的上方。表题要准确、简明地说明表的内容。必要时，需注明资料的来源（地点、单位和时间）。

2. 表号

表号是表的序号，一般按照在文中出现的先后顺序排列编号，通常位于表题前。

3. 标目

标目是表格中对统计数字分类的项目，一般在表的最上面一行或最左侧一列。

4. 表线

表线是表格中用来隔开标目与数字的线条。顶线、底线、隔开纵标目与数字的横线，以及隔开横标目与数字的纵线，是表的四种基本线条。线条不宜过多，表的左右两侧不宜用纵线封闭。

5. 数字

数字是统计表的语言，又称统计指标。它占据统计表的大部分空间，通常用阿拉伯数字表示，一般精确到小数点后两位。

6. 表注

表注写于表的下面，是对统计表或者表内某些内容进行的补充说明和解释。

二、频数分布表制作步骤

1. 频数分布分析步骤

【例 1-3-1】2018 年某市 50 名 7 岁男童的身高（cm）资料如下，试编制频数表。

114.4	117.2	122.7	124.0	114.0	110.8	118.2	116.7	118.9	118.1	123.5
118.3	120.3	116.2	114.7	119.7	114.8	119.6	113.2	120.0	119.8	116.8
119.8	122.5	119.7	120.7	114.3	122.0	117.0	122.5	119.7	124.9	126.1
120.0	124.6	120.0	121.5	114.3	124.1	117.2	120.2	120.8	126.6	121.5
126.1	117.7	124.1	128.3	121.8	118.7					

（1）求全距（又称为极差），找出观察值中的最大值（largest value）、最小值（smallest value），极差（range）等于最大值与最小值的差。本例中，最大值 = 128.3cm，最小值 = 110.8cm，极差 = 128.3 − 110.8 = 17.5（cm）。

（2）确定组数和组距。组数是根据例数来确定的，反映出频数分布的特征，一般分为 10～15 组。组距为相邻两组的间隔，组距 = 极差/组数。本例拟分 10 组，则组距 = 17.5/10 =

1.75≈2。在实际运用中，为划分方便，可取稍大或稍小的数（即本例组距也可取 1.5，组数相应增加）。

（3）确定组段。根据组数和组距，确定每组的起点（组下限）和止点（组上限），形成组限和组段。第一组段下限应该不大于最小值，最后组段上限应该不小于最大值。如果数值正好在组限上，需要人为规定所属组段，或者将组限稍微平移到更精确的范围。

（4）划记。将各观察值用划“正”字的方法，一笔代表一例，划在相应组段中。例如，第一个数 114.4 应在组段“114～116”处划，第二个数 117.2 应在“116～118”处划，以此类推。

（5）统计各组段的频数。全部数据划记完后，清点各组段的人数。

2. SPSS 频数分布表制作步骤

【Step1】选择“分析”｜“描述统计”｜“频率”选项，弹出“频率”对话框（图 1-3-1）。

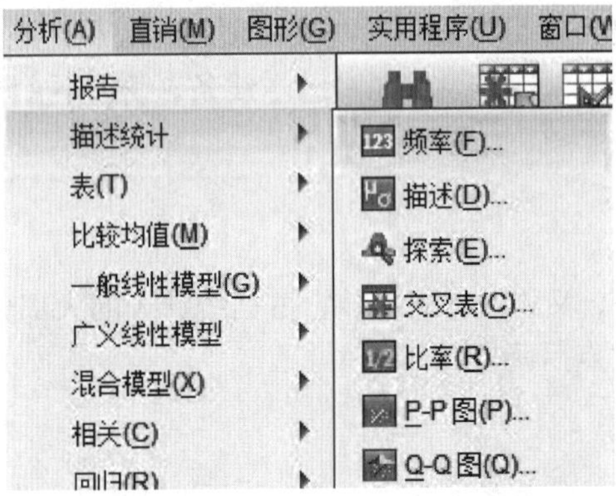

图 1-3-1　SPSS 数据分析-描述统计-频率

【Step2】在“频率”对话框中，将身高选入“变量”框，设置统计量，选项根据需要选择，然后依次单击“确定”和“继续”按钮（图 1-3-2 和图 1-3-3）。

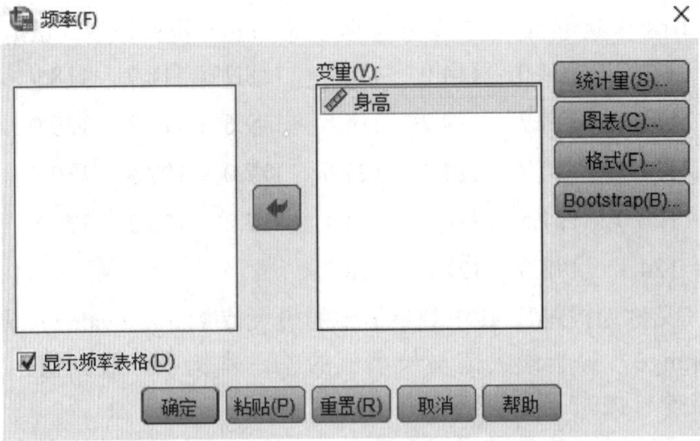

图 1-3-2　SPSS 数据分析-描述统计-频率变量

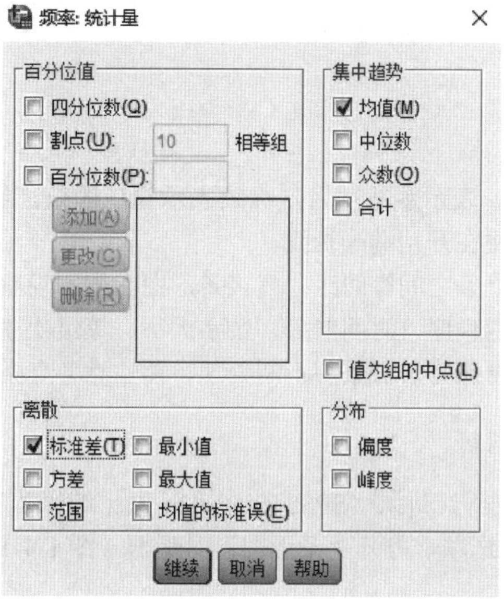

图 1-3-3　SPSS 数据描述统计-频率-统计量选择

【Step3】频率分布表完成，如图 1-3-4 所示。

身高

		频率	百分比	有效百分比	累积百分比
有效	110.80	1	2.0	2.0	2.0
	113.20	1	2.0	2.0	4.0
	114.00	1	2.0	2.0	6.0
	114.30	2	4.0	4.0	10.0
	114.40	1	2.0	2.0	12.0
	114.70	1	2.0	2.0	14.0
	114.80	1	2.0	2.0	16.0
	116.20	1	2.0	2.0	18.0
	116.70	1	2.0	2.0	20.0
	117.00	2	4.0	4.0	24.0
	117.20	2	4.0	4.0	28.0
	117.40	1	2.0	2.0	30.0
	118.10	1	2.0	2.0	32.0

图 1-3-4　SPSS 数据描述统计-频率分布表

第四节　统　计　图

一、直条图

1. 概念

直条图（bar chart）又称条形图，是用等宽直条的长短来表示统计项目数量和它们之间关系的图形。直条图分为单式和复式两种，单式适用于只有一组观察资料，复式适用于有若干组观察资料。

2. 绘制要点

（1）以横轴为基线，表示观察项目，纵轴表示相应的值，纵轴坐标通常从 0 开始。如果不是从 0 开始，需要在开始端画折线。

（2）各直条等宽，直条之间等间距。复式条形图在同一观察项目的各组之间无间距。

（3）各直条按一定的顺序（时间前后、数字大小、等级次序等）排列。

（4）个别数据相差悬殊时，可采用折断处理，需注意各直条比例。

3. 条形图的 SPSS 例解

【Step1】打开数据文件，进入“SPSS Statistics 数据编辑器”窗口，在菜单栏中选择“图形” | “旧对话框”选项，打开“条形图”对话框（图 1-4-1）。

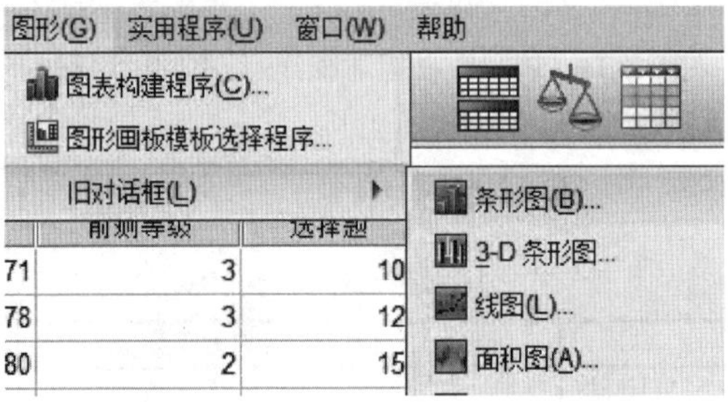

图 1-4-1　SPSS 图形描绘-旧对话框

【Step2】选择“简单箱图”，单击“定义”按钮（图 1-4-2）。

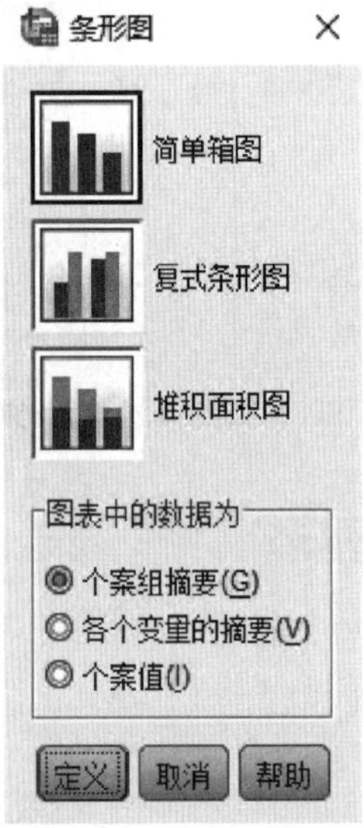

图 1-4-2　SPSS 图形描绘-简单箱图

【Step3】在“类别轴”中选择“后测等级”（图 1-4-3）。

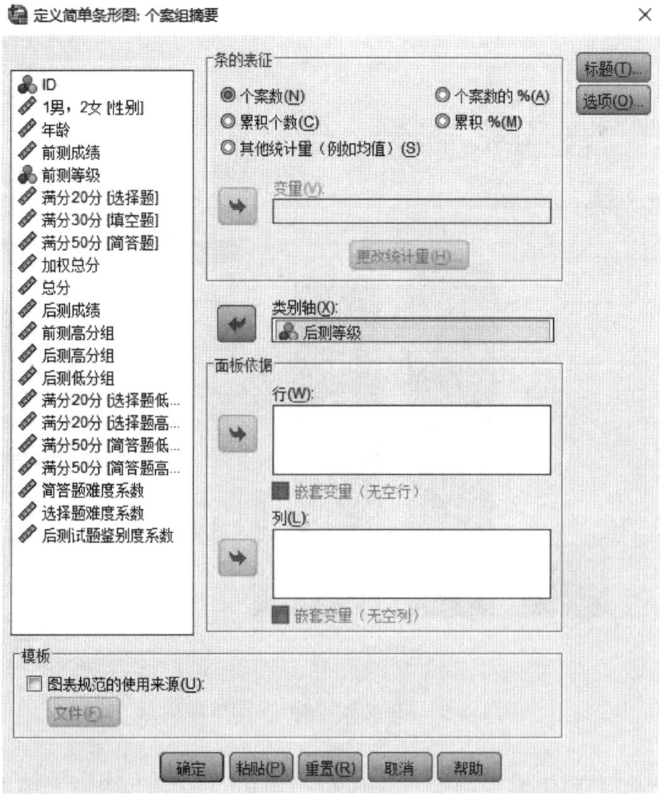

图 1-4-3　SPSS 图形描绘-简单条形图定义方式

【Step4】单击“确定”按钮，后测等级简单条形图如图 1-4-4 所示。

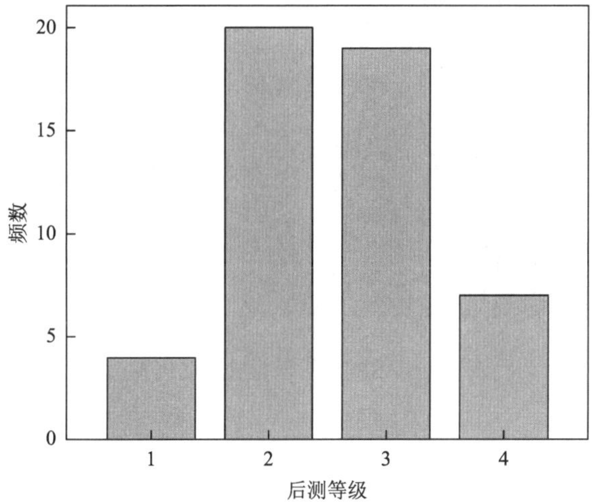

图 1-4-4　SPSS 图形描绘-后测等级简单条形图

【Step5】双击条形图，进入“图表编辑器”窗口，在此可以对表格的颜色、数据、大小等进行美化。再次双击条形图，进入“属性”窗口，在“填充”和“边框”中选择深蓝色，单击“应用”按钮（图 1-4-5）。

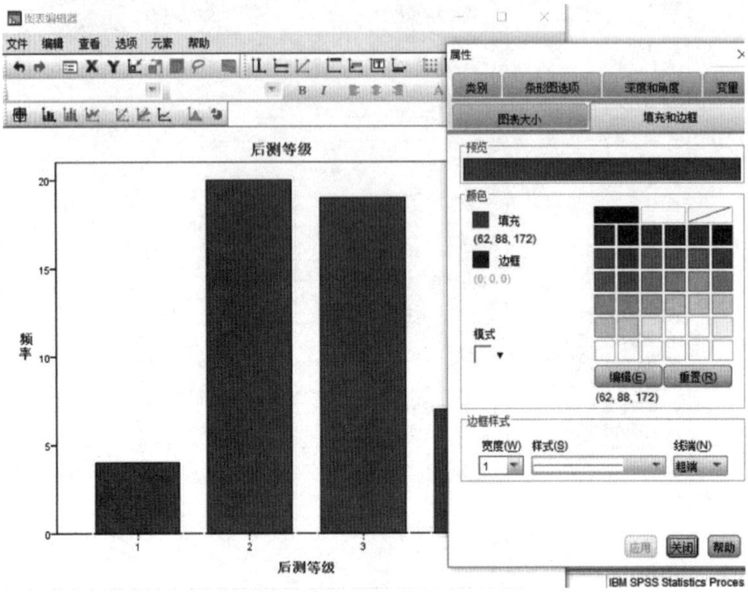

图 1-4-5　SPSS 图形描绘-图表编辑器

【Step6】在“深度和角度”中选择深蓝色，单击“应用”按钮（图 1-4-6）。

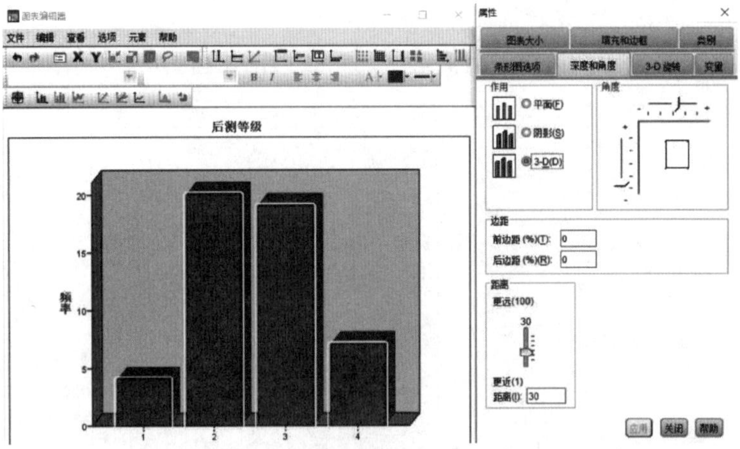

图 1-4-6　SPSS 图表编辑器属性窗口

4. 优势与不足

条形图能清楚地表示出每个数据的具体数目，而且易于比较数据之间的差别，但是不能明确显示出部分与整体之间的关系。

二、直方图

1. 概念

直方图（histogram），又称质量分布图，是由若干宽度相等、高度不一的直方条紧密排列在同一基线上构成的图形。直方图以各矩形的面积来表示各组频数，它适用于表示变量频数分布情况。

2. 绘制要点

（1）纵轴刻度从 0 开始，横轴刻度按实际范围制定。为使图形美观，通常横轴与纵轴的长度比为 5∶3。

（2）各矩形的高度为频数或频率，宽度为组距。如果各组段的组距不同，要调整矩形的高度（矩形高度 = 组段/组距）。

3. 直方图的 SPSS 例解

SPSS 的操作步骤如下：

【Step1】打开数据文件，进入“SPSS Statistics 数据编辑器”窗口，在菜单栏中选择“图形”｜“旧对话框”选项，打开“直方图”对话框（图 1-4-7）。

【Step2】将“后测成绩”选入“变量”框中（图 1-4-8）。

图 1-4-7　SPSS 图形描绘-直方图

图 1-4-8　SPSS 图形描绘-直方图-变量选择

【Step3】单击“确定”按钮，直方图如图 1-4-9 所示。

【Step4】若要显示直方图的正态分布曲线，回到上述步骤，重新打开“直方图”对话框。将“后测成绩”选入“变量”框中，并选择“显示正态曲线”（图 1-4-10）。

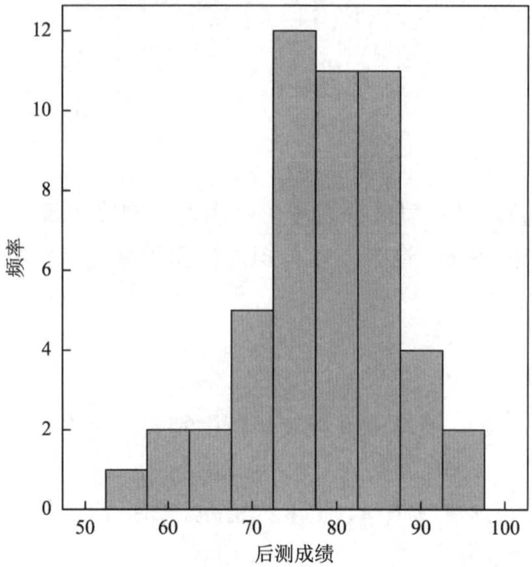

图 1-4-9　SPSS 图形描绘-直方图

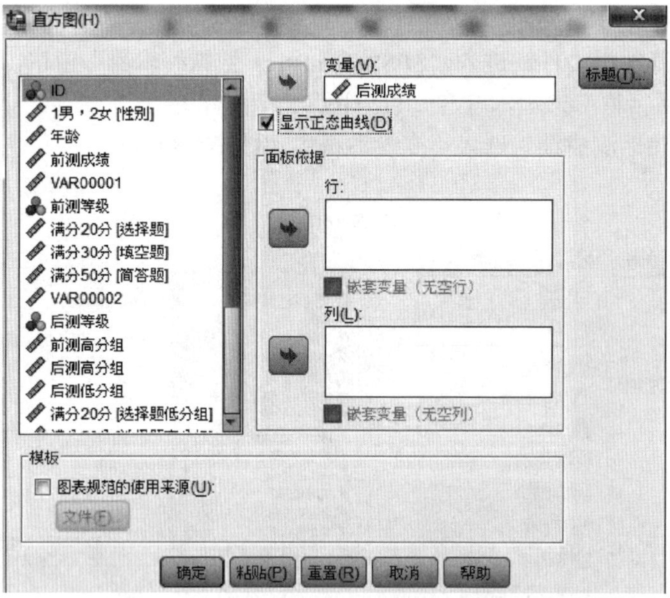

图 1-4-10　SPSS 图形描绘-直方图-显示正态曲线

【Step5】单击“确定”按钮，正态分布曲线直方图如图 1-4-11 所示。

4. 优势与不足

直方图比较形象直观，各组次数之间的相对大小及结构状态一目了然。但是，使用直方图不易准确且快速地了解到各组的次数大小。所以，在绘制直方图时，也可以把各组的次数分别标在各个直方条的顶端，以便阅读。

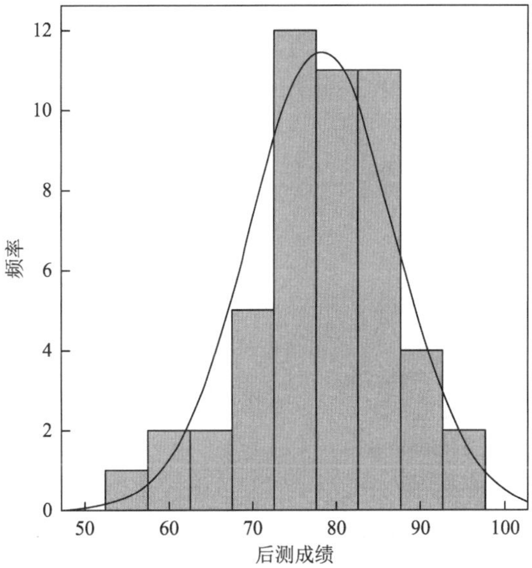

图 1-4-11 SPSS 图形描绘-正态分布曲线直方图

三、散点图

1. 概念

散点图（scatter graph，point graph，*X-Y* plot）是指用平面直角坐标系上点的密集程度和趋势来表示两种现象的相关关系及联系的统计图。

2. 绘制要点

（1）横轴代表自变量，纵轴代表因变量，纵横轴的坐标起点不一定从 0 开始，依情况而定。

（2）用稍微粗黑的点描绘各个坐标点。

（3）注意图形的比例要恰当，且应有适当图注说明。

3. 散点图的 SPSS 例解

【Step1】打开数据文件，进入“SPSS Statistics 数据编辑器”窗口，在菜单栏中选择“图形” | “旧对话框”选项，打开“散点/点状”对话框（图 1-4-12）。

【Step2】选择“简单分布”，单击“定义”按钮（图 1-4-13）。

【Step3】在“*Y* 轴”中选入“满分 20 分 [选择题]”，在“*X* 轴”中选入“总分”（图 1-4-14）。

【Step4】单击“确定”按钮，简单散点图如图 1-4-15 所示。

4. 优势与不足

散点图能通过直观醒目的图形方式反映变量间关系的变化形态，不仅可传递变量间关系类型的信息，也能反映变量间关系的明确程度，但在散点图中显示多个序列时看上去有点混乱。

图 1-4-12　SPSS 图形描绘-散点图

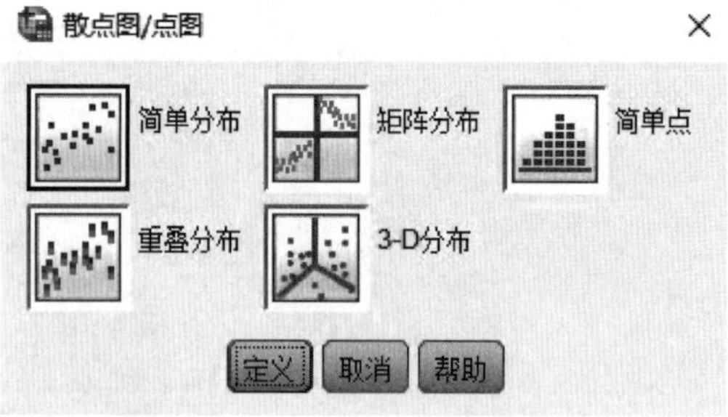

图 1-4-13　SPSS 图形描绘-定义散点图

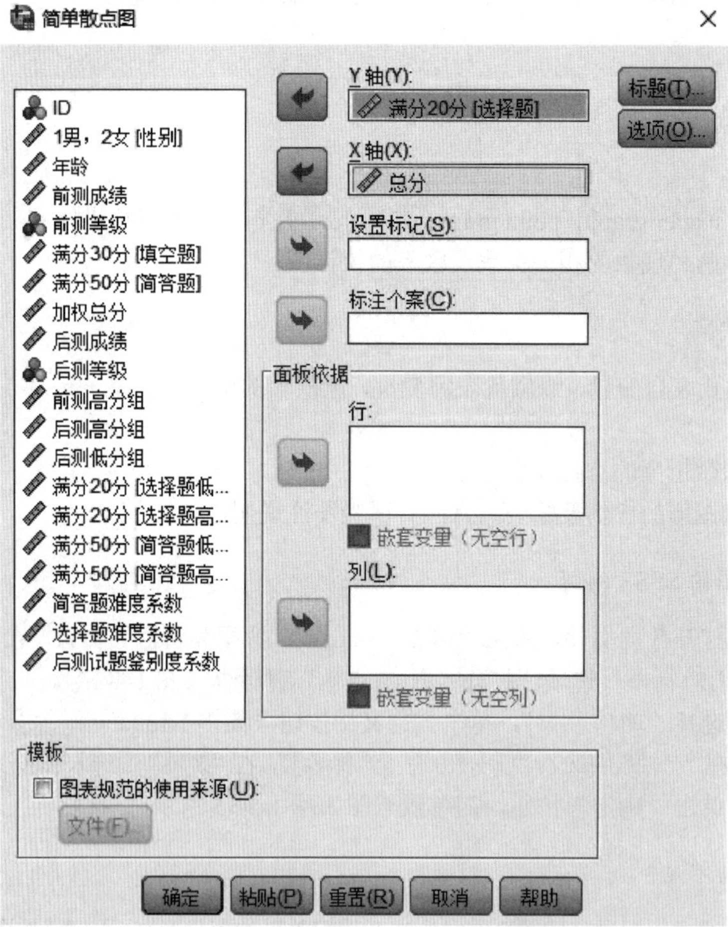

图 1-4-14　SPSS 图形描绘-简单散点图-坐标轴选择

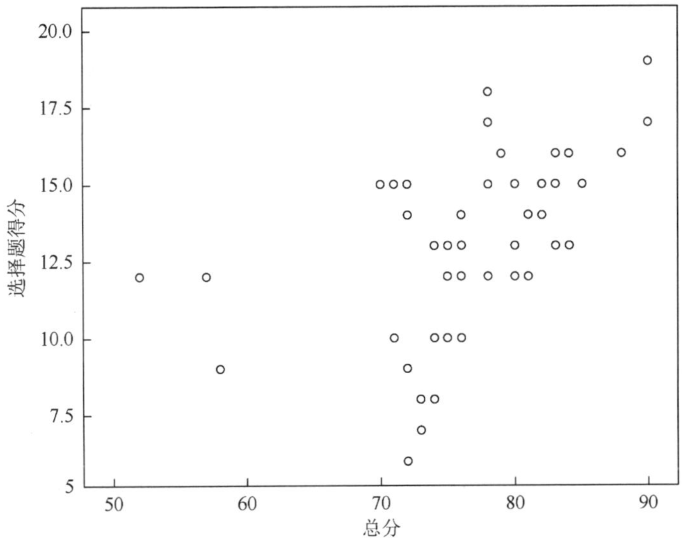

图 1-4-15 SPSS 图形描绘-简单散点图结果

四、折线图

1. 概念

折线图（line chart）是指以线段的升降来表示统计指标变化趋势的统计图，适用于描述某种事物在时间序列上的变化趋势，也适用于描述一种事物随另一事物发展变化的趋势。

2. 绘制要点

（1）横轴代表分组标志，纵轴代表统计指标，坐标点位置要恰当。

（2）折线图中只有一条线，称为单式折线图。若有两条及两条以上的线条，称为复式折线图。在同一个图形中，允许画若干条（一般不宜超过 3 条）不同的折线图，以便对比分析。

（3）在绘图时要注意纵横轴的比例。

3. 折线图的 SPSS 例解

【Step1】打开数据文件，进入“SPSS Statistics 数据编辑器”窗口，在菜单栏中选择“图形” | “旧对话框”选项，打开“线图”对话框（图 1-4-16）。

【Step2】选择“简单”，单击“定义”按钮（图 1-4-17）。

【Step3】在“类别轴”中选入“前测成绩”（图 1-4-18）。

【Step4】单击“确定”按钮，简单线图结果如图 1-4-19 所示（系统自动将缺失的值过滤掉，在横坐标上不显示）。

图 1-4-16 SPSS 图形描绘-线图

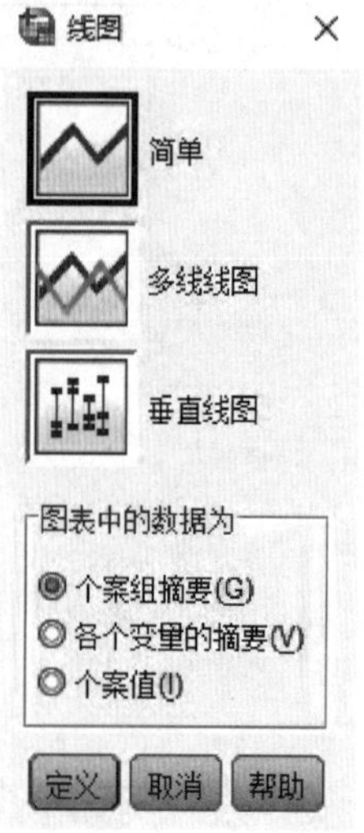

图 1-4-17 SPSS 图形描绘-线图-简单

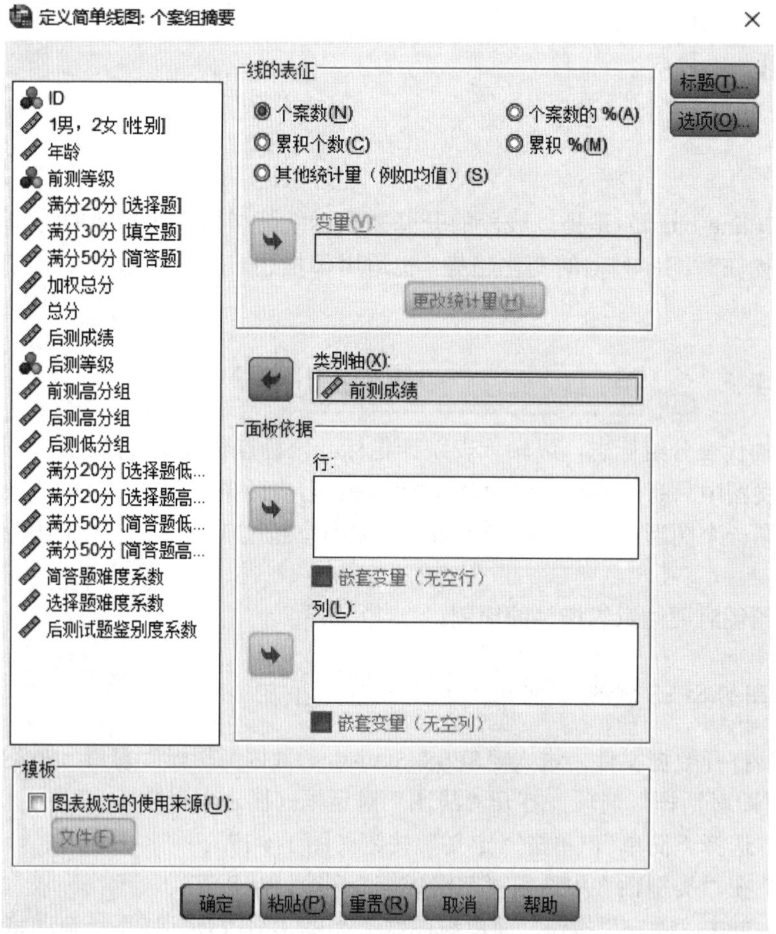

图 1-4-18 SPSS 图形描绘-定义简单线图

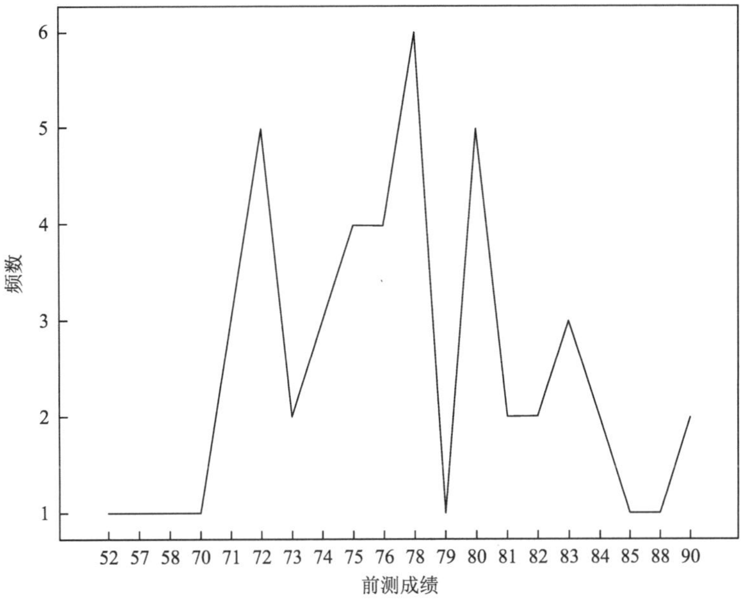

图 1-4-19　SPSS 图形描绘-简单线图结果

4. 优势与不足

折线图不仅可以表示数量的多少，而且可以反映同一事物在不同时间里的发展变化情况。折线图易于显示数据变化趋势，可以直观地反映这种变化及各组之间的差别。但是，折线图没有直接给出精确的数据，需运用“坐标法”才能确定某个具体的数据。

五、圆形图

1. 概念

圆形图（sector chart）又称扇形图或饼图，是以单位圆内各扇形面积占整个圆形面积的百分比来表示各统计事项在其总体中所占比例。

2. 绘制要点

（1）以圆心角的度数为数量。将构成比乘以 3.6°，即得到各组成部分应占的圆心角的度数。

（2）以相当于时钟的 9 点或 12 点的位置为起点按顺序绘制。

（3）每部分用不同线条或颜色表示，并在图上标出百分比。

3. 圆形图的 SPSS 例解

【Step1】打开数据文件，进入“SPSS Statistics 数据编辑器”窗口，在菜单栏中选择“图形” | “旧对话框”选项，打开“饼图”对话框（图 1-4-20）。

【Step2】选择“个案组摘要”，单击“定义”按钮（图 1-4-21）。

图 1-4-20　SPSS 图形描绘-饼图

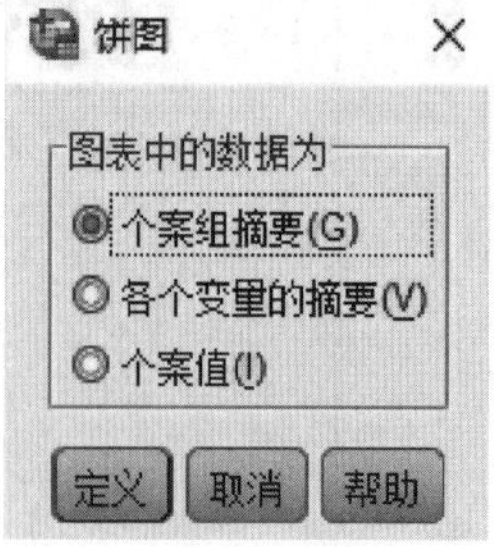

图 1-4-21　SPSS 图形描绘-饼图-个案组摘要

【Step3】在“定义分区”中选入“前测等级”（图 1-4-22）。

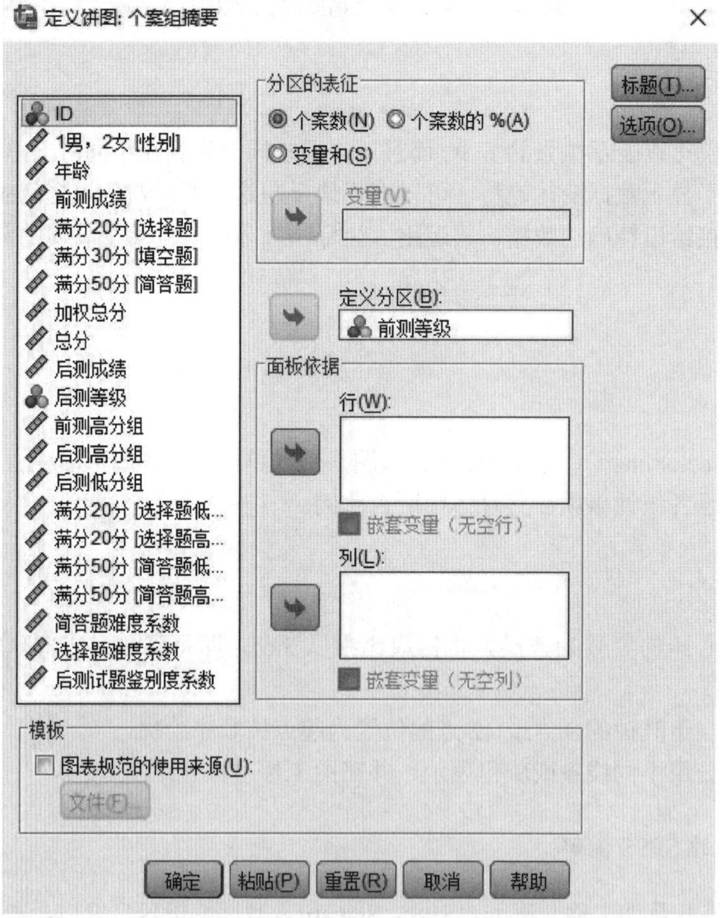

图 1-4-22　SPSS 图形描绘-定义饼图

【Step4】单击“确定”按钮，饼图结果如图 1-4-23 所示。

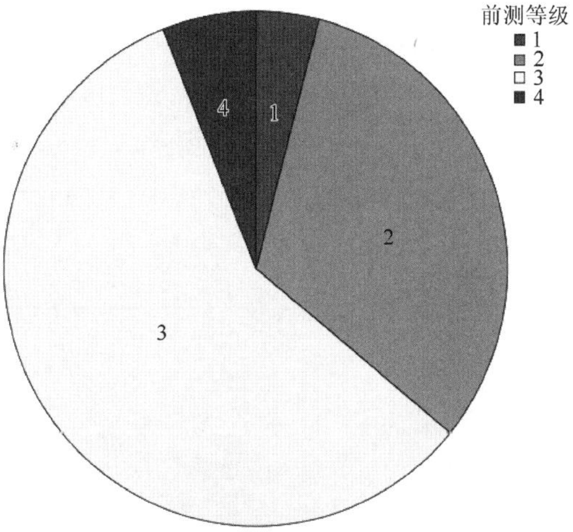

图 1-4-23　SPSS 图形描绘-饼图结果

【Step5】双击饼图，进入“图片编辑器”窗口，对其颜色、数据、大小等进行美化。再次双击卡其色色块，进入“属性”窗口，在“填充和边框”中选择黄色，单击“应用”按钮（图 1-4-24）。

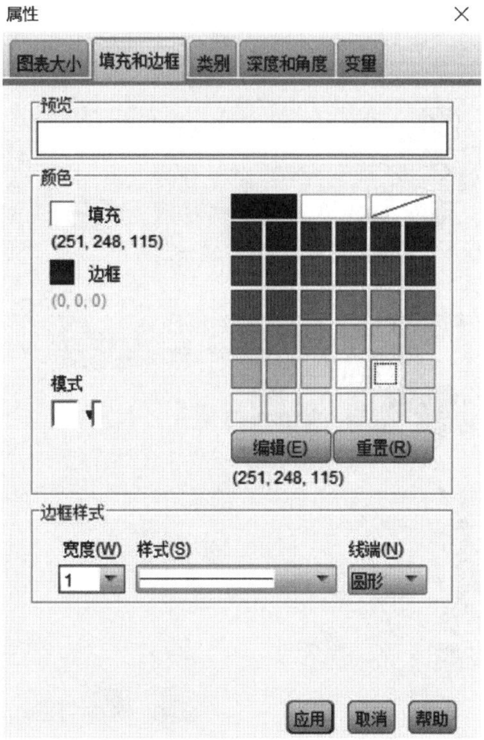

图 1-4-24　SPSS 图形描绘-饼图属性

【Step6】单击“应用”按钮后，其美化饼图结果如图 1-4-25 所示。

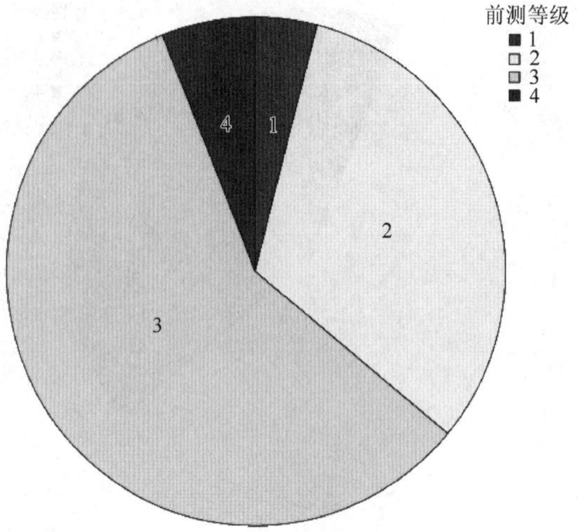

图 1-4-25 SPSS 图形描绘-美化饼图结果

【Step7】双击饼图，进入“图片编辑器”窗口，选择“3-D”，对饼图的“深度和角度”进行美化（图 1-4-26）。

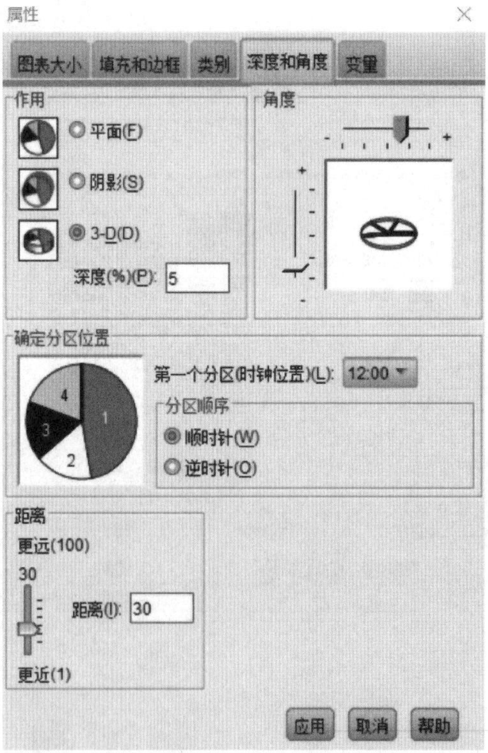

图 1-4-26 SPSS 图形描绘-饼图图片编辑器

【Step8】单击“应用”按钮，饼图深度和角度编辑结果如图 1-4-27 所示。

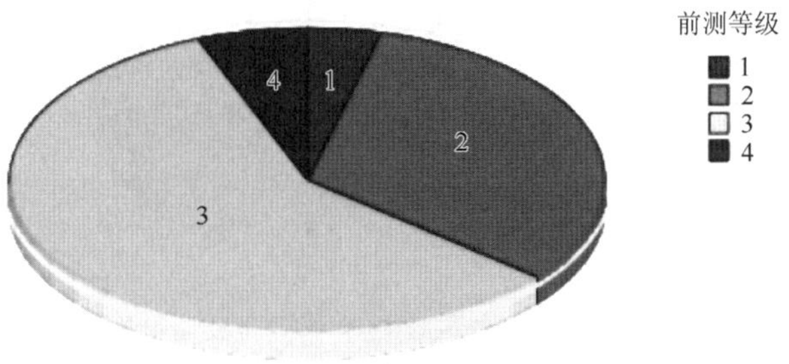

图 1-4-27　SPSS 图形描绘-饼图深度和角度编辑结果

【Step9】双击饼图，进入“图片编辑器”窗口，对饼图的“深度和角度”进行进一步美化，将“距离”推至更近（图 1-4-28）。

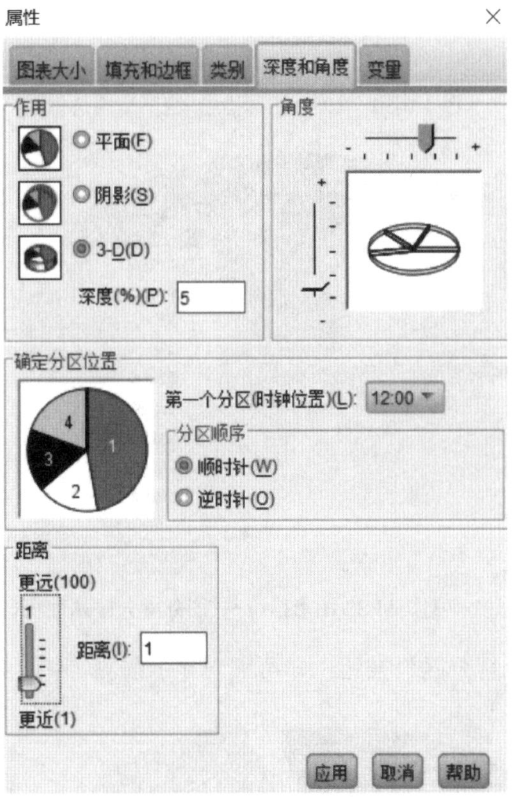

图 1-4-28　SPSS 图形描绘-饼图距离编辑

【Step10】单击“应用”按钮（图 1-4-29）。

【Step11】单击前测等级 2 色块（图 1-4-30）。

【Step12】右击前测等级 2 色块，出现菜单如图 1-4-31 所示。

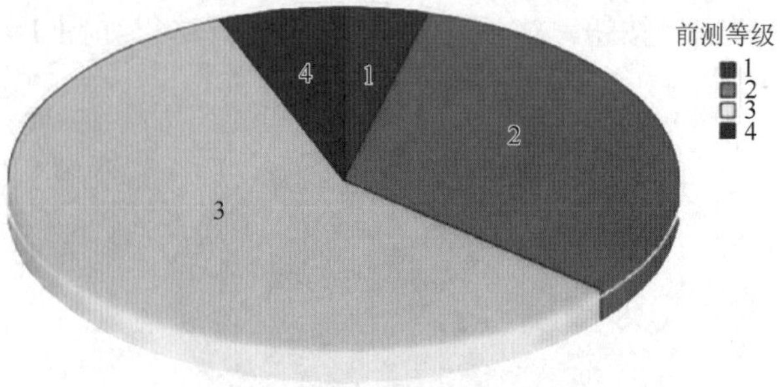

图 1-4-29　SPSS 图形描绘-饼图距离编辑结果

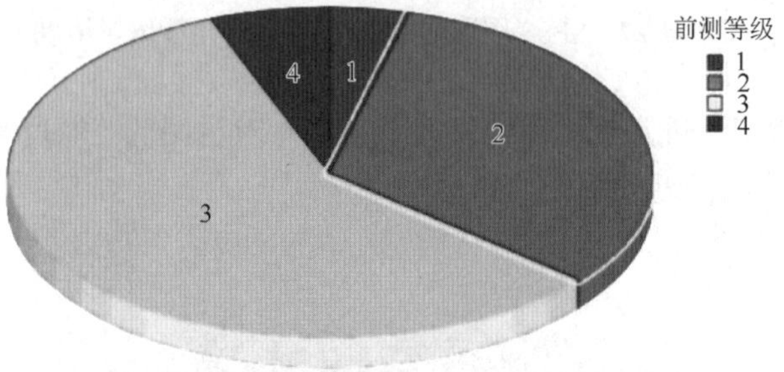

图 1-4-30　SPSS 图形描绘-饼图扇块选择

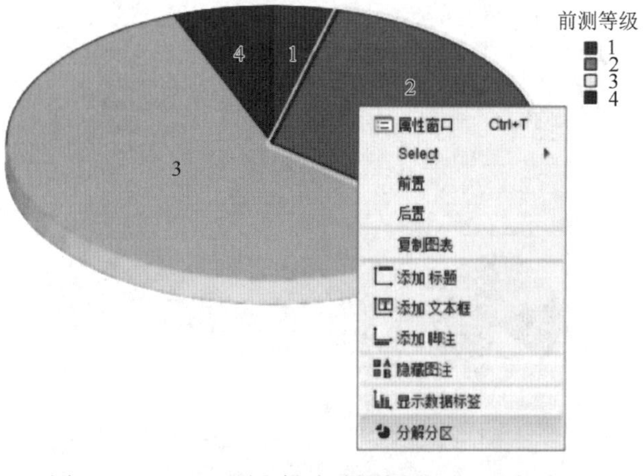

图 1-4-31　SPSS 图形描绘-饼图分解分区属性窗口

【Step13】单击“分解分区”按钮，即可突出显示前测等级 2 色块（图 1-4-32）。

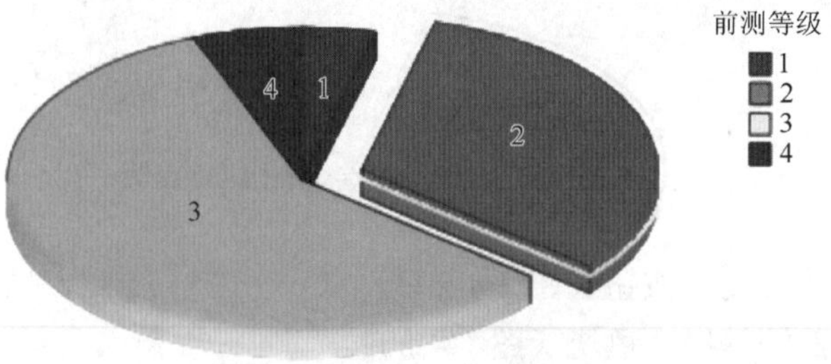

图 1-4-32　SPSS 图形描绘-饼图分解分区结果

【Step14】右击饼图，选择“显示数据标签”（图 1-4-33）。

【Step15】进入“属性”窗口，选择“不显示”框中的“计数”，单击移动按钮，将其移动到“显示”框中（图 1-4-34）。

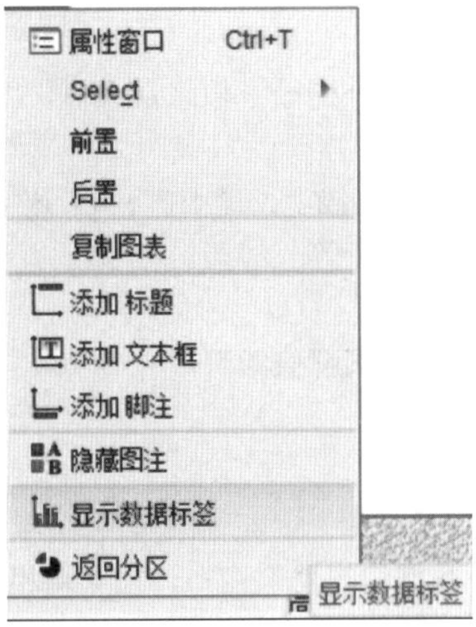

图 1-4-33　SPSS 图形描绘-饼图-显示数据标签

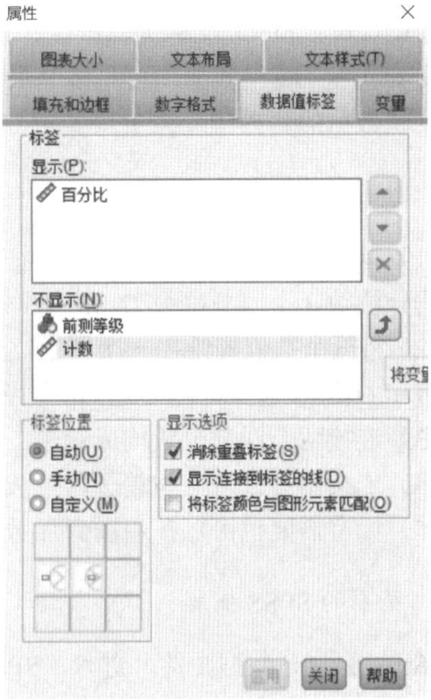

图 1-4-34　SPSS 图形描绘-饼图-显示数据标签设置

【Step16】单击“应用”按钮，显示数据标签结果如图 1-4-35 所示。

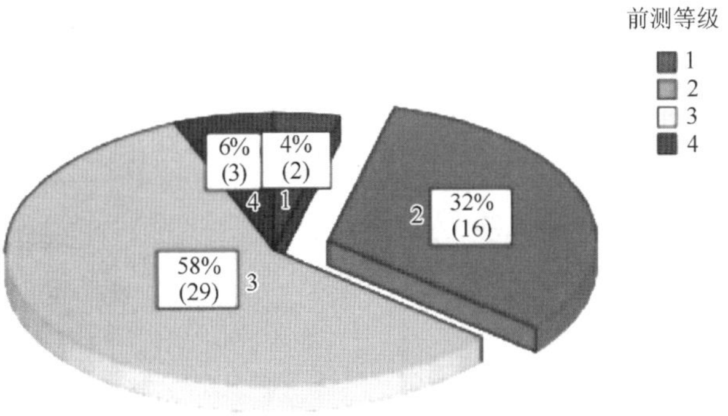

图 1-4-35　SPSS 图形描绘-饼图-显示数据标签结果

4. 优势与不足

饼图用扇形的面积表示部分在总体中所占的百分比，这样易于显示每组数据相对于总数的大小，但是不能明确显示每组中的具体数据，也不易对比。

六、箱图

1. 概念

箱图（box plot）又称为盒须图、盒式图或箱线图，用于直观地反映多组数据平均水平和变异程度。每组数据均可呈现其最小值、最大值、平均水平，最小值与最大值的间距可以反映数据的变异程度。

2. 绘制要点

（1）首先找出一组数据的五个特征值，包括除异常值外的最小值、最大值、中位数、两个四分位数（上四分位数 Q_3 和下四分位数 Q_1）。

（2）将五个数值描绘在一个图上，五个特征值在一条直线上，最小值和 Q_1 连接起来，最大值和 Q_3 连接起来，然后过 Q_1、中位数、Q_3 分别作平行等长线段。

（3）连接两个四分位数构成箱子。

（4）连接两个极值点与箱子，形成箱图，然后标注上离群值即可。

（5）如有需要也可以在箱图旁加数轴做标记。

3. 箱图的 SPSS 例解

【Step1】打开数据文件，进入“SPSS Statistics 数据编辑器”窗口，在菜单栏中选择“图形”｜“旧对话框”选项，打开“箱图”对话框（图 1-4-36）。

【Step2】选择“简单”和“个案组摘要”，单击“定义”按钮（图 1-4-37）。

图 1-4-36　SPSS 图形描绘-箱图

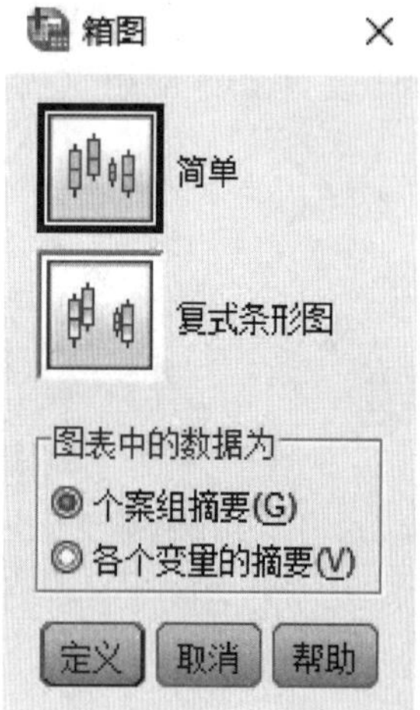

图 1-4-37　SPSS 图形描绘-箱图-简单

【Step3】在“变量”中选入“总分”，在“类别轴”中选入“满分 20 分［选择题］”（图 1-4-38）。

【Step4】单击“确定”按钮，简单箱图结果如图 1-4-39 所示。

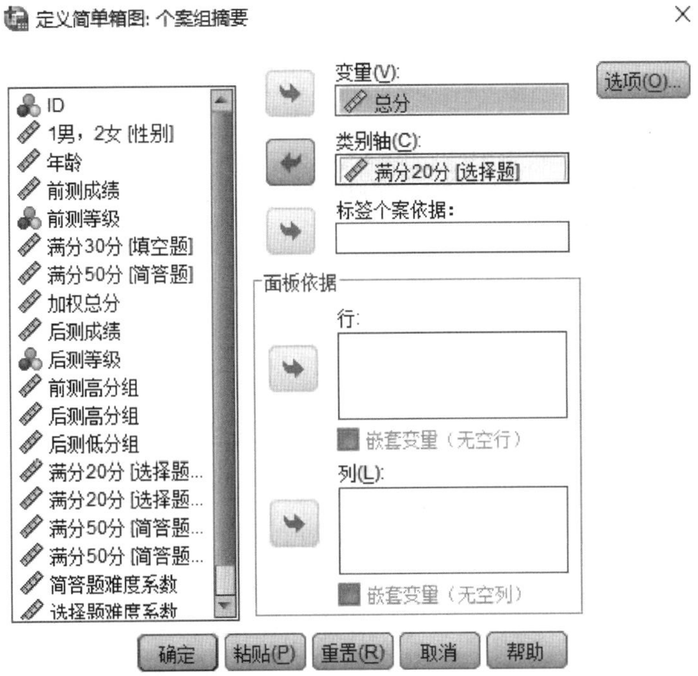

图 1-4-38　SPSS 图形描绘-定义简单箱图

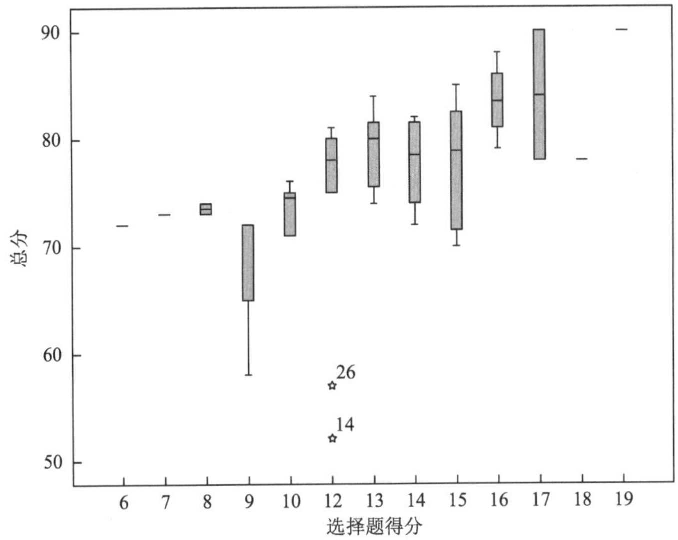

图 1-4-39　SPSS 图形描绘-简单箱图结果（系统自动将缺省的值过滤掉，在横坐标上不显示）

4. 优势与不足

箱图能够直观明了地识别数据中的异常值和最值间距，可用于质量管理、人事测评、探索性数据分析等统计活动中，分析过程简便快捷。箱图不能精确度量偏态和尾重程度，但可以作为粗略估计数据的依据。

七、高低图

1. 概念

高低图（high-low chart）是用多个垂直线段来表示数值区域的统计图，如一组测定值的范围（最小值～最大值）、95%置信区间（下限～上限）、均值±1.96 倍标准差（低值～均值～高值）等。

2. 高低图的 SPSS 例解

SPSS 绘制高低图的具体操作步骤如下：

【Step1】打开数据文件，进入“SPSS Statistics 数据编辑器”窗口，在菜单栏中选择“图形”｜“旧对话框”选项，打开“高低图”对话框（图 1-4-40）。

图 1-4-40　SPSS 图形描绘-高低图

【Step2】选择“简单高低关闭”和“各个变量的摘要”，单击“定义”按钮（图 1-4-41）。

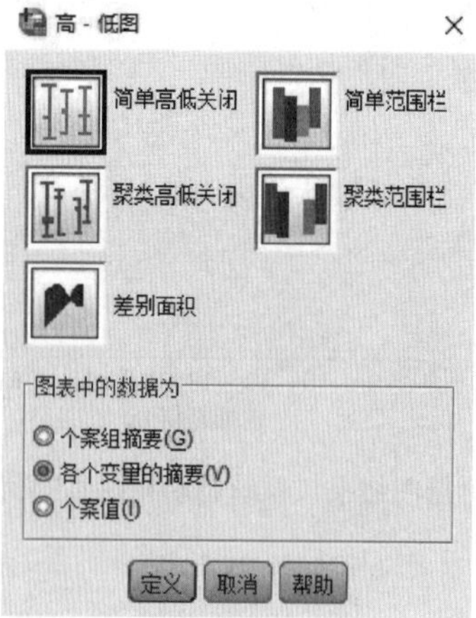

图 1-4-41　SPSS 图形描绘-简单高低图

【Step3】在“类别轴”中选入“总分”，在“高”中选入“MEAN 满分 20 分［选择题］”，在“低”中选入“MEAN 满分 30 分［填空题］”（图 1-4-42）。

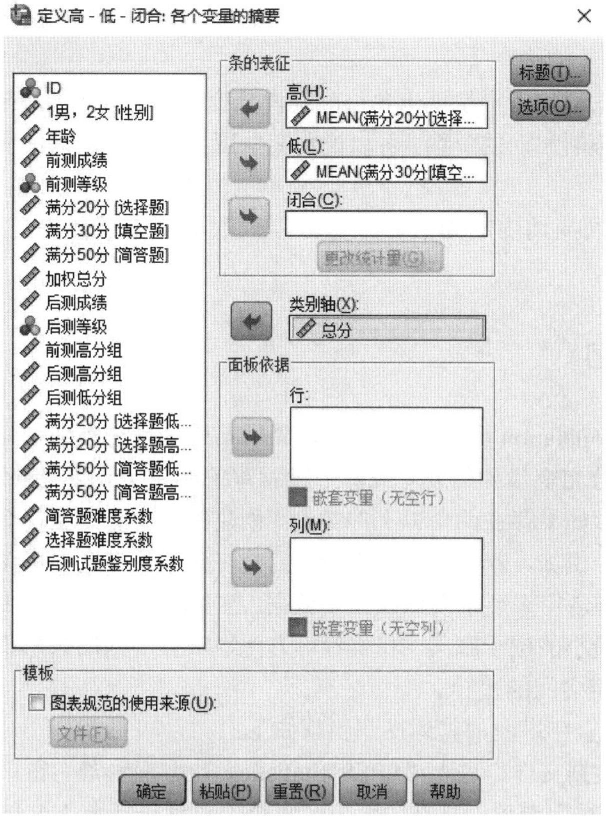

图 1-4-42　SPSS 图形描绘-定义简单高低图

【Step4】单击“确定”按钮，简单高低图结果如图 1-4-43 所示。

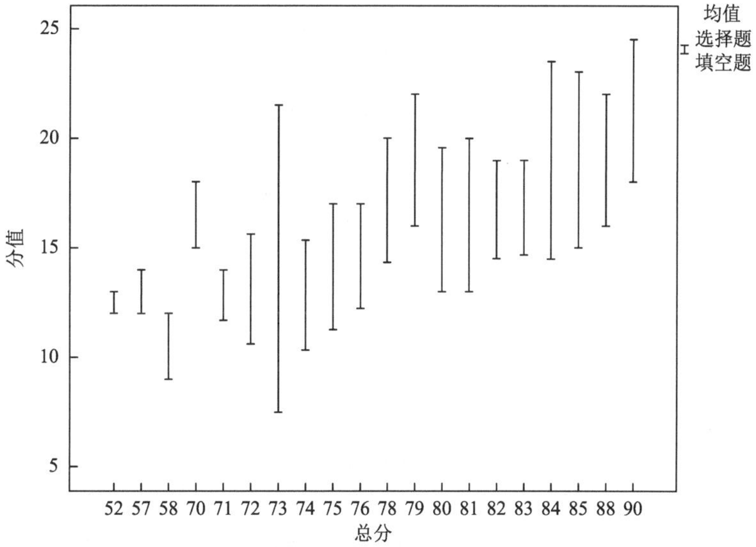

图 1-4-43　SPSS 图形描绘-简单高低图结果

3. 优势与不足

高低图可以形象地向用户呈现出单位时间内某变量的最高值、最低值和最终值，适合于描述单位时间内不断波动的资料，可以说明某些现象在短时间内的变化，也可以说明它们的长期变化趋势。

高低图对于不同周期内的均值、中位数、众数等集中统计量之间的对比描述不够直观。

八、人口金字塔图

人口金字塔（population pyramid）图可以显示某个变量在类别之间的分布，它包含两个背靠背直方图（分布变量为刻度）或两个背靠背条形图（分布变量为类别），图中为水平条而不是垂直条。如果存在两个以上的类别，创建图表时会产生多个人口金字塔图，具体取决于类别数目。例如，若存在四个类别，则共有两个人口金字塔图，分别对应两对类别。人口金字塔图通常用来展示人口统计学数据。常见的人口金字塔图能显示不同性别的年龄组计数，年龄最小的位于底部。观察者可方便地根据不同的条形长度与对称性，区分出不同性别和年龄组之间的差异。

SPSS 绘制人口金字塔图的具体操作步骤如下：

【Step1】打开数据文件，进入“SPSS Statistics 数据编辑器”窗口，在菜单栏中选择“图形”｜“旧对话框”选项，打开“人口金字塔”对话框（图 1-4-44）。

图 1-4-44　SPSS 图形描绘-人口金字塔

【Step2】在“变量”中选入“满分 20 分［选择题］”，在“显示分布”中选入“年龄”，在“分割依据”中选入“1 男，2 女［性别］”（图 1-4-45）。

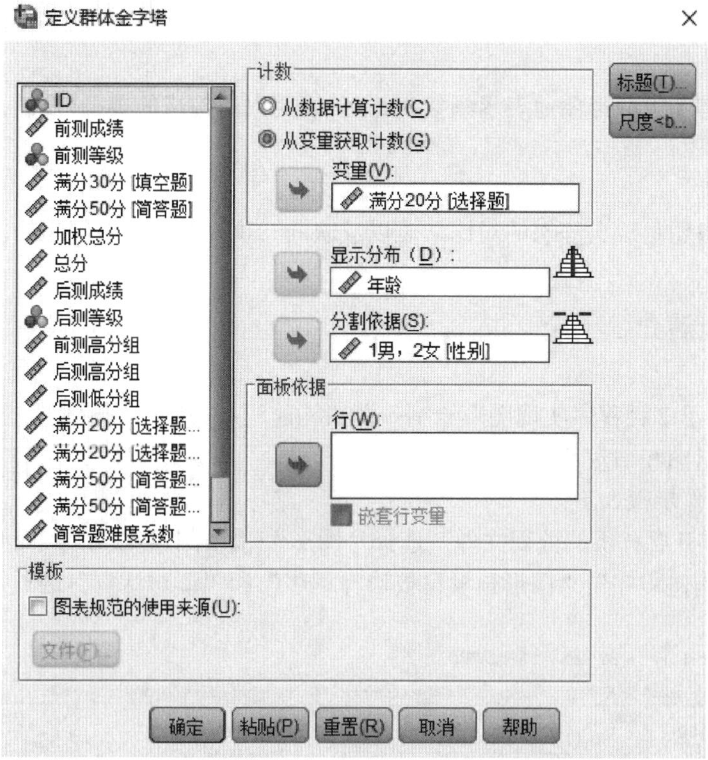

图 1-4-45　SPSS 图形描绘-定义群体金字塔

【Step3】单击“确定”按钮，人口金字塔图结果如图 1-4-46 所示。

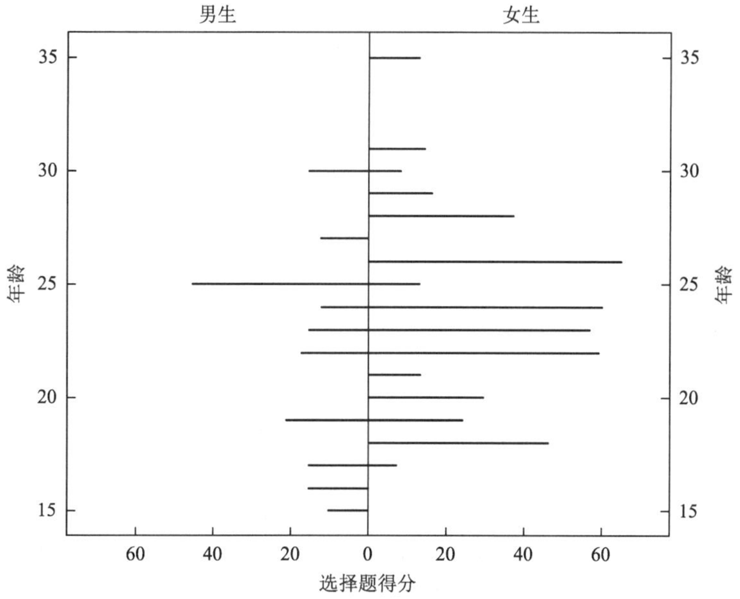

图 1-4-46　SPSS 图形描绘-人口金字塔图结果

1. 优势

人口金字塔图可以形象地表示频数和比例，表明人口构成的类型，反映人口状况分布。

2. 不足

人口金字塔图呈现出静态的对比，难以反映同一事物在不同时间里的发展变化情况。

九、绘图功能简介

SPSS 提供了多种程序实现图形绘制：图表构建程序、图形画板模板选择程序、比较子组、回归变量图和旧对话框。

SPSS 的操作步骤如下：

【Step1】打开要分析的数据文件，选择“图形”，如图 1-4-47 所示，可以看到下拉菜单中有“图表构建程序”、“图形画板模板选择程序”和“旧对话框”选项。

图 1-4-47　SPSS 图形描绘-旧对话框

【Step2】打开要分析的数据文件后，在菜单栏中选择“图形”｜“图表构建程序”选项，如图 1-4-48 所示。设置完毕后，单击“确定”按钮回到主对话框。

用户选择图形的类型，然后从类型库中选择自己想要输出的图形描述，通过将不同的变量名拖入对应的坐标轴，用户即可绘制各种常用图形。“图表构建程序”对话框主要包括以下几部分：画布、轴系、图形元素、“变量”列表、放置区、“图库”选项卡、“基本元素”选项卡、“组/点 ID”选项卡，“标题/脚注”选项卡、“元素属性”按钮和“选项”按钮。

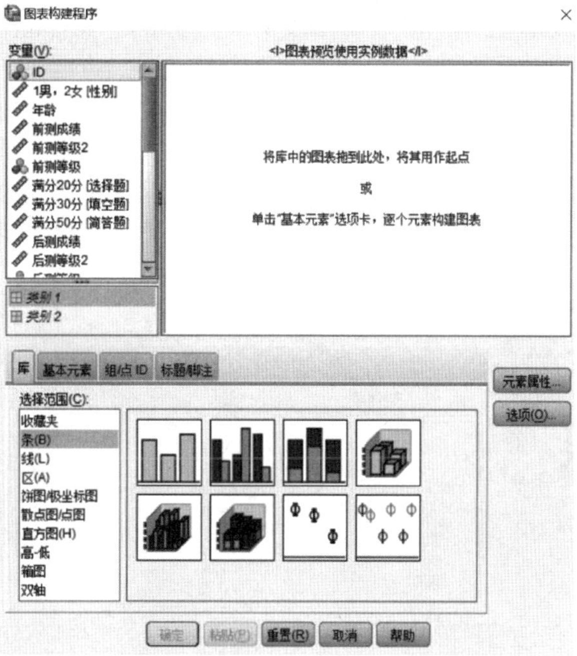

图 1-4-48　SPSS 图形描绘-图表构建程序

【Step3】打开要分析的数据文件后，在菜单栏中选择“图形”｜“图形画板模板选择程序”选项，如图 1-4-49 所示。设置完毕后，单击“确定”按钮回到主对话框。

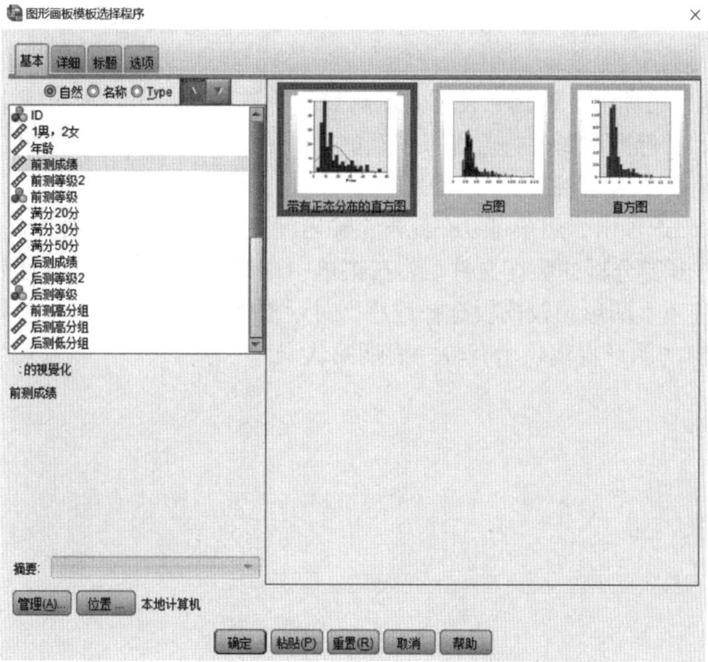

图 1-4-49　SPSS 图形描绘-图形画板模板选择程序

“图形画板模板选择程序”对话框包括 4 个选项卡：“基本”、“详细”、“标题”及“选项”。

（1）“基本”选项卡。当用户不确定哪种直观表示类型最能代表要分析的数据时，可以使用“基本”选项卡，用户选择数据时，对话框自动显示数据的直观表示类型子集。

（2）“详细”选项卡。当用户知道哪种直观表示类型最能代表要分析的数据时，可以使用“详细”选项卡，用户选择数据时，对话框中将显示该类型图表的形状，如图 1-4-50 所示。

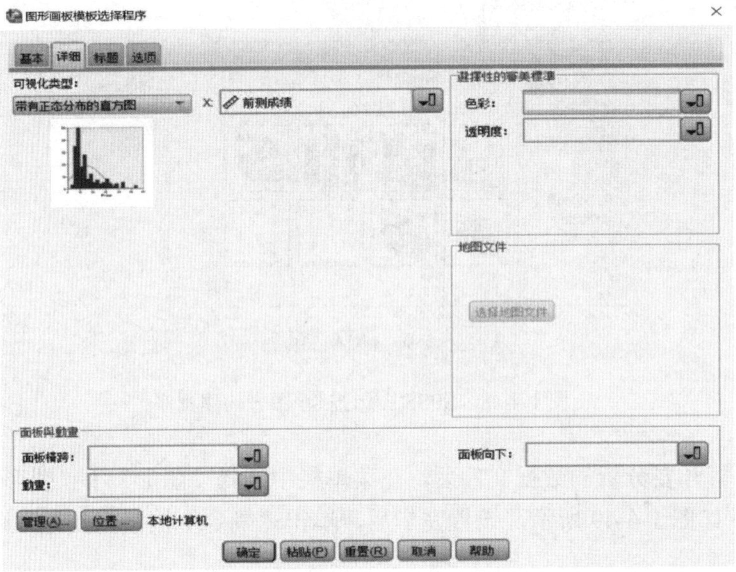

图 1-4-50　SPSS 图形描绘-图形画板模板选择程序

（3）“标题”选项卡。选择“使用定制标题”单选按钮，可以在对应文本框中设置输出图形的标题、副标题和脚注；若选择默认的“使用缺省标题”单选按钮，则不会在输出图形中添加任何标题和脚注。

（4）“选项”选项卡。用户可以在此规定输出标签、可视化样式表和缺失值处理方法。

【Step4】打开要分析的数据文件后，在菜单中选择“图形”｜“旧对话框模式创建图形”选项。与使用“图形画板模板选择程序”对话框中的“详细”选项卡类似，一般要求用户对所要输出的图形直观表示有较为清晰的认识。

第二章　数据的分布特征

第一节　集　中　量

集中量（concentrated measure）是代表一组数据典型水平或集中趋势的量，它能反映频数分布中大量数据向某一点集中的趋势，常用的集中量有平均数、众数、中位数。

一、平均数

平均数（mean）包括算术平均数、几何平均数、调和平均数。算术平均数又有简单的算术平均数和加权算术平均数之分。在实际应用中，若不做特别说明，平均数指的是算术平均数。

1. 算术平均数

1）含义

算术平均数（arithmetic mean）是一组观察值的总和除以总频数所得的商，简称为平均数或均数、均值。由变量 X 的一组数据计算的平均数记为 $\bar{X}$，它是统计学中最易理解和最常应用的一种集中量指标。如以 $X_1, X_2, \cdots, X_n$ 表示变量的各个观察值，n 表示观察值的个数，则算术平均数可表示为

$$\bar{X} = \frac{X_1 + X_2 + \cdots + X_n}{n} = \frac{\sum X}{n} \tag{2-1}$$

式中，$\sum$ 表示连加求和。

从式（2-1）可以看出，算术平均数有以下几个特征：

（1）观察值的总和等于算术平均数的 n 倍，即

$$\sum X = n\bar{X}$$

（2）各观察值与其算术平均数之差的总和等于零。

$$\sum X - n\bar{X} = 0$$

于是，又可表示为

$$\sum (X - \bar{X}) = 0$$

（3）若一组观察值由两部分（或几部分）组成，这组观察值的算术平均数可以由组成部分的算术平均数求得。

2）算术平均数的计算方法

（1）原始数据计算法。

式（2-1）就是运用原始数据计算算术平均数的公式。例如，某学习小组的五名学生

在语文测验中的分数分别为 85，92，75，70，68，其算术平均数为

$$\bar{X}=\frac{85+92+75+70+68}{5}=78$$

（2）频数分布表计算法。

如果一组数据已经制成了频数分布表，而原始数据未知，可以利用频数分布表来求该组数据算术平均数的近似值。具体计算方法是：各组组中值乘以各组频数，求其和，再除以总频数，就是该组数据算术平均数的近似值。频数分布表中每一组内的观察值虽然有高有低，但可以将每组的组中值近似地视为每组观察值的算术平均数，其误差趋于相互抵消。上述计算用公式表示为

$$\bar{X}=\frac{f_1X_1+f_2X_2+\cdots+f_KX_K}{f_1+f_2+\cdots+f_K}=\frac{1}{n}\sum(fX) \tag{2-2}$$

式中，$f_1,f_2,\cdots,f_K$ 表示第 1 组～第 K 组的频数；$X_1,X_2,\cdots,X_K$ 表示第 1 组～第 K 组的组中值；$\sum(fX)$ 表示各组组中值与频数的乘积之和。

用频数分布表中的组中值近似计算的算术平均数与其真实值非常接近。

3）算术平均数的应用及其优缺点

算术平均数具备以下几个优点。

（1）反应灵敏。一组数据中任何一个数值发生或大或小的变化时，所计算出来的算术平均数也会随之变大或变小。

（2）严密确定。由同一组数据计算出来的算术平均数是同一个值。

（3）简明易懂，计算简便。算术平均数的意义简单明了、容易理解，计算时只需要简单的四则运算。

（4）适合进一步代数运算。例如，可以通过几个平均数求它们的总平均数，在求解其他特征量，如方差、标准差、相关系数时，也要用到算术平均数。

（5）受抽样变动的影响较小。从同一个总体中随机抽取的相同个数的数据，所计算出来的算术平均数与其他集中量相比，抽样误差较小。

除此之外，算术平均数还有以下几个特殊的优点：

（1）只知一组观察值的总和及总频数就可以求出算术平均数。

（2）用加权法可以求出几个平均数的总平均数。

（3）用样本数据推断总体集中量时，算术平均数最接近于总体集中量的真实值，它是总体平均数的最优估计值。

但是，算术平均数也存在如下一些缺点：

（1）易受两极端数值（极大值和极小值）的影响。如果一组数据中绝大多数数值都较高（或较低），而其中只有一个数值极低（或极高），由于每一数据都参与运算，故算术平均数就不足以代表该组数据的典型水平。

（2）一组数据中某个数值的大小模糊不清或不够确切时，就无法计算其算术平均数。

2. 加权平均数

1）加权和的含义

具体考虑到各个数据的重要性（即权重）后再相加求和就是加权和，用 $\bar{X}_{\mathrm{W}}$（或 $\bar{X}_{\mathrm{t}}$）表示。

进一步地推广，若用 $W_1, W_2, \cdots, W_n$ 分别表示观测数据 $X_1, X_2, \cdots, X_n$ 的权重，那么，这批数据的加权和为

$$W_1X_1 + W_2X_2 + \cdots + W_nX_n = \sum_{i=1}^{n} W_iX_i \tag{2-3}$$

2）加权平均数的计算方法

加权算术平均数，简称加权平均（weighted average）数，它是一组数据的加权和除以这组数据权重和所得的商，加权平均数的计算公式如下：

$$\bar{X}_{\mathrm{W}} = \frac{\sum_{i=1}^{n} W_iX_i}{\sum_{i=1}^{n} W_i} \tag{2-4}$$

式中，$\bar{X}_{\mathrm{W}}$ 表示加权平均数；$\sum_{i=1}^{n} W_i$ 表示所有权重之和。

权重的确定方法多种多样，分为三类：一是主观赋权法，包括专家调查法（Delphi 法）、调查统计法（栅栏法、网格法、列表法）、层次分析法（analytic hierarchy process，AHP）、二项系数法、功效系数法、环比评分法、最小平方法、模糊评价法、复杂度分析法、序列综合法；二是客观赋权法，包括主成分分析法、熵值法、神经网络分析法、优劣解距离法（technique for order preference by similarity to an ideal solution，TOPSIS）、灰色关联分析法、变异系数法、聚类分析法、离差及均方差法、多目标规划法；三是组合赋权法，包括“乘法”集成法和“加法”集成法。

3. 几何平均数

几何平均数（geometric mean）是 n 个数值连乘积的 n 次方根，用 $\bar{X}_{\mathrm{g}}$ 表示。

当一个数列的后一个数据是以前一个数据为基础成比率（即等比级数）时，要用几何平均数求其平均增长率（即等比级数中的比率），几何平均数常用作速率的集中量。在教育方面，求解学龄儿童人数的增加率、学校经费增加率、教师工资增加率、阅读能力进步率等，都要运用几何平均数。

几何平均数 $\bar{X}_{\mathrm{g}}$ 的求法用公式可以表示为

$$\bar{X}_{\mathrm{g}} = \sqrt[n]{X_1X_2\cdots X_n} \tag{2-5}$$

式中，$\bar{X}_{\mathrm{g}}$ 表示几何平均数；n 表示数值的个数。

4. 调和平均数

调和平均数（harmonic mean）是一组数据倒数的算术平均数的倒数，也称倒数平均数，用 $\bar{X}_{\mathrm{H}}$ 表示。

调和平均数在教育方面通常用来求学习速度，如阅读速度、解题速度、识字速度等。调和平均数 $\bar{X}_{\mathrm{H}}$ 的求法为每个数据倒数的平均数的倒数，有

$$\bar{X}_{\mathrm{H}}=\frac{1}{\frac{1}{n}\sum\frac{1}{X}}=\frac{n}{\sum\frac{1}{X}} \tag{2-6}$$

二、众数

1. 含义

众数（mode），有理论众数和粗略众数两种定义。理论众数是指与频数分布曲线最高点相对应的横坐标的数值，粗略众数是指一组数据中频数出现最多的那个数值。众数用 M_0 来表示，它也是一种集中量，代表一组数据集中的趋势。

2. 众数的计算方法

1）直接观察求众数

粗略众数不需要计算，可以通过直接观察来获得。在一组原始数据中，频数出现最多的那个数值就是众数。例如，一组数据 1，2，3，3，4，5，其中频数出现最多的数字是 3（共出现了两次），于是 3 就是该组数据的众数，即 $M_0=3$。

在频数分布表中，频数最多组的组中值就是粗略众数。众数可能不止一个，当相邻两组的频数都是最多时，那么两组的分组点就是众数。

2）经验公式求众数的近似值

理论众数可根据数据的分布形态，用积分法求得。这种方法较复杂，应用受限。这里介绍两种运用经验公式求众数的方法。

（1）皮尔逊（Pearson）经验法。

皮尔逊研究发现，算术平均数、中位数和众数三者之间的关系与频数分布的形态有关。当频数分布呈正态时，算数平均数、中位数、众数三者重合为一点，即 $\bar{X}=M_{\mathrm{d}}=M_0$；当频数分布呈正偏态时，$M_{\mathrm{d}}$ 居中，$\bar{X}$ 与 M_{d} 距离较近，M_0 与 M_{d} 较远。$\bar{X}$ 与 M_{d} 的距离约占 $\bar{X}$ 与 M_0 距离的 $\frac{1}{3}$，即 $\frac{\bar{X}-M_{\mathrm{d}}}{\bar{X}-M_0}\approx\frac{1}{3}$，且 $\bar{X}>M_{\mathrm{d}}>M_0$；当频数分布呈现负偏态时，三者之间的远近关系相同，只不过方向相反，即 $\bar{X}<M_{\mathrm{d}}<M_0$。

根据三者之间的关系式，可以推导出理论众数的经验公式：

$$M_0\approx 3M_{\mathrm{d}}-2\bar{X} \tag{2-7}$$

式（2-7）也只有在频数分布接近于正态时才可以使用，因为只有在这种条件下，众数才近似等于三倍的中位数减去两倍的算术平均数。

（2）金氏（King）插补法。

当频数分布呈偏态，即众数所在组以上各组频数总和与以下各组频数总和相差较大时，可以采用金氏公式计算众数，以进行偏度调整，其计算公式为

$$M_0 = L_{M_0} + \frac{f_a}{f_a + f_b} i \tag{2-8}$$

式中，L_{M_0} 表示众数所在组的下限；f_a 表示大于众数所在组上限的那个相邻组的频数；f_b 表示小于众数所在组下限的那个相邻组的频数；i 表示组距。

需要说明的是，一组数据是采用皮尔逊经验法还是金氏插补法来计算众数，要根据数据的分布形态做出选择。

3. 众数的应用及其优缺点

众数虽然简明易懂，较少受两极端数值的影响，但它并不具备一个良好集中量的基本条件。它的确不够严密，当一组数据有两个或多个数值的频数出现都最多，或者频数分布曲线有两个或多个最高点时，则无法确定众数；它随频数分布表上组距的变化而变化：同一组资料在编制频数分布表时，组距不同，得到的众数也不相同，即众数极不稳定；它不适合进一步的代数运算，不能由几个众数综合出一个总的众数来；另外，众数受抽样变动影响也较大。

在这些情况下，常常运用众数作为集中量：当需要快速而又粗略地找出一组数据的代表值时；当频数分布中有两极端数值时；当需要利用算术平均数、中位数、众数三者之间的关系粗略地判断频数分布形态时。

三、中位数

1. 中位数的概念

中位数（median）是依一定大小顺序排列的一组数据中间位置的数值，即在这组数据中，有一半数据比它大，一半数据比它小。可见，中位数是把按照从小到大（或从大到小）排列的一组数据的个数从中间一分为二的数值，用 M_d 来表示。它是集中量的一种指标，是一种特殊的百分位数。

2. 中位数的计算方法

1）原始数据计算法

将一组原始数据依大小顺序排列后，若总频数为奇数，就以位于正中间的数据作为中位数；若总频数为偶数，则以最中间的两个数据的算术平均数作为中位数。例如，有 5 个数据，依从小到大顺序排列为：1，2，4，6，7。因为数据个数为奇数，则位于中间的数值 4 就是中位数，即 $M_d = 4$。又如，有 6 个数据，依从小到大的顺序排列为：1，2，4，6，7，8。因为数据的个数为偶数，则位于最中间的两个数据（4 与 6）的算术平均数就是中位数，即 $M_d = (6+4)/2 = 5$。

不难看出，中位数可能是一组数据中的某一个数值，也可能不是这组数据中的某一个数值。

2）频数分布表计算法

若一组原始数据已经编成了频数分布表，可以运用内插法，通过频数分布表来计算中位数，其计算公式为

$$M_d = L_{M_d} + \left(\frac{n}{2} - n_1\right)\frac{i}{f_{M_d}} \tag{2-9}$$

式中，L_{M_d} 表示中位数所在组的下限；n 表示总频数；n_1 表示小于中位数所在组下限的频数总和；i 表示组距；f_{M_d} 表示中位数所在组的频数。

3. 中位数的应用及其优缺点

中位数虽然也具备一个良好集中量所应具备的一些条件，如比较严密确定，简明易懂，计算简便，受抽样变动影响较小，但是中位数也有一些缺陷。例如，中位数不适合代数计算，它不能将几个中位数综合求出一个总的中位数；虽然中位数受抽样变动影响较小，但抽样偏差相对较大。因为它不是由每个数据都参加运算求得的，而是由数据的个数所决定，所以它反应不灵敏，但这正是中位数的特殊应用价值，它适用于以下几种情况。

（1）一组数据中有特大或特小两极端数值时；

（2）一组数据中有个别数据不确切、不清楚时；

（3）资料属于等级性质时。

【例 2-1-1】某小组 10 名成员的数学成绩为：85，74，66，78，90，88，92，94，87，85，试用 SPSS 软件计算这组数据的平均数、众数和中位数。

【Step1】在菜单栏中选择“分析”｜“描述统计”｜“频率”选项，打开“频率”对话框（图 2-1-1）。

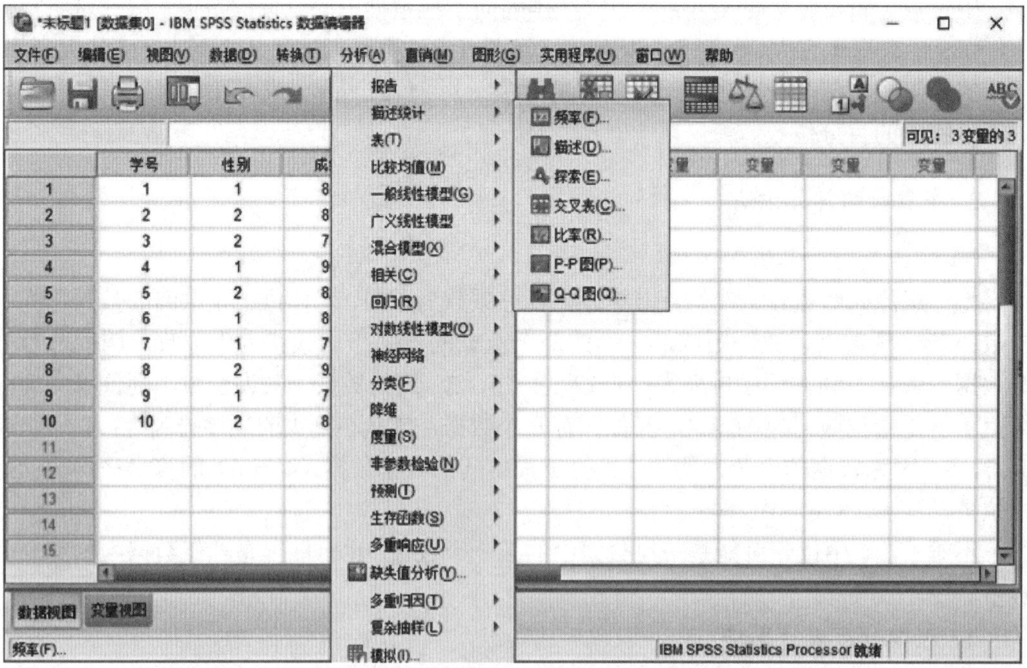

图 2-1-1　SPSS 数据分析-描述统计-频率

【Step2】从左侧框中选择所求的变量，然后单击箭头按钮将选择的变量选入（图 2-1-2）。

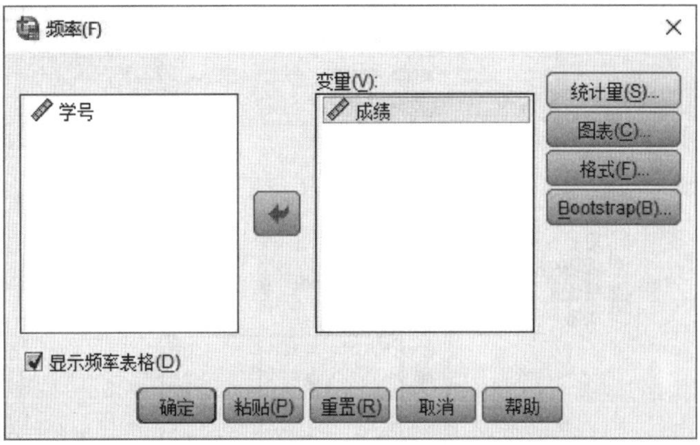

图 2-1-2　SPSS 数据分析-描述统计-频率变量

【Step3】单击“统计量”按钮，弹出“统计量”对话框，在“统计量”对话框中选择“集中趋势”中的“均值”、“中位数”和“众数”，然后单击“继续”按钮返回“频率”对话框。单击“确定”按钮，SPSS 即开始计算（图 2-1-3）。

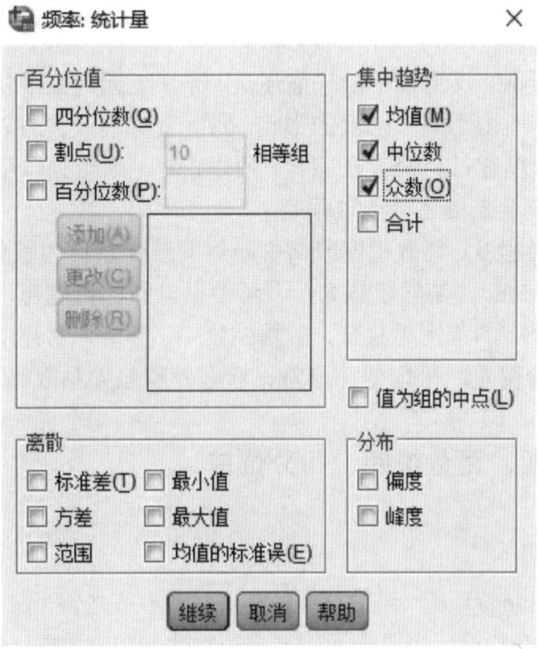

图 2-1-3　SPSS 数据分析-描述统计-频率统计量

【Step4】最后在“SPSS Statistics 查看器”中显示结果（图 2-1-4）。

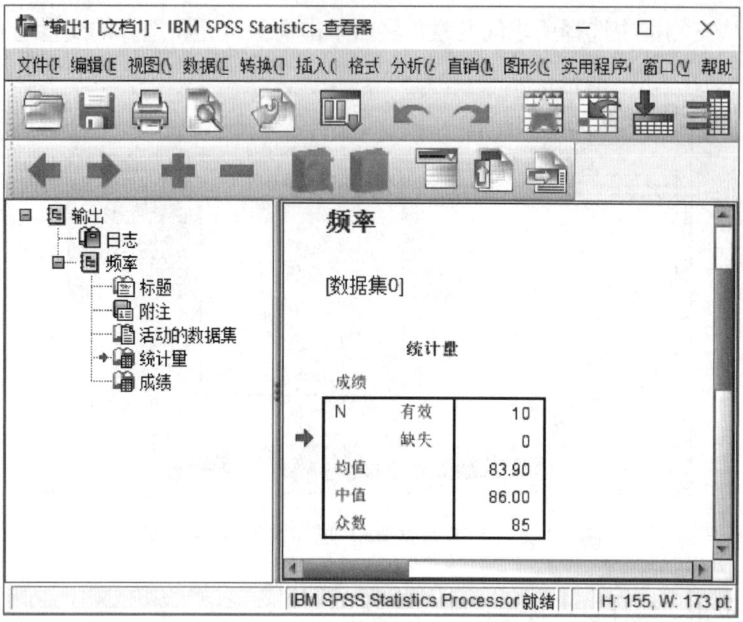

图 2-1-4　SPSS 数据分析-描述统计-频率统计量结果

第二节　差　异　量

对于一组数据的全貌，仅用集中量来描述是不够的。因为集中量只能描述一组数据的平均水平和典型特征，而由于偶然因素的影响，数据还具有变异性，即使两组数据的集中量相同，它们的变异程度往往也会存在差异。所以，对一组数据除了用集中量描述其集中趋势外，还需要用差异量来描述其离散程度。

表示一组数据变异程度、离散程度或离中趋势的统计量称为差异量数，也称为离散量数（measures of dispersion）。差异量越大，表示数据分布的范围越广，数据越不整齐；差异量越小，表示数据分布的范围越狭窄，数据越集中、整齐。常用的差异量有全距、四分位距、百分位距、四分位差、平均差、方差、标准差和差异系数等。

一、全距、四分位距、百分位距、四分位差

1. 全距

（1）含义。全距（range）是一组数据中最大值与最小值之差，又称极差。它是表示一组数据波动范围大小的一个指标，用 R 表示。如果是频数分布表数据，可以通过以下方法求取全距：数据最大一组与最小一组的组中值之差，或者是最大一组上限与最小一组下限之差。

（2）全距的优缺点。全距概念清晰、意义明确、计算简单，但它仅由最大值与最小值求得，不仅信息利用量少、反应不灵敏，而且易受两极端数据的影响。因此，全距只能作为一组数据差异量的粗略指标，在编制频数分布表时可以使用全距来确定数据范围。

（3）全距的应用。在实际工作中，全距常用来检查产品质量的稳定性和进行质量控制。在正常生产条件下，全距在一定范围内波动，若全距超过给定的范围，就说明有异常情况出现。因此，利用全距有助于及时发现问题，以便采取措施保证产品质量。

（4）全距的 SPSS 操作步骤。

【例 2-2-1】某小组 10 名成员前测成绩为：71，78，80，79，76，74，73，74，80，81，试用 SPSS 软件计算这组数据的全距。

【Step1】在菜单栏中选择“分析”｜“描述统计”｜“频率”选项，打开“频率”对话框（图 2-2-1）。

图 2-2-1　SPSS 数据分析-描述统计-频率（全距示例）

【Step2】从左侧“变量”列表中选择所求的变量，然后单击箭头按钮将选择的变量选入右侧“变量”框中。

【Step3】单击“统计量”按钮，弹出“统计量”对话框，在“统计量”对话框中选择“离散”框中的“范围”，然后单击“继续”按钮返回“频率”对话框，单击“确定”按钮，SPSS 即开始计算（图 2-2-2）。

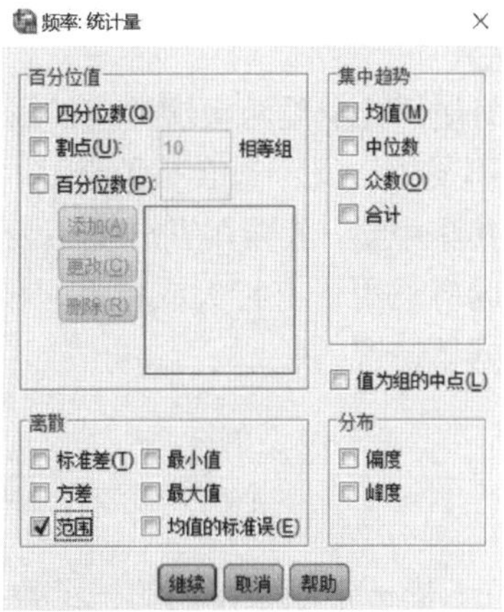

图 2-2-2　SPSS 数据分析-描述统计-频率变量（全距示例）

【Step4】最后在“SPSS Statistics 查看器”中显示结果。

2. 四分位距

1）含义

为了避免全距受两极端数值影响，可以考虑用一组数据中间 50%个数据的波动范围来表示该组数据的离散程度，这就产生了四分位距（interquartile range）。若将按从小到大顺序排列的一组数据分成频数相等的四段，第一段与第二段的分界点称为第一四分位数（也就是第 25 百分位数），第三段与第四段的分界点称为第三四分位数（也就是第 75 百分位数）。四分位距就是一组数据的第三四分位数与第一四分位数之差的一半，用公式可表示为

$$\mathrm{QD}=\frac{Q_3-Q_1}{2} \tag{2-10}$$

式中，QD 表示四分位距；Q_3 表示第三四分位数（第 75 百分位数）；Q_1 表示第一四分位数（第 25 百分位数）。

2）四分位距的计算方法

（1）原始数据计算法。先将原始数据按从小到大排好顺序，然后根据求中位数的方法求出第一四分位数和第三四分位数，代入式（2-10）即可得到该组数据的四分位距。

（2）频数分布表计算方法。用内插法求出第一四分位数 Q_1 和第三四分位数 Q_3，分别如式（2-11）和式（2-12）所示：

$$Q_1=L_{Q_1}+\left(\frac{n}{4}-n_1\right)\frac{i}{f_{Q_1}} \tag{2-11}$$

式中，L_{Q_1} 表示 Q_1 所在组的下限；n 表示总频数；n_1 表示小于 Q_1 所在组的下限的频数之和；f_{Q_1} 表示 Q_1 所在组的频数；i 表示组距。

$$Q_3=L_{Q_3}+\left(\frac{3n}{4}-n_1\right)\frac{i}{f_{Q_3}} \tag{2-12}$$

式中，L_{Q_3} 表示 Q_3 所在组的下限；n 表示总频数；n_1 表示小于 Q_3 所在组的下限的频数之和；f_{Q_3} 表示 Q_3 所在组的频数；i 表示组距。

3）四分位距的应用及其优缺点

四分位距简明易懂、计算简便、较少受两极端数值的影响，比全距可靠得多。但它只利用了中间 50%的数据，反应不灵敏，又不适合代数运算，因而应用也受到了限制。

当一组数据用中位数表示其集中量，就要用四分位距表示其差异量。因为中位数与四分位距同属于百分体系，它们同样适用于有特大或特小两极端数值，有个别数值不确切、不清楚，以及用等级表示的数据等情况。

3. 百分位距

1）百分位数的概念

百分位数（percentile）是位于依一定顺序排列的一组数据中某一百分位置的数值。例如，第 70 百分位数 P_{70}，就是在按从小到大排列的一组数据中小于这数值有 70%个频数，

大于这个数值有 30%个频数的那个数值。中位数就是第 50 百分位数，小于它有 50%个频数，大于它也有 50%个频数，它是百分位数中的特例。

在教育测量中，常通过计算某个原始分数所属的百分位数来说明、解释、评价它在团体中所处的位置。

2）百分位数的计算方法

在频数分布表上可以用内插法计算某个百分位数，其计算公式为

$$P_{\mathrm{p}}=L_{\mathrm{p}}+(pn-n_1)\frac{i}{f_{\mathrm{p}}} \tag{2-13}$$

式中，P_{p} 表示百分位数；L_{p} 表示百分位数所在组的下限；p 表示与百分位数相对应的比数；n 表示总频数；n_1 表示小于百分位数所在组下限的频数总和；f_{p} 表示百分位数所在组的频数。

3）百分位数的注意事项

在教育领域中，常用百分位数对学生成绩进行描述统计，但运用时，需要注意非等距性。

4）百分位距

百分位距是指两个百分位数之差，常用的百分位距有两种：一种是第 90 与第 10 百分位数之差，用 $P_{90}-P_{10}$ 表示，即按一定顺序排列的一组数据中间部位的 80%个频数的距离。另一种是第 93 与第 7 百分位数之差，用 $P_{93}-P_7$ 表示，即按一定顺序排列的一组数据中间部位的 86%个频数的距离。

百分位距与四分位距一样都属于百分体系，它们都是剔除一组数据中的两极端部分数据而获得的。在计算频数分布的峰态量时，要用到上述百分位距。

【例 2-2-2】一组学生中考录取分数已知，该校预计录取参与考试并排名前 60%的学生，那么该校应该录取多少分数以上的学生？

在实际操作中，部分初学者可能会出现理解偏差的情况，在 SPSS 内“频率”的“统计量”对话框中选择“百分位数”，并新增“60.0”，随后直接开始计算。此处的 P_{60} 指在某个分数以下的学生占全体中考考生的 60%，而非该校希望录取的前 60%的学生。

【Step1】在菜单栏中选择“分析”|“描述统计”|“频率”选项，打开“频率”对话框。

【Step2】从左侧“变量”列表中选择所求的变量，然后单击箭头按钮将选择的变量选入右侧“变量”框中。

【Step3】单击“统计量”按钮，弹出“频率统计量”对话框，在“频率统计量”对话框中选择百分位数中的“百分位数”，添加“40.0”，单击“继续”按钮返回“频率”对话框。单击“确定”按钮，SPSS 即开始计算（图 2-2-3）。

【Step4】最后在“SPSS Statistics 查看器”中显示结果。

4. 四分位差

四分位差（quartile deviation），也可视为百分位差的一种，通常用符号 Q 来表示，指在一个次数分配中，中间 50%的次数的距离的一半。在一组数据中，它的值等于 $P_{25}\sim P_{75}$ 距离的二分之一。这个差异量数能够反映出数据分布中间 50%数据的散布情况。

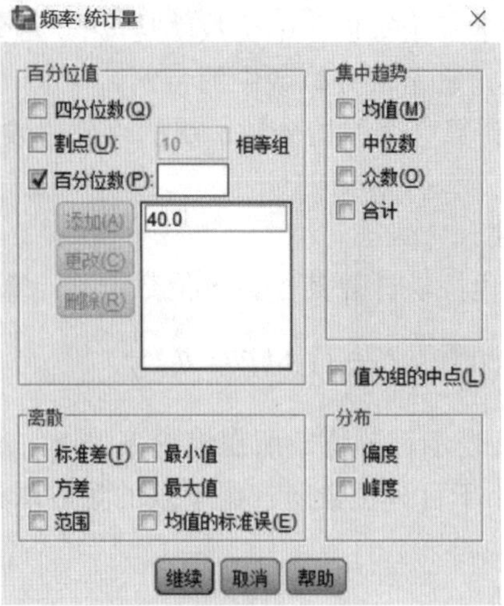

图 2-2-3　SPSS 数据分析-描述统计-百分位数

四分位差的计算，基于两个百分位数，即 P_{25} 和 P_{75} 。这两个点值与中位数一起将整个数据的次数等分为四部分，因此称它们为四分值，或四分位数（quartile）。由于 P_{25} 之下占有总次数的四分之一，P_{25} 又称第一四分位数（Q_1），中位数或 P_{50} 称为第二四分位数（Q_2），P_{75} 称为第三四分位数（Q_3）。四分位差就是第三四分位数与第一四分位数之差的一半，它的计算公式如下：

$$Q = \frac{Q_3 - Q_1}{2} \tag{2-14}$$

如果是对未分组的数据求四分位差，Q_1 和 Q_3 可按照未分组数据求中位数的方法求得。在分组数据中，Q_1 和 Q_3 计算方法同前面的四分位数计算方法。

四分位差通常与中位数联系起来共同应用。中位数可以看作第二四分位点，即 50%点，因此中位数有时也用 Q_2 表示。与全距相比，用百分位差表述数据的离散情况稍微少一些。例如，在两极端数据不清楚时，可以计算四分位差。但由于它没有把全部数据考虑在内，其稳定性会差一些。例如，我们得到两组数据，这两组数据的值并不完全一致，但最后得到的四分位差可能完全一致。这是使用百分位差，尤其是用四分位差来表达数据分布的不足之处。另外，它也不适合代数方法运算，反应不够灵敏，故应用范围有限。

二、平均差、方差、标准差

全距、四分位距、百分位距、四分位差都不是由每一个数据参与计算而获得的，不能说明全部数据的变动情况，反应不灵敏。要想测量一组数据中所有数据的离散程度，自然需要计算每个数据偏离中心的程度。若以算术平均数作为中心，计算每个数据与算术平均数之差（称作离均差或离差），然后求离均差的算术平均数，便得到平均离均差，即

$$\text{平均离均差} = \frac{\sum (X - \bar{X})}{n} \tag{2-15}$$

算术平均数是一组数据的平衡点，所以就任何一组数据而言，其离均差之和都是零。由此可见，离均差不能作为判断一组数据离散程度的特征量。

1. 平均差

1）含义

解决上述问题的一种方法是取离均差的绝对值，即去掉正负号使所有离均差均为正值（非负值），这样便获得一个新的特征量——平均差。平均差（average deviation 或 mean deviation）就是一组数据中各个数据离均差绝对值的算术平均数。

2）计算方法

用原始数据计算平均差的公式为

$$\mathrm{MD}=\frac{\sum|X-\bar{X}|}{n} \tag{2-16}$$

式中，MD 表示平均差；$\sum|X-\bar{X}|$表示离均差绝对值之和；n表示总频数。

用频数分布表各组组中值计算平均差的公式为

$$\mathrm{MD}=\frac{\sum f|X-M_{\mathrm{d}}|}{n} \tag{2-17}$$

式中，f 表示各组的频数；X 表示各组的组中值；n 表示总频数。

3）平均差的优缺点

平均差意义明确，计算容易，每个数据都参加了运算，考虑到了全部的离差，反应灵敏。但计算时要用绝对值，不适合代数运算，这一点使它的应用受到很大限制，因此在统计分析中应用较少。

2. 方差与标准差

1）含义

将离均差的负值转化为正值，解决离均差之和为零的另一方法是将离均差平方，然后求其算术平均数，这样便得到了一个新的差异量——方差（variance），用σ^2表示。方差开根号后就是标准差（standard deviation），用σ表示，定义公式为

$$\sigma=\sqrt{\frac{\sum(X-\bar{X})^2}{n}} \tag{2-18}$$

式中，$X-\bar{X}$ 表示离差（即每个数据与平均数的差数）；$\sum(X-\bar{X})^2$ 表示离差平方和；n表示总频数。

方差和标准差都是非常重要的差异量指标，在计算方差时，每个数据与平均数的离均差有正有负，所以需要平方，使之变成非负值，但是数据的单位也同时被平方了。为了使差异量的单位与原始数据相一致，又需要开方。

标准差的值越大，表明这组数据的离散程度越大，即数据越参差不齐、分布范围越广；标准差的值越小，表明这组数据的离散程度越小，即数据越集中、分布范围越小。在教育领域中，究竟是标准差大好还是小好，这要因所分析的问题而异。

2）方差与标准差的计算方法

用上述定义公式可以计算方差与标准差，但计算时要先求算术平均数和离均差，步骤烦琐，结果不够精确。特别是当算术平均数含小数且是近似小数时，离均差也会含小数且不够精确，平方后小数位数更多且结果更不精确，因此常用以下几种方法进行计算。

（1）原始数据计算法。

将式（2-18）加以整理，可以不必求离均差，直接用原始数据计算方差与标准差，公式为

$$\sigma=\sqrt{\frac{\sum X^2-\left(\sum X\right)^2/n}{n}} \tag{2-19}$$

式中，X 表示原始数据；n 表示频数。

（2）频数分布表计算法。

若已经将原始数据归入分组频数分布表，而且原始数据未知，这时可以用组中值近似计算，其计算公式为

$$\sigma=\sqrt{\frac{\sum fX^2-\left(\sum fX\right)^2/n}{n}} \tag{2-20}$$

式中，f 表示各组的组距；X 表示各组的组中值；n 表示总频数。

3. 方差与标准差的优缺点及其应用

方差与标准差具备一个良好的差异量应具备的条件：反应灵敏，随任何一个数据的变化而变化；严密确定，同一组数据的方差与标准差是一个确定的值；计算简单，适合代数运算，不仅在求方差及标准差的过程中可以进行代数运算，而且可以将几个方差和标准差综合成一个总的方差和标准差；受抽样变动影响小，用样本数据推断总体差异量时，方差与标准差是最好的估计量。它们在避免两极端数值影响方面大大超过全距，在考虑到全部离均差方面，优于四分位距与百分位距；在避免绝对值方面，优于平均差。

方差与标准差也存在缺点：不太容易理解；易受两极端数值的影响；有个别数值模糊不清时无法计算。

与其他差异量指标相比，方差与标准差应用最为广泛，它的最直接用途是描述一组数据的离散程度。当一组数据的集中量用算术平均数表示时，差异量要用标准差来表示。除此之外，在计算其他统计量时，如计算差异系数、相关系效、标准分数，也都需要用到标准差。而方差在统计推断中常常会用到，特别是方差分析的基本原理，就是利用了方差的可加性。

三、差异系数

1. 含义

上述全距、四分位距、平均差及标准差与观察值具有相同单位，称为绝对差异量。对两种单位不同或单位相同而两个平均数相差较大的资料，这些差异量都无法比较差异的大

小，必须用相对差异量（即差异系数）进行比较。差异系数是一种反映相对离散程度的系数，即相对差异量数，它消去了单位，因而适合于不同性质数据的研究与比较。

差异系数（coefficient of variation，CV）指标准差与其算术平均数的百分比，是没有单位的相对差异量数，用公式表示为

$$CV = \frac{S}{\overline{X}} \times 100\% \tag{2-21}$$

式中，CV 表示差异系数；S 表示标准差；$\overline{X}$ 表示算术平均数。

由式（2-21）可知，差异系数就是以平均数为单位，视标准差占算术平均数百分比的大小来衡量差异程度的，它是一个没有单位的相对数。差异系数越大，表明离散程度越大；差异系数越小，表明离散程度越小。

2. 差异系数的应用

（1）比较不同单位数据的差异程度。例如，比较儿童身高与体重的差异。

（2）比较单位相同而算术平均数相差极大的两组数据的差异程度。例如，比较不同年龄的女童的身高差异。

（3）可判断特殊差异情况。

根据经验，一般 CV 值在 5%～35%。如果 CV 值大于 35%，可怀疑所求得的平均数是否失去了意义；如果 CV 值小于 5%，可怀疑平均数与标准差是否计算有误。

【例 2-2-3】某班有 35 人，某次考试他们的成绩按学号排列如下：85，74，66，78，90，65，92，94，87，85，60，89，74，64，77，85，76，95，78，81，83，67，73，72，96，68，91，68，78，86，95，82，74，62，60，求这次考试成绩的极差、四分位数和第 77 百分位数，以及方差和标准差。

【Step1】在菜单栏中选择“分析”｜“描述统计”｜“频率”选项，打开“频率”对话框（图 2-2-4）。

图 2-2-4　SPSS 数据分析-描述统计-频率（示例）

【Step2】从左侧“变量”列表中选择所求的变量，然后单击箭头按钮将选中的变量选入右侧“变量”框中（图 2-2-5）。

【Step3】单击右侧“统计量”按钮，在“频率：统计量”对话框中选择“百分位值”框中的“四分位数”和“百分位数”，并添加“77.0”到“百分位数”框中，然后在“离散”框中选择“标准差”和“方差”，然后单击“继续”按钮返回“频率”对话框。单击“确定”按钮，SPSS 即开始计算（图 2-2-6）。

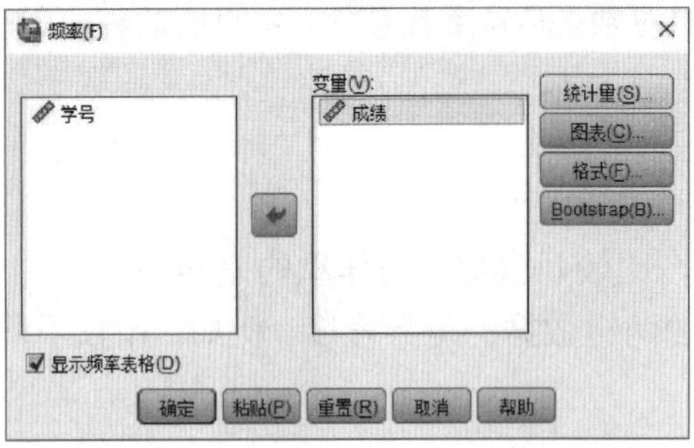

图 2-2-5　SPSS 数据分析-描述统计-变量选择（示例）

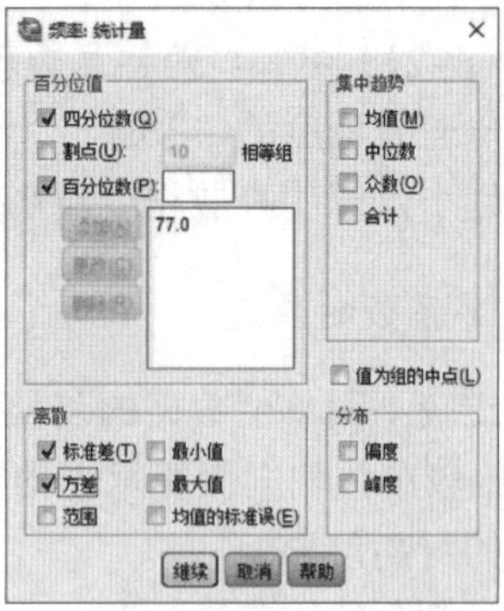

图 2-2-6　SPSS 数据分析-描述统计-频率统计量（示例）

【Step4】最后在“SPSS Statistics 查看器”中显示结果（图 2-2-7）。

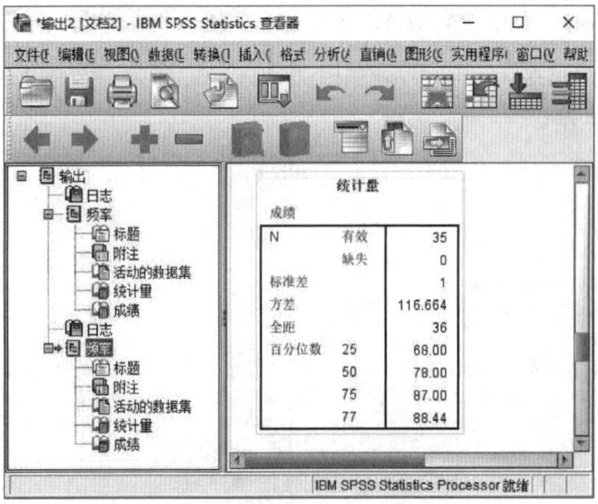

图 2-2-7　SPSS 数据分析-描述统计-频率统计量结果（示例）

第三节　数据分布状态

一、正态分布

1. 含义和特点

1）正态分布曲线函数

正态分布（normal distribution）是连续性随机变量中常见的一种概率分布形态。因此，也有人称其为常态分布或高斯分布（Gaussian distribution）。正态分布是统计学研究中最基本也是最重要的一种分布，分为一般正态分布和标准正态分布。对于一般正态分布，其密度函数可写成以下形式：

$$Y=\frac{1}{\sqrt{2\pi}\sigma}e^{-\frac{(X-\mu)^2}{2\sigma^2}} \tag{2-22}$$

式中，X 表示连续性随机变量；μ 表示这个分布的平均数；σ 表示这个分布的标准差。

式（2-22）中的 μ、σ 都是绝对数量，由于每个正态分布的 μ,σ 不同，正态分布曲线也就不同。例如，几个平均数相同的正态分布，标准差大的正态分布形态低阔，标准差小的正态分布形态高狭。这样随着 μ、σ 不同，就形成不同的正态分布形态。

如果把 X 轴的记分由原始分数 X 改为标准分数 $Z=(X-\mu)/\sigma$，即把零点沿 X 轴迁移到了 μ 点，并以 σ 为单位记分；把 Y 轴的尺度由频数改为频率，于是由频率总和等于 1 就代替了频数总和等于 N，这样不仅不影响正态分布的固有特征，而且还把所有以绝对数量表示总体参数 μ 和 σ 的正态分布曲线函数都变成了以平均数为 0，标准差为 1 的标准正态分布曲线函数及正态分布曲线的频率密度函数。

这里，$Z=(X-\mu)/\sigma$ 是新的横轴上的记分。这样就把各种不同形态的正态分布都变成了一种统一的、固定形态的正态分布，即标准正态分布，其密度函数为

$$Y=\frac{1}{\sqrt{2\pi}}e^{-\frac{Z^2}{2}} \tag{2-23}$$

以 Z 值为横轴，Y 值为纵轴，可绘制出标准正态分布曲线（图 2-3-1）。

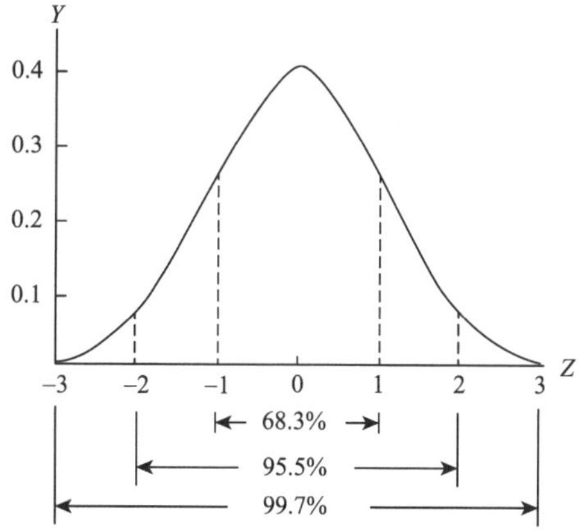

图 2-3-1　标准正态分布曲线

2）正态分布曲线的特点

从标准正态分布曲线函数和图形可以看出，正态分布曲线有以下几个特点：

（1）曲线在 $Z=0$ 处为最高点。因为函数中 e 的指数为负值，Z 的绝对值越小，Y 值越大；$Z=0$ 时，Y 值最大，即 $Y=1/\sqrt{2\pi}\approx 0.3989$。

（2）曲线以 $Z=0$ 处为中心点，双侧对称，因为无论 Z 值是正是负，平方后，Y 值都相等。

（3）曲线从最高点向左右两侧缓慢下降，并无限延伸，但永不与基线相交。因为 Z 的绝对值越大，Y 值越小；Z 的绝对值无限增大时，Y 值非常接近基线，但 Y 值永远不会等于零。

（4）标准正态分布上的平均数为 0，标准差为 1。基线上 Z 为–3～+ 3，6 个标准差距离间几乎包含了全部（99.7%）面积。

（5）曲线从最高点向左右延伸时，在正负 1 个标准差之内，既向下又向内弯。从正负 1 个标准差开始，既向下又向外弯，即拐点位于正负 1 个标准差处。

2. 正态分布曲线的计算

1）累积正态分布函数

正态分布曲线与基线之间某一区间的面积，相当于能在该区间找到个体的概率。正态分布中的随机变量 x 是连续变量。曲线下的面积，即累积概率是用积分来表示的。而累积正态分布的函数表达式为

$$P_{(-\infty < x < a)} = \int_{-\infty}^{a} \frac{1}{\sigma\sqrt{2\pi}} \mathrm{e}^{-\frac{(x-\mu)^2}{2\sigma^2}} \mathrm{d}x \tag{2-24}$$

式（2-24）表示 x 在 $-\infty$ ～ a 所有无限小区间的积累量，而且有

$$P_{(-\infty < x < +\infty)} = \int_{-\infty}^{+\infty} \frac{1}{\sigma\sqrt{2\pi}} \mathrm{e}^{-\frac{(x-\mu)^2}{2\sigma^2}} \mathrm{d}x = 1 \tag{2-25}$$

2）标准正态分布曲线下面积的求法

利用式（2-24）可以求出正态分布曲线下任何区间的面积，但需用积分法，计算烦琐。统计学家为我们提供了标准正态分布曲线下的面积与纵线表，此表有以下几个特点。

（1）表内仅有标准正态分布曲线下的面积。因此在查表前，首先应将原始变量 X 值用式（2-26）转化成标准分数：

$$Z = \frac{X - \bar{X}}{\sigma_X} \tag{2-26}$$

式中，Z 表示标准分数；X 表示原始分数；$\bar{X}$ 表示样本平均数；σ_X 表示样本标准差。

（2）表内仅含有从 $Z=0$ 到右边 Z 值之间的面积，因为正态分布曲线在 $Z=0$ 处呈左右对称。

（3）表中间的数值均表示 $Z=0$ 至某个 Z 值之间的面积。

正态分布表中第一列为 Z 值，第二列 Y 值表示 Z 值的纵线高度（概率），第三列 P 值表示某一 Z 值到 $Z=0$ 之间的面积（概率）。

（1）已知 Z 值求面积。

利用正态分布表已知 Z 值求面积有三种情况：

①求 $Z=0$ 到一 Z 值之间的面积。

例如，$Z=0$ 到 $Z=1$ 之间的面积为 0.34134。

②求两个 Z 值之间的面积。

例如，$Z=-1$ 到 $Z=1$ 之间的面积为：$0.34134+0.34134=0.68268$。在求两个值之间的面积时，若两个 Z 值符号相反，它们之间的面积等于两个 Z 值到 $Z=0$ 之间的面积之和；若两个 Z 值符号相同，它们之间的面积等于两个 Z 值到 $Z=0$ 之间的面积之差。

③求某一 Z 值以上或以下的面积。

例如，$Z=1$ 以上的面积为：$Z=0$ 到 $Z=+\infty$ 的面积（0.50000）减去 $Z=0$ 到 $Z=1$ 之间的面积（0.34134），即 $0.50000-0.34134=0.15866$。

（2）已知面积求 Z 值。

当已知正态分布曲线下的面积，可以从正态分布表 P 值一列寻找与已知面积最接近的值，然后在第一列寻找与之对应的 Z 值。寻找 Z 值时有以下三种情况：

①求 $Z=0$ 以上或以下某一面积相对应的 Z 值。

例如，已知 $Z=0$ 以上的面积为 0.25，可直接在 P 值一列寻得与 0.25 最接近的面积 0.24857，则相对应的 $Z=0.67$。用同样的方法也可寻到与 $Z=0$ 以下面积相对应的值，但 Z 值为负值。

②求与正态分布曲线上端或下端某一面积相对应的 Z 值。

例如，已知正态分布曲线下端 0.05 的面积，寻找相对应的 Z 值时首先计算出 $0.5-0.05=0.45$，然后在 P 值一列中寻找与 0.45 相对应的 $Z=1.65$，因为是曲线以下的面积，故 Z 值为负值，即 $Z=-1.65$。用同样的方法也可寻得曲线上端某一面积 X 的分界点，但符号为正。

③求与正态分布曲线下中央部位某一面积相对应的 Z 值。

例如，已知中央部位 0.99 的面积，在求左右 Z 值时，首先计算 $0.99\div 2=0.495$，然后在 P 值一列中寻找与 0.495 相对应的 $Z=2.58$，则左侧的 $Z=-2.58$，右侧的 $Z=2.58$。

（3）求正态分布曲线的纵线高度。

正态分布曲线的纵线高度 Y 是横轴上某一 Z 值的频率密度（即概率）。若已知 Z 值或面积，都可通过正态分布表寻得 Y 值。

①已知 Z 值求纵线高度。

例如，在求 $Z=-2$ 的纵线高度时，在 Z 值一列找到 2，则对应的 $Y=0.05399$。

②已知面积求纵线高度。

例如，求与正态分布曲线上端 0.10 面积相对应的纵线高度时，首先计算出 $0.5-0.10=0.40$，然后在 P 值一列中寻到与 0.40 最接近的面积为 0.39973，其对应的 $Y=0.17585$。

3. 正态检验

正态检验的 SPSS 操作步骤如下：

【Step1】选择“分析”｜“非参数”｜“旧对话框”｜“单样本检验”选项，打开“频率”对话框。

【Step2】从左侧“变量”列表中选择所求的变量，然后单击箭头按钮将选择的变量选入右侧“检验变量列表”框中（图 2-3-2）。

【Step3】选择“常规”复选框，单击“确定”按钮，SPSS 即开始计算（图 2-3-3）。

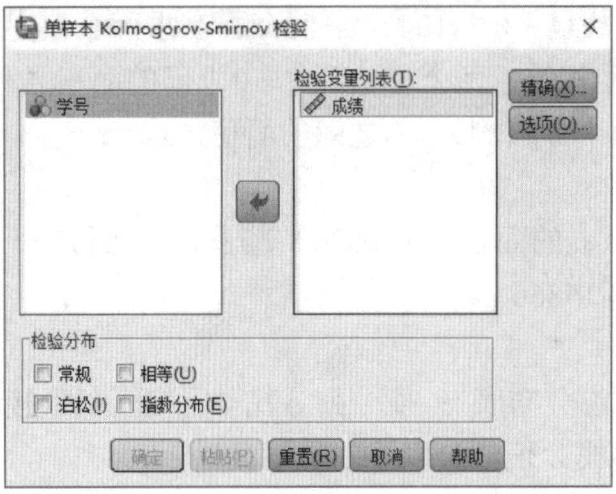

图 2-3-2　正态检验-单样本 K-S 检验

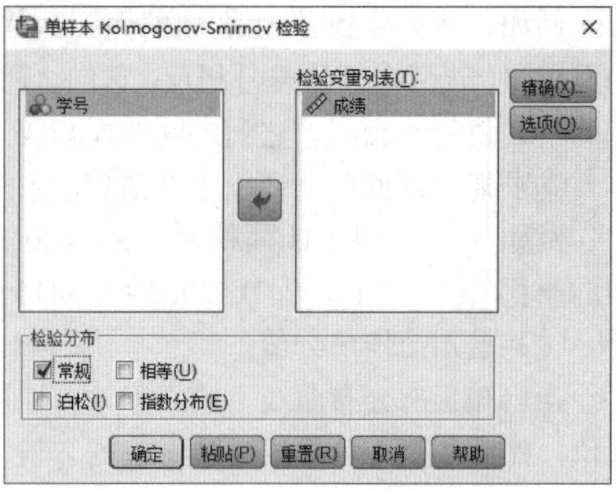

图 2-3-3　正态检验-单样本 K-S 检验-检验分布

【Step4】最后在“SPSS Statistics 查看器”中显示结果（图 2-3-4）。

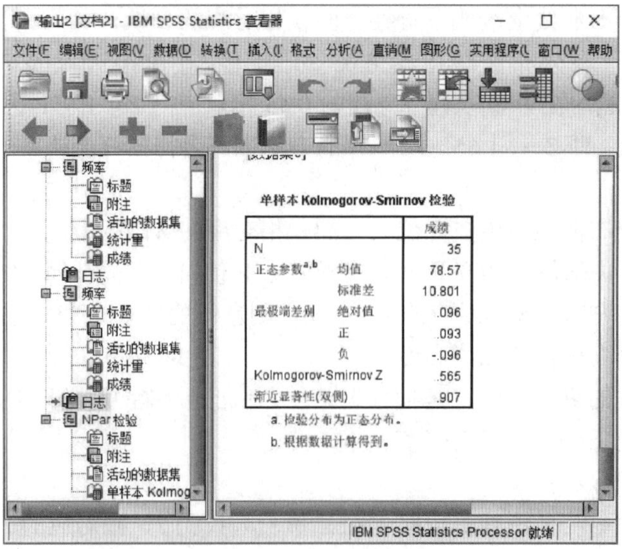

图 2-3-4　正态检验-单样本 K-S 检验结果

上述正态检验方法属于非参检验法，另外还有几种方法也可以检验数据的正态分布。

（1）图示法。

如果数据服从正态分布，则 P-P 图和 Q-Q 图的散点围绕在对角线附近，带有正态分布曲线的频率直方图呈钟形对称分布，箱线图的矩形位于中间位置且中位数位于矩形的中间位置，茎叶图对称分布。

（2）峰度-偏度联合分布检验法。

如果数据服从正态分布，峰度系数 $K=0$，偏度系数 $S=0$，或使用 Jarque-Bera（峰度-偏度联合分布）检验法。

（3）非参检验法。

非参检验法包括 Mann-Whitney U 检验、K-S 检验、游程检验、Moses 极限反应检验和卡方拟合优度检验等。

【例 2-3-1】已知一项考试成绩呈平均数为 84、标准差为 8 的正态分布，求成绩分布在 80～90 分的考生占多大比例？

分析：此题实质上是求成绩落在 80～90 分的概率。

（1）将原始分数转化为标准分数：

$$Z_1=\frac{X_1-\mu}{\sigma}=\frac{80-84}{8}=-0.5$$

$$Z_2=\frac{X_2-\mu}{\sigma}=\frac{90-84}{8}=0.75$$

（2）通过画图可以发现所求的概率是两块通过正态分布表可查询到的面积之和：

$$\begin{aligned}P(Z_1<Z<Z_2)&=P(-0.5<Z<0.75)\\&=P(0<Z<0.5)+P(0<Z<0.75)\\&=0.19146+0.27337=0.46483\end{aligned}$$

保留两位小数：$P\approx 0.46$，即成绩落在 80～90 分的考生约占 46%的比例。

4. 正态分布在测验记分方面的应用

正态分布在统计中应用甚广，现仅介绍在测验记分方面的应用。

（1）将原始分数转换成标准分数。

在比较学生几科总成绩时，若将几门学科的原始分数相加求和比较其总分，这是不合理的。若各科原始分数呈正态分布或整体呈正态分布，则可将各科原始分数转化成标准分数求其和，再比较总分的大小。

标准分数的优点：

第一，各科标准分数的单位是绝对等价的。

第二，标准分数的数值大小和正负，可以反映某一分数在团体中所处的位置。

（2）确定录取分数线。

在选拔性或竞赛性的考试中，录取或授奖的人数（或比率）往往是事先确定的。若考分呈正态分布，在根据考试结果确定录取或授奖的分数线时，可将录取或授奖的人数比率作为正态分布中分线右侧（即上端）的面积，由此找出相应标准分数 Z 值，然后根据 $Z=(X-\bar{X})/\sigma_X$，已知 Z 值后求原始分数 X。

（3）确定等级评定人数。

若学生的知识能力水平呈正态分布，将其分为等距的几个等级，在确定各等级人数时，可将正态分布基线上 $Z=-3$ 到 $Z=+3$ 之间 6 个标准差的距离分成相等的几份（因为

$Z=-3$ 到 $Z=+3$ 之间的面积达到 0.9973，几乎包含所有学生），然后求出各段值的面积，再乘以学生总人数，即为各等级人数。

（4）品质评定数量化。

有时对某些作品或事物的评定，虽有严格的评定标准，但却难以对答案的正误、优劣划分十分明确的界限。在这种情况下，可将评委评定的等级分别变成数量化分数，再用其平均数来表示学生的评定结果。

此处，等级数量化分数是将评委评定的各等级人数的百分比分别作为正态分布曲线下的面积，再以平分每块面积的值（中位数）作为各等级数量化的分数。

二、偏态量

1. 含义

偏态量（skewness）是描述一组数据偏离完全对称程度的一种特征量。

2. 计算方法

偏态量有两种计算方法。

（1）根据算术平均数与中位数或众数的距离来计算。

运用皮尔逊经验法求众数，算术平均数、中位数和众数三者之间的关系与频数分布的形态有关。

当频数分布呈正态时，算术平均数、中位数、众数三者重合为一点。皮尔逊根据他发现的这一关系，提出了用来描述分布形态的偏态量，其公式为

$$\mathrm{SK}=\frac{\bar{X}-M_0}{\sigma_X} \tag{2-27}$$

式中，SK 表示偏态量；$\bar{X}$ 表示算术平均数；M_0 表示众数；σ_X 表示标准差。

当 SK = 0 时，频数分布呈对称形，当 SK ＞ 0 时，频数分布呈正偏态（positive skewness）；当 SK ＜ 0 时，频数分布呈负偏态（negative skewness）。

由于 M_0 确定不严密，稳定性差，常用中位数及算术平均数来表示众数。将公式 $M_0\approx 3M_{\mathrm{d}}-2\bar{X}$ 代入式（2-27），则偏态量又可以表示为

$$\mathrm{SK}=\frac{\bar{X}-(3M_{\mathrm{d}}-2\bar{X})}{\sigma_X}=\frac{3(\bar{X}-M_{\mathrm{d}})}{\sigma_X} \tag{2-28}$$

（2）根据动差来计算。

动差（moment）是力学中测量力的旋转趋势的指标，旋转趋势的大小随力作用点与原点距离大小而变化。动差就是力与该距离的乘积。统计学中用此概念来表示频数分布的离散程度，即把各个数值作为力，把各个数值与原点（数据的平均数）之差作为距离，这样计算出来的动差称为中心动差。常见的中心动差有四级：

$$一级动差\quad \mu_1=\frac{\sum(X-\bar{X})}{n}=0 \text{ 或 } \mu_1=\frac{\sum f(X-\bar{X})^1}{n}=\sigma_X$$

$$二级动差\quad \mu_2=\frac{\sum(X-\bar{X})^2}{n}=0 \text{ 或 } \mu_2=\frac{\sum f(X-\bar{X})^2}{n}=\sigma_X^2$$

三级动差　$\mu_3 = \dfrac{\sum (X - \bar{X})^3}{n} = 0$ 或 $\mu_3 = \dfrac{\sum f(X - \bar{X})^3}{n}$

四级动差　$\mu_4 = \dfrac{\sum (X - \bar{X})^4}{n} = 0$ 或 $\mu_4 = \dfrac{\sum f(X - \bar{X})^4}{n}$

一级动差就是平均离均差，其值等于零；二级动差就是方差；三级动差可用来计算频数分布的偏态系数。当用原始数据计算偏态系数时，其公式为

$$a_3 = \frac{\dfrac{\sum (X - \bar{X})^3}{n}}{\sigma_X^3} \tag{2-29}$$

式中，a_3 表示偏态系数；X 表示原始数据；$\bar{X}$ 表示算术平均数；σ_X 表示标准差。

若用频数分布表数据计算偏态系数，其公式为

$$a_3 = \frac{\dfrac{\sum f(M - \bar{X})^3}{n}}{\sigma_X^3} \tag{2-30}$$

式中，f 表示各组频数；M 表示各组组中值。

当 $a_3 = 0$ 时，表示频数分布呈对称形；当 $a_3 > 0$ 时，表示频数分布呈正偏态；当 $a_3 < 0$ 时，表示频数分布呈负偏态。

一般地，当总频数 $n > 200$ 时，所计算出来的偏态系数才比较可靠。

3. SPSS 操作步骤

【Step1】在菜单栏中选择“分析”｜“描述统计”｜“频率”选项，打开“频率”对话框。

【Step2】从左侧“变量”列表中选择所求的变量，然后单击箭头按钮将选择的变量选入右侧“变量”框中。

【Step3】单击“统计量”按钮，在“统计量”对话框中选择“分布”框中的“偏度”，然后单击“继续”按钮返回“频率”对话框。单击“确定”按钮，SPSS 开始计算（图 2-3-5）。

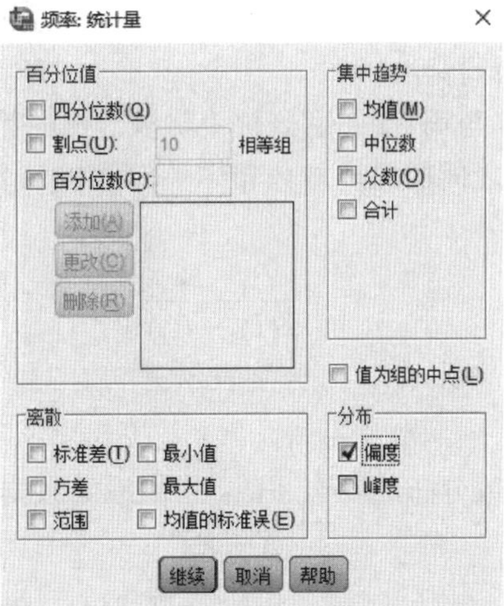

图 2-3-5　SPSS 数据分析-频率统计量-偏度

【Step4】最后在“SPSS Statistics 查看器”中显示结果（图 2-3-6）。

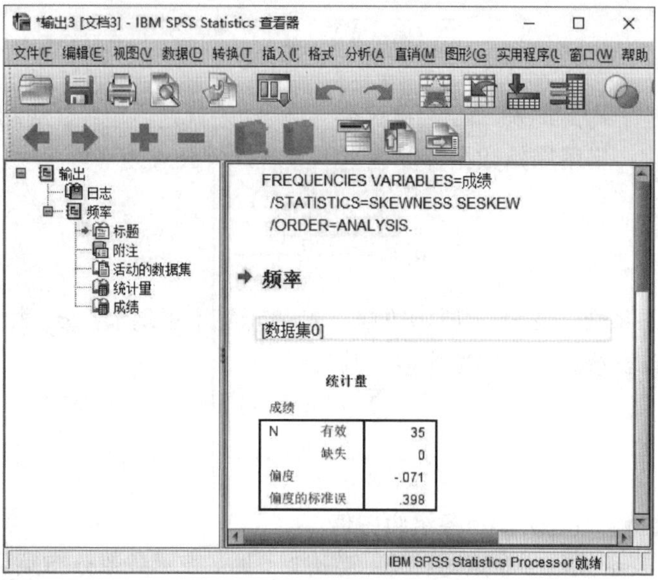

图 2-3-6　SPSS 数据分析-频率统计量-偏度结果

三、峰态量

1. 含义

峰态量（kurtosis）是描述一组数据高狭、低阔分布形态的一种特殊量。一个频数分布中，算术平均数周围频数比例越大，分布形态越高狭；算术平均数周围频数比例越小，分布形态越低阔。

2. 计算方法

（1）用两个百分位距来计算。

常用的峰态量是以第 75 与第 25 的百分位距除以 2 倍的第 90 与第 10 的百分位距，即分布中央部位的 50%个频数之间的距离与分布中央部位 80%个频数之间距离的 2 倍之比，用公式表示为

$$K_u = \frac{P_{75} - P_{25}}{2(P_{90} - P_{10})} \tag{2-31}$$

式中，K_u 表示峰态量；P_{75}、P_{25}、P_{90}、P_{10} 分别表示第 75、25、90、10 百分位数。

（2）根据动差来计算。

四级动差可用来计算频数分布的峰态系数。当用原始数据计算峰态系数时，其公式为

$$a_4 = \frac{\frac{\sum (X - \bar{X})^4}{n}}{\sigma_X^4} - 3 \tag{2-32}$$

式中，a_4 表示峰态系数；X 表示原始数据；$\bar{X}$ 表示算术平均数；σ_X 表示标准差。

若用频数分布表数据计算峰态系数，其公式为

$$a_4 = \frac{\dfrac{\sum f(X-\bar{X})^4}{n}}{\sigma_X^4} - 3 \tag{2-33}$$

式中，f 表示各组频数；X 表示各组组中值。

当 $a_4 = 0$ 时，分布呈正峰态；当 $a_4 > 0$ 时，分布呈高狭峰；当 $a_4 < 0$ 时，分布呈低阔峰。

一般地，只有当总频数 $n > 1000$ 时，所计算出来的峰态系数才比较可靠。

3. SPSS 操作步骤

【Step1】在菜单栏中选择“分析”｜“描述统计”｜“频率”选项，打开“频率”对话框。

【Step2】首先从左侧“变量”列表中选择所求的变量，然后单击箭头按钮将选择的变量选入右侧“变量”框中。

【Step3】单击“统计量”按钮，在“频率：统计量”对话框中选择“分布”框中的“峰度”，然后单击“继续”按钮返回“频率”对话框。单击“确定”按钮，SPSS 即开始计算（图 2-3-7）。

【Step4】最后在“SPSS Statistics 查看器”中显示结果（图 2-3-8）。

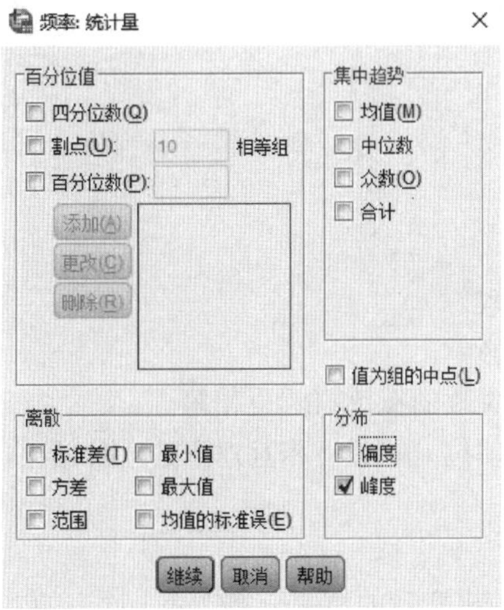

图 2-3-7　SPSS 数据分析-频率统计量-峰度

图 2-3-8　SPSS 数据分析-频率统计量-峰度结果

四、*t* 分布

1. 含义

t 分布又称学生氏分布（Student's *t*-distribution），是格塞得（Gasset）于 1908 年在爱尔兰啤酒厂工作时发现的，发表论文时他用了笔名 Student，故称其为学生氏分布。

t 分布与正态分布一样，也是一个单峰、对称、呈钟形的分布；t 分布曲线在正负两个方向上也以横轴作为它的渐近线。与正态分布相比，峰态 t 分布曲线中间低而尖，两头高而缓。t 分布的最大特点是它实质上是同族分布，每一个 t 分布的形态都由一个名为自由度的指标所制约。对应一个自由度就有一个 t 分布，随着自由度的增大，t 分布曲线的中间就越来越高，两头却越来越低，整条曲线越来越趋于正态分布。当自由度接近无穷时，t 分布就成了正态分布。

分布的自由度是统计上的一个重要概念。有人解释自由度是所抽取的样本中能独立变化数据的个数，记为 df。我们可将自由度作为区分同族分布中各个具体分布的一个有序编号，对于每一个服从 t 分布的抽样分布，要知道它的分布形态，还要明确它的编号，也就是要确切知道它的自由度。

2. 求 t 分布曲线下概率面积的方法

与正态分布一样，也是通过查表来获取 t 分数取值的概率。习惯上我们总是根据已知的概率值和 t 分布的自由度去查得这一概率的 t 分数。

3. SPSS 操作步骤

t 分布的 SPSS 操作步骤分为单样本 T 检验、独立样本 T 检验和配对样本 T 检验三种，详见第三章的参数假设检验。

五、二项分布及泊松分布

1. 二项分布

（1）二项试验。

凡是满足以下条件的试验称二项试验：

第一，一次试验只有两种可能结果，即成功或失败。

第二，各次试验相互独立，即各次试验之间互不影响。

第三，各次试验中成功的概率相等，各次试验中失败的概率自然也相等。

在医学领域，属于二项试验的事例很多，各观察单位只能具有相互对立的一种结果，如阳性或阴性，生存或死亡等，属于两分类资料。

（2）二项分布函数。

二项分布（binomial distribution）是一种离散型随机变量的概率分布，用 n 次方的二项展开式来表达在 n 次二项试验中成功事件出现不同次数 $(X=0,1,2,\cdots,n)$ 的概率分布。

二项展开式有以下几个要点：

项式：展开式中共有 $n+1$ 项。

方次：p 的次方，从 $0\sim n$ 为升幂；q 是 $n\sim 0$ 为降幂；每项中的 p 与 q 的方次之和等于 n。

系数：各项系数是成功事件次数的组合数 $C_n^0,C_n^1,C_n^2,\cdots,C_n^n$。从两端起，等距项的系数相等；当项数为奇数（$n$ 为偶数）时，中间一项的系数最大；当项数为偶数（n 为奇数）时，中间两项系数相等且最大。

二项展开式的各项系数也可以用杨辉三角求出，每一个系数都等于上一行它所对应的左右两个系数之和。

二项展开式可以概括成一个通式：

$$P(x)=C_n^x p^x q^{n-x}=\frac{n!}{x!(n-x)!}p^x q^{n-x} \quad (x=0,1,2,\cdots,n) \tag{2-34}$$

这就是二项分布函数，运用这一函数式可以直接求出成功事件恰好出现 x 次的概率。

（3）二项分布图。

二项分布图如图 2-3-9 所示，可以看出，当 $p=q$ 时，无论 n 多大，二项分布都呈对称形。当 n 很大时，二项分布接近于正态分布。当 n 趋于无限大时，正态分布是二项分布的极限。在分布总宽度不变的情况下，随 n 的逐步增大，二项分布直方图的阶梯逐渐缩小，直到合并成一个光滑的曲线。当 $p\neq q$，且 n 相当小时，图形呈偏态，$p<q$ 与 $p>q$ 时的偏斜方向相反。但当 $p<q$ 且 $nq\geqslant 5$，或者 $p>q$ 且 $nq\geqslant 5$ 时，二项分布将呈现向正态分布接近的趋势。

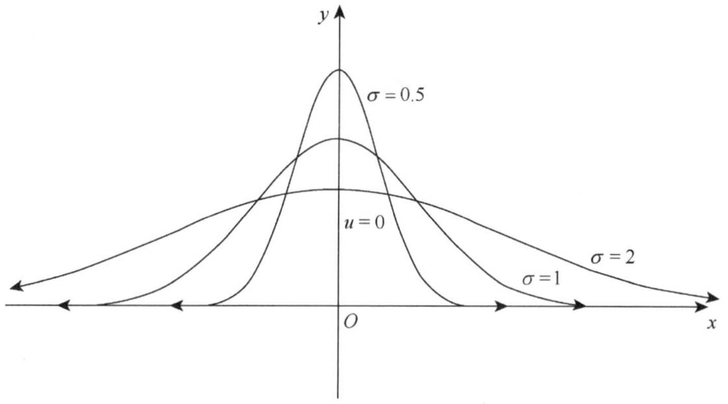

图 2-3-9　二项分布

（4）二项分布的平均数和标准差。

当二项分布接近正态分布时，在二项试验中成功事件出现次数的平均数为

$$\mu=np \tag{2-35}$$

标准差为

$$\sigma=\sqrt{npq} \tag{2-36}$$

（5）二项分布的应用。

二项分布函数除了用来求成功事件恰好出现 X 次的概率之外，在教育中主要用来判定试验结果的机遇性与真实性的界限。

属于二项分布的问题，若试验次数 n 较大，一般都用正态分布近似处理。

2. 泊松分布

1）含义

泊松分布（Poisson distribution）是一种统计与概率学中常见到的离散概率分布，由法国数学家泊松（Poisson）于 1838 年发表，它有两个定义：

（1）设随机变量 X 的可能取值为 $0,1,2,\cdots$，且 $p\{X=k\}=\frac{x^k}{k!}\mathrm{e}^{-\lambda}$，$k=0,1,2,\cdots$；$\lambda>0$ 为常数，则称服从参数为 λ 的泊松分布，记作 $X\sim D(\lambda)$。

（2）设 ε 是任意一个随机变量，称 $\varphi(t)=\varepsilon\mathrm{e}^{it}(-\infty<t<+\infty)$ 是 ε 的特征函数。

2）泊松分布的特征

（1）泊松分布是一种描述和分析稀有事件的概率分布。要观察到这类事件，样本容量 n 必须足够大。

（2）λ 是泊松分布所依赖的唯一参数。λ 值越小，分布越偏倚，随着 λ 的增大，分布趋于对称。

（3）当 $\lambda=20$ 时，泊松分布接近于正态分布。当 $\lambda=50$ 时，可以认为泊松分布呈正态分布。在实际工作中，当 $\lambda\geqslant 20$ 时就可以用正态分布来近似地处理泊松分布的问题。

3）泊松分布的应用

（1）泊松分布常常应用于研究稀有事件，即每次试验中事件出现的概率 p 很小，而伯努利试验是用来研究 n 很大时事件发生的概率。

（2）泊松分布可以计算大量试验中稀有事件出现频数的概率。这里的频数指在相同条件下，进行大量试验时，在大量试验中稀有事件发生的次数。

第三章　抽样设计与参数假设检验

第一节　抽 样 设 计

一、总体与样本

在教育学与心理学的科学实验或调查研究中，许多时候，没有必要也不可能对研究对象的全体即总体进行调查研究，而是经常根据从总体中抽取一部分个体作为样本，来推断它所代表的总体应具有的特征。这就涉及怎样抽取样本才能更好地代表总体，以及怎样根据样本分布的规律去推断总体的问题。

在统计学中，通常将所考察对象的某一数值指标的全体构成的集合看作总体（population），构成总体的每一个元素作为个体（individual）。从总体中抽取一部分个体所组成的集合称为样本（sample），样本中的个体数目为样本容量（sample size），抽样即为从总体中按照一定方法抽取样本的过程。从样本性质估计总体的性质是抽样的目的，一般来说，样本容量越大，抽样误差越小，样本性质越接近于总体性质。

二、抽样方法

推断的正确性或可靠性与否，取决于两方面的因素：一方面取决于实验或科学研究中对无关变量的控制和数据处理的准确性；另一方面取决于抽取样本的代表性。如果抽取的样本能充分反映总体的情况，就可以把总体研究转换成样本研究，以节省大量的人力、物力和财力，为正确决策提供有力的参考依据。因此，要使统计推断具备较高的可靠性，必须掌握科学的抽取样本的方法，以确保样本的代表性、可靠性，常用的抽样方法有以下几种。

1. 随机抽样

如果总体中每一个个体被抽到的机会是均等的（抽样的随机性），并且在抽取一个个体之后总体内成分不变（抽样的独立性），这种抽样的方法称为单纯随机抽样。按照抽样随机性原则，可通过计算机、摇号机、抽签、随机数目表、随机数骰子、计算器来实现，常用的有以下两种方法。

1）抽签法

先将总体中每一个个体都编上号码，再将每个号码写在签上，将签充分混合后，从中抽取 n（样本的容量）个签，与被抽到的签号相应的个体就进入样本。

2）随机数表法

随机数（random number）表，也称乱数表，是由 0,1,2,3,⋯,9 这十个数字随机排列成的表格，表中每个位置上出现各个数字的概率都是相等的，随机数表不是唯一的，只要一个数表各个位置上出现的数字的概率是相同的，它就可以构成一个随机数表。第一张随机数表是由铁皮特在 1927 年给出的，计算机可以生成随机数表，有的多功能计算器上也设有生成随机数的按键，随机数表使用的步骤如下。

（1）对总体的各个个体进行编号。当个体数小于或等于 100 时，可编为两位数字号码，例如，总体的个数为100，其编号为00，01，02，…，99。当个体数小于或等于1000时，可编为三位数字的号码，例如，总体个数为 500，其编号为 000，001，002，…，499。

（2）选定抽样开始的数字。为了保证所选数字的随机性，应在面对随机数表之前就指出开始数字的纵横位置。例如，选第 8 行第 10 列位置的数字为开始抽样的数字，在表中查清所选数字的纵横位置。

（3）抽取样本号码。从选定的数字开始，按照对个体所编的号码位数，沿着同一个方向两位、两位地读下去，就会得到一系列两位数字号码。在这些号码里，按抽取的顺序依次把不在编号内的号码去掉，重复号码只取一个，按这个过程继续下去，直到满足样本容量为止。

2. 分层抽样

分层抽样的方法是指按与研究内容有关的因素或指标先将总体划分成几部分（即几个层），然后从各部分（即各层）中进行单纯随机抽样或机械随机抽样，这种抽样方法称为分层抽样（stratified sampling）。将总体分层的基本原则是：各层内部的差异要小，层与层之间的差异要大，否则就会失去分层的意义。分层抽样的样本是总体的缩影，代表性要强，在实际工作中应用较多。在总体分完层，且样本容量也已经确定之后，这时将 n 分配到各层中的方法有以下两种。

（1）按各层的人数比率分配法。

当总体 a 未知时，从各层所抽的人数比率都应当等于样本容量 n 与总体 N 之比。例如，总体中各层人数分别为 $N_1,N_2,N_3,\cdots,N_k$，而从每层中所抽的人数为 $n_1,n_2,n_3,\cdots,n_k$，则

$$n/N = n_1/N_1 = n_2/N_2 = n_3/N_3 = \cdots = n_k/N_k$$

【例 3-1-1】对某校 800 个学生的品德情况进行了解，拟抽取 40 个学生作为样本。那么，可先根据一定标准将 800 个学生分成优（160 人）、良（320 人）、中（240 人）、差（80 人）四部分，然后从各部分中用单纯随机抽样或机械随机抽样的方法，各抽 40/800 = 1/20，即从优等中抽取 160×1/20 = 8（人），从良等中抽取 320×1/20 = 16（人），从中等中抽取 240×1/20 = 12（人），从差等中抽取 80×1/20 = 4（人），组成一个样本。

（2）最优配置法。

在从各层抽取对象时，既要考虑各层的人数比率，又要考虑各层标准差的大小，这种从各层抽取对象的方法称为最优配置法。

从各层所抽人数的计算公式为

$$n_h = n\frac{N_h\sigma_h}{\sum N_h\sigma_h} \tag{3-1}$$

式中，n_h 在这里表示从某一层所抽的人数；n 表示样本的容量；N_h 表示某层的人数；σ_h 表示某层的标准差。

【例 3-1-2】要了解某市高等教育自学考试的数学成绩，拟采用最优配置分层抽样法。将考试成绩分为上、中、下三层，各层人数分别为 120、420、60，其总人数为 600，各层的标准差估计分别为 11、9、13，假如样本容量 n 已确定为 65（n 的大小也应是根据各种条件计算出来的），将有关数据代入式（3-1），于是上、中、下各层应抽取人数分别为

$$n_1 = 65 \times \frac{120 \times 11}{(120 \times 11 + 420 \times 9 + 60 \times 13)} = 65 \times \frac{1320}{5880} \approx 15$$

$$n_2 = 65 \times \frac{420 \times 9}{5880} \approx 42, \quad n_3 = 65 \times \frac{60 \times 13}{5880} \approx 9$$

从各层所抽取的人数比率分别为

$$\frac{n_1}{N_1} = \frac{15}{120} = 0.125, \quad \frac{n_2}{N_2} = \frac{42}{420} = 0.10, \quad \frac{n_3}{N_3} = \frac{9}{60} = 0.15$$

从这里可以看出来，在标准差大的层里所抽的人数比率大，标准差小的层里抽的人数比率小。

3. 关于样本容量的确定

确定样本容量的基本原则是：在尽量节省人力、经费和时间的条件下，确保用样本推断总体来达到预定的可靠度及准确性。因为统计推断的可靠度及准确性的提高与样本容量的增大不呈直线关系，也就是说，推断的可靠度及准确性不是随样本容量的增大而按比率增高的。当样本容量增大到一定程度时，可靠度及准确性增高的速度逐渐放慢。

样本中个体数目大于 30 时一般称为大样本，等于或小于 30 时称为小样本。一般来说，样本数量基本上控制在总体容量的 10%。

从理论上说，有限总体和无限总体确定样本容量的方法不同，抽取样本的方式不同，确定样本容量的方法也不同，但是在实际教育研究工作中，一般所抽取的样本容量不会太小，故为了方便起见，可将有限总体视为无限总体。将确定样本容量的各种抽样方式均由单纯随机抽样方式来代替，以下确定样本容量时即做如此处理。

（1）由样本平均数估计总体平均数时样本容量的确定，分为以下两种情况。

总体 σ 已知的情况：当总体标准差已知时，样本平均数与总体平均数离差的统计量呈正态分布，其统计量为

$$Z_{\alpha/2} = \frac{|\bar{X} - \mu|}{\frac{\sigma}{\sqrt{n}}} \tag{3-2}$$

若用样本平均数估计总体平均数时，要求最大允许误差为 $|\bar{X} - \mu| = \delta$，可信度为 $1-\alpha$，当 $\alpha = 0.05$ 时，双侧临界值为 $Z_{0.05} = 1.96$；当 $\alpha = 0.01$ 时，双侧临界值为 $Z_{0.01} = 2.58$，于是根据式（3-2）计算样本容量的公式为

$$n = \left(\frac{Z_{\alpha/2}\sigma}{\delta}\right)^2 \tag{3-3}$$

【例 3-1-3】拟估计上海市高校四级英语的总体平均分数，根据历次考试成绩的标准差 13，这次的估计最大允许误差为 2，可信度为 95%，问应当抽多少人？

根据题意，是要由样本的平均数估计总体的平均数，总体$\sigma=13$，$\alpha=0.05$相应的$Z_{0.05}=1.96$，$\delta=2$，代入式（3-3），得

$$n=\left(\frac{1.96\times13}{2}\right)^2\approx162$$

所以，应当抽取 162 人。

总体σ未知的情况：当总体标准差α未知时，样本平均数与总体平均数离差的统计量呈t分布，其统计量为

$$t_{\alpha/2}=\frac{|\bar{X}-\mu|}{\frac{S}{\sqrt{n}}} \tag{3-4}$$

于是根据式（3-4）计算样本容量的公式为

$$n=\left(\frac{t_{\alpha/2}S}{\delta}\right)^2 \tag{3-5}$$

式中，$t_{\alpha/2}$值不是一个常数，随自由度$\mathrm{df}=n-1$的大小而变化，样本容量未确定之前，自由度无法确定，于是$t_{\alpha/2}$值也无法查出。在这种情况下，一般采用尝试法。首先将自由度$\mathrm{df}=\infty$的$t_{\alpha/2}$值代入式（3-5），求出n_1，其次再将$\mathrm{df}=n_1-1$的$t_{\alpha/2}$值代入式（3-5）求出n_2，然后将$\mathrm{df}=n_2-1$的$t_{\alpha/2}$值代入式（3-5）求出n_3，以此方法重复下去，直至先后连续两次所求得n相等，这时n就是所要确定的样本容量。

【例 3-1-4】拟对某市初中升高中入学考试语文成绩的总体平均数进行估计。根据以同等难度的试题，对同等教育水平的另一城市的部分初中升高中入学考试语文成绩算出的$S=11.4$。若要求估计得最大允许误差$\delta=3$，可信度为 99%，问样本容量应为多少？

因为本例中总体σ为未知，依据$\mathrm{df}=\infty$及$\alpha=0.01$（双侧），查t值表可得$t_{(\infty)0.01}=2.576$，并将$S=11.4$，$\delta=3$一并代入式（3-5），得

$$n_1=\left(\frac{2.576\times11.4}{3}\right)^2\approx96$$

然后根据$\mathrm{df}=96-1=95$，查t值表，寻得双侧$t_{(95)0.01}=2.629$，代入式（3-5），得

$$n_2=\left(\frac{2.629\times11.4}{3}\right)^2\approx100$$

同理可得

$$n_3\approx100$$

由于$n_2=n_3=100$，样本容量以 100 为宜。

（2）样本平均数与总体平均数差异显著性检验时样本容量的确定。

总体σ已知的情况，即H_0：$\mu=\mu_0$，H_1：$\mu\neq\mu_0$。H_0是指样本所来自的总体平均数μ就是μ_0，H_1是指样本所来自的总体平均数μ不是μ_0。若H_0为真，而遭拒绝，就会犯α错误，则有

$$\frac{\bar{X}-\mu_0}{\frac{\sigma}{\sqrt{n}}}=Z_{\alpha/2} \tag{3-6}$$

若 H_1 为真，而遭拒绝，就会犯 β 错误，则有

$$\frac{\mu-\bar{X}}{\frac{\sigma}{\sqrt{n}}}=Z_{\beta} \tag{3-7}$$

在假设中既要考虑 α 又要考虑 β，将式（3-6）与式（3-7）相加为

$$\frac{\mu-\mu_0}{\frac{\sigma}{\sqrt{n}}}=(Z_{\alpha/2}+Z_{\beta}) \tag{3-8}$$

若令 $\delta=\mu-\mu_0$，则

$$\begin{cases} n=\left[\dfrac{(Z_{\alpha}+Z_{\beta})\sigma}{\delta}\right]^2 & \text{(单侧)} \\ n=\left[\dfrac{(Z_{\alpha/2}+Z_{\beta/2})\sigma}{\delta}\right]^2 & \text{(双侧)} \end{cases} \tag{3-9}$$

式中，n 在这里表示所需样本容量；Z_{α} 表示 α 值置于正态分布一端时相应的 Z 值；Z_{β} 表示与 β 值相对应的正态分布的 Z 值；$Z_{\alpha/2}$ 表示 α 值置于正态分布两端时相应的 Z 值；σ 表示总体的标准差；δ 表示最大允许误差。

式（3-9）中的 α 及 β 值是由研究者预先确定的，α 值一般确定为 0.05 或 0.01。β 值一般确定为 0.10，0.20，0.30。在 α 及 β 值确定之后，若进行双侧检验，α 值要分置于分布的两端；若进行单侧检验，α 值要置于分布的一端。于是对于同一个 α，其单、双侧检验时 Z 的临界值是不同的。而对于 β 来说，无论进行单侧检验还是双侧检验，其 β 值总是置于分布的一端。

【例 3-1-5】某区高三年级数学测验的标准分数的平均数 $\mu_0=500$，标准差 $\sigma=100$，据高中教师的经验认为，高中文科学生数学成绩比平均分数低 23 分，为了检验这一经验的可靠性，确定 $\alpha=0.05$，$\beta=0.20$，问应从该区高中文科学生的高三学生中随机抽取多少人？

根据题意，要对样本平均数与总体平均数进行单侧的差异显著性检验。单侧 $\alpha=0.05$ 的 $Z_{0.05}=1.65$。在寻找 $\beta=0.20$ 的相应的 Z 值时，要根据 $0.50-0.20=0.30$，查正态分布表可得近似值为 $Z_{0.20}=0.84$，再将总体的标准差 $\sigma=100$，$\delta=23$ 代入式（3-9）可得

$$n=\left[\frac{(1.65+0.84)\times 100}{23}\right]^2\approx 117$$

应随机抽取 117 人。

总体 σ 未知的情况：当总体 σ 未知时，样本平均数与总体平均数的离差统计量呈 t 分布。当对样本平均数与总体平均数进行差异显著性检验时，需用式（3-10）通过尝试来确定样本容量。

$$n=\left[\frac{(t_{\alpha}+t_{\beta})S}{\delta}\right]^2\text{(单侧)},\quad n=\left[\frac{(t_{\alpha/2}+t_{\beta})S}{\delta}\right]^2\text{(双侧)} \tag{3-10}$$

式中，n 在这里表示所需样本容量；t_α 表示 α 值置于 t 分布一端时相应的 t 值；t_β 表示 β 值相对应的 t 值；$t_{\alpha/2}$ 表示 α 值置于 t 分布两端时相应的 t 值；S 表示总体标准差的估计值（假定 $S_1=S_2=S$）；δ 表示最大允许误差。

【例 3-1-6】某高中每周有一节劳动课，历届高一学生清理一条过道需要 30min，总体标准差估计值 $S=4$，为了检验应届学生清扫一条过道所用平均时间与历届学生是否相同，确定 $\alpha=0.05$，$\beta=0.10$，$\delta=\mu-\mu_0=1.6$，问需从应届学生中抽取多少人？

根据题意，要对样本平均数与总体平均数进行差异显著性检验。由于总体标准差 σ 未知，并且没有资料说明应届比历届平均用时是高还是低，故要用双侧检验公式进行尝试以确定样本容量。首先根据 $\mathrm{df}=\infty$，$\alpha=0.05$，查 t 值表可得双侧 $t_{(\infty)0.05}=1.96$，仍用 t 值 $p(1)$ 寻得 $\mathrm{df}=\infty$，$\beta=0.10$ 的 $t_{(\infty)0.10}=1.2816$，并将 $S=4$，$\delta=1.6$ 代入式（3-10），得

$$n_1=\left[\frac{(1.96+1.2816)\times 4}{1.6}\right]^2\approx 66$$

根据 $\mathrm{df}=66-1=65$，查 t 值表可得双侧 $t_{(65)0.05}=1.997$，$\beta=0.10$ 的 $t_{(65)0.10}=1.295$，得

$$n_2=\left[\frac{(1.997+1.295)\times 4}{1.6}\right]^2\approx 68$$

再根据 $\mathrm{df}=68-1=67$，查 t 值表寻找双侧 $t_{(67)0.05}=1.996$，$\beta=0.10$ 的 $t_{(67)0.10}=1.295$ 代入式（3-10）可得

$$n_3=\left[\frac{(1.996+1.295)\times 4}{1.6}\right]^2\approx 68$$

因为最后连续两次算出的 n 相等，即 $n_2=n_3=68$，故样本容量以 68 为宜。

（3）两个样本平均数差异显著性检验时样本容量的确定。

两个独立样本平均数差异显著性检验时样本容量的确定：两个独立样本平均数差异显著性检验时，两个相应的总体标准差一般为未知，故确定样本容量的公式为

$$n_1=n_2=2\left[\frac{(t_\alpha+t_\beta)S}{\delta}\right](\text{单侧}),\quad n_1=n_2=2\left[\frac{(t_{\alpha/2}+t_\beta)S}{\delta}\right](\text{双侧}) \tag{3-11}$$

式中，n_1 和 n_2 在这里表示 $n_1=n_2$ 时两个样本的容量；t_α 表示 α 值置于 t 分布一端时相应的 t 值；t_β 表示 β 值相对应的 t 值；$t_{\alpha/2}$ 表示 α 值置于 t 分布两端时相应的 t 值；S 表示总体标准差估计值（假定 $S_1=S_2=S$）；δ 表示最大允许误差。

【例 3-1-7】拟考查某重点中学在全市统一举行的数学模拟考中平均分数是否高于一般中学 8 分，确定 $\alpha=0.01$，$\beta=0.10$，根据经验，两类学校成绩的标准差相等（$S_1=S_2=9$），问样本容量应为多少人？

根据题意，需对重点中学及一般中学此次考试成绩进行单侧的独立样本平均数差异显著性检验。首先根据 $\mathrm{df}=\infty,\alpha=0.01$ 查 t 表可得 $t_{(\infty)0.01}=2.3263$，仍用此表寻得 $\beta=0.10$ 的 $t_{(\infty)0.10}=1.2816$，$t_{(\infty)0.10}=1.2816$，并将 $S=9$，$\delta=8$ 代入式（3-10）可得

$$n_{1(1)}=n_{2(1)}=2\left[\frac{(t_\alpha+t_\beta)S}{\delta}\right]^2=2\left[\frac{(2.3263+1.2816)\times 9}{8}\right]^2\approx 33$$

然后根据 $\mathrm{df}=n_1+n_2-2=33+33-2=64$，查 t 值表可得单侧 $t_{(64)0.01}=2.386$，$\beta=0.10$ 的 $t_{(64)0.10}=1.295$，将之代入式（3-10）可得

$$n_{1(2)}=n_{2(2)}=2\left[\frac{(2.386+1.295)\times 9}{8}\right]^2\approx 34$$

最后根据 $\mathrm{df}=n_1+n_2-2=34+34-2=66$，查 t 值表可得单侧 $\alpha=0.01$ 的 $t_{(66)0.01}=2.385$，$\beta=0.10$ 的 $t_{(66)0.10}=1.295$，将之代入式（3-10）可得

$$n_{1(3)}=n_{2(3)}=2\left[\frac{(2.385+1.295)\times 9}{8}\right]^2\approx 34$$

由于 $n_{1(2)}=n_{2(2)}=n_{1(3)}=n_{2(3)}=34$，需从重点中学和一般中学各抽取 34 人。

两个相关样本平均数差异显著性检验时样本容量的确定：对于同一组对象实验前后在同一个测验上的两组分数，或者由各种条件基本相同的原则匹配成对的两组对象，施以不同实验之后同一测验的两组分数，进行平均数差异显著性检验时所需样本容量的计算公式为

$$n=\left[\frac{(t_\alpha+t_\beta)S_\mathrm{d}}{\delta}\right]\ (\text{单侧}),\quad n=\left[\frac{(t_{\alpha/2}+t_\beta)S_\mathrm{d}}{\delta}\right]\ (\text{双侧}) \tag{3-12}$$

式中，n 在这里表示样本容量（即自身对照的人数或所配的对子数）；S_d 表示每对数据之差的总体标准差的估计值。

【例 3-1-8】为了考查在一个月之内，每天进行半小时英语听力训练的效果，拟对随机抽取的一组学生训练前后同一听力内容的测验结果，进行平均数差异的显著性检验。根据同类实验结果表明，实验前后成绩之差的标准差 $S_\mathrm{d}=10$，若确定单侧 $\alpha=0.05$，$\beta=0.10$，最大允许误差 $\delta=4.2$，问应抽取多少人？

由题意，首先根据 $\mathrm{df}=\infty$，单侧 $\alpha=0.05$，$\beta=0.10$，查 t 值表可得单侧 $t_{(\infty)0.05}=1.6449$，$\beta=0.10$ 的 $t_{(\infty)0.10}=1.2816$ 并将 $S_\mathrm{d}=10$，$\delta=4.2$ 一并代入式（3-12）可得

$$n_1=\left[\frac{(1.6449+1.2816)\times 10}{4.2}\right]^2\approx 49$$

然后根据 $\mathrm{df}=n-1=49-1=48$，查 t 值表可得单侧 $\alpha=0.05$ 的 $t_{(48)0.05}=1.678$，$\beta=0.10$ 的 $t_{(49)0.10}=1.300$，代入式（3-12）可得

$$n_2=\left[\frac{(1.678+1.300)\times 10}{4.2}\right]^2\approx 50$$

再根据 $\mathrm{df}=50-1=49$，查 t 值表可得单侧 $\alpha=0.05$ 的 $t_{(49)0.05}=1.677$，$\beta=0.10$ 的 $t_{(49)0.10}=1.300$，代入式（3-12）可得

$$n_3=\left[\frac{(1.677+1.300)\times 10}{4.2}\right]^2\approx 50$$

因为最后连续两次计算出的 n 相等，即 $n_2=n_3=50$，故抽取 50 人为宜。

第二节　总体平均数统计推断

一、总体平均数估计

根据样本信息对总体参数状况进行推断时，具体有两种不同形式，即总体参数估计和假设检验。

总体参数估计，是根据从样本得到的统计量对相应的总体参数进行估计，如用样本平均数估计总体的平均数，用样本的标准差估计总体的标准差等。总体参数估计可分为点估计和区间估计。

1. 点估计

点估计（point estimation）是指在进行总体参数估计时，直接用一个特定值（一般常用样本统计量的值）作为总体参数的估计值，点估计需要具备三个相应条件。

（1）相合性（一致性）。用估计量估计参数涉及一个样本容量大小问题，如果样本容量越大，则估计值越接近真值，那么这种估计量是相合估计量。

（2）无偏性。参数估计量的期望值与参数真值是相等的，这种性质称为无偏性，具有无偏性的估计量称为无偏估计量。

（3）有效性。估计量的期望方差越大说明用其估计值代表相应真值的有效性越差；反之，其有效性越好。不同的估计量具有不同的方差，方差最小的估计量则为最有效的估计量。

即使具备上述条件的点估计，也是以误差存在为前提的，而且它不能指出正确估计的概率有多大。

2. 区间估计

1）概念

区间估计（interval estimation）是一种依据样本统计量，利用抽样分布的原理，根据一定的可靠程度推断总体参数可能落在某数值区间的方法。

2）理论依据

区间估计的理论依据是抽样分布理论和小概率原理。

3）总体参数区间估计的计算方法

从总体中抽取的样本，根据一定的正确度与精确度的要求，构造出适当的区间，来作为总体的分布参数（或参数的函数）的真值所在范围的估计。

由于样本容量、总体分布状态等多方面因素对总体参数估计的可信度都会产生不同程度的影响，在进行总体参数估计时要针对不同情况区别对待。

4）大样本总体平均数的区间估计

要对总体平均数 μ 做出比较准确的估计，就要合理地确定平均数样本分布的标准差，即标准误。事实上，标准误与样本容量和总体分布的标准差关系密切。当样本容量

n 大于 30 时，样本标准差 S 与总体标准差 σ 相差不会很大，一般就可以用 S 作为 σ 的估计值。同时，随着样本容量的增加，样本平均数与总体平均数的差距就会缩小，即标准误就会减小。

二、总体平均数显著性检验

1. 假设检验的基本原理

假设检验（hypothesis testing）的基本原理是根据一定概率，对总体参数或分布的某一假设做出拒绝或保留的判断。

假设：假设检验一般有两个相互对立的假设，即零假设和备择假设，假设检验是从零假设出发的。

小概率事件：出现小概率的随机事件称为小概率事件。

2. 显著性水平

显著性水平（significance level）是估计总体参数落在某一区间内，可能犯错误的概率。显著性是对差异程度而言的，程度不同说明引起变动的原因也有不同：一类是条件差异，另一类是随机差异。

显著性水平是在进行假设检验时事先确定一个可允许的作为判断界限的小概率标准。检验时，依据显著性水平大小将概率划分为两个区间，小于给定标准的概率区间称为拒绝区间（rejection interval），大于这个标准则称为接受区间（acceptance interval）。事件属于接受区间时，原假设成立而无显著性差异；事件属于拒绝区间时，拒绝原假设而认为有显著性差异。对显著性水平的理解必须把握以下两点：①显著性水平不是一个固定不变的数值，依据拒绝区间所可能承担的风险来决定；②统计上所讲的显著性与实际生活工作中的显著性是不一样的。

1）σ 已知条件下总体平均数的显著性检验

【例 3-2-1】某中学历届毕业生英语测验平均分数为 66，标准差为 11.7，现以同样的试题测验应届毕业生，并从中随机抽取 18 份试卷，算得平均分数为 69，问该校应届与历届毕业生英语成绩是否一样（假定应届与历届毕业生条件基本相同）。

检验步骤如下：

（1）提出假设。

H_0：$\mu = 66$；H_1：$\mu \neq 66$。

（2）选择检验统计量并计算其值。

学生英语成绩可以假定是从正态总体中抽出的随机样本，并已知总体标准差 $\sigma = 11.7$，无论样本容量大小，检验统计量及其值为

$$Z = \frac{\bar{X} - \mu_0}{\frac{\sigma}{\sqrt{n}}} = \frac{69 - 66}{\frac{11.7}{\sqrt{18}}} \approx 1.09$$

（3）确定检验形式。

因为题中并没有说明应届毕业生英语成绩高于或低于历届毕业生，故采用双侧检验。

（4）统计决断。

根据显著性水平查取相应的理论概率分布表，寻找相应的临界值。本例如果在0.05显著性水平上做决断，正态分布两端上的面积各为0.025，根据$0.5-0.025=0.475$，在正态分布表中P值一列找出与之最接近的值，它所对应的Z值，就是左右两侧的临界值$Z_{0.05}=\pm1.96$；如果在0.01显著性水平上做决断，正态两端的面积各为0.005，根据$0.5-0.005=0.495$，在正态分布表的P值可得出其最接近的Z值，就是左右两端的临界值$Z_{0.01}=\pm2.58$。

将实际得出的检验统计量的值与查表所得临界值相比较，再根据统计决断规则对H_0做出保留或拒绝的决断。如果实际计算出的$|Z|<1.96$，表明样本统计量的值未落入拒绝区域。就是说，等于或大于样本统计量的值概率大于0.05，即$P>0.05$，其检验结果是保留H_0而拒绝H_1，即样本所属的总体平均数与假设的总体平均数无显著性差异。如果计算出的$Z_{0.05}=1.96<|Z|<2.58=Z_{0.01}$，表明样本统计量的值在0.05显著性水平上落入了拒绝区域，而在0.01显著性水平上未落入拒绝区域，即等于或大于样本统计量值的概率等于或小于0.05，但大于0.01，即$0.01<P\leqslant0.05$，其检验结果是在0.05显著性水平上拒绝H_0而接受H_1，即样本所属的总体平均数与假设的总体平均数有显著性差异，并且得出这一结论的可靠度为95%。如果实际计算出的$|Z|\geqslant2.58=Z_{0.01}$，则表明样本统计量的值在0.01显著性水平上落入拒绝区域，即等于或大于样本统计量值的概率等于或小于0.01，即$P\leqslant0.01$，其检验结果在0.01显著性水平上拒绝H_0而接受H_1，即样本所属的总体平均数与假设的总体平均数有极其显著性差异（**），并且得出这一结论的可靠度为99%。

在本例中，实际计算出的$|Z|=0.74<1.96=Z_{0.05}$，则$P>0.05$，于是保留H_0拒绝H_1。其结论为：该校应届与历届毕业生英语成绩无显著性差异。

2）σ未知条件下总体平均数的假设检验

【例3-2-2】某镇高二数学统一测验平均分数为63，该镇某一学校20份试卷的分数为：72，76，68，78，62，59，64，85，70，75，61，74，87，83，54，76，56，66，68，62。问该校高二数学平均分数与全镇是否一样？

检验的步骤：

（1）提出假设。

H_0：$\mu=63$；H_1：$\mu\neq63$。

（2）选择检验统计量并计算其值。

学生数学测验分数可以假定是从正态总体中抽出的随机样本，而总体标准差σ未知。样本容量较小，$n=20<30$，在此条件下，样本平均数的离差统计量呈t分布。于是检验统计量为：$t=(\bar{X}-\mu)/S\bar{X}$，下面用平均数标准误估计量的三种不同形式分别计算t值。

由本例原始数据计算出的$\bar{X}=69.8$，$\sigma_x=9.234$，$S=9.474$。

①用 S 计算：

$$t=\frac{\bar{X}-\mu}{\frac{S}{\sqrt{n}}}=\frac{69.8-65}{\frac{9.474}{\sqrt{20}}}\approx 2.27$$

②用 σ_x 计算：

$$t=\frac{\bar{X}-\mu}{\frac{\sigma_x}{\sqrt{n-1}}}=\frac{69.8-65}{\frac{9.234}{\sqrt{20-1}}}\approx 2.27$$

（3）确定检验形式。

因为没有资料可以说明该校高二数学成绩是高于还是低于全镇的平均水平，故采用双侧检验。

（4）统计决断。

根据 $\mathrm{df}=n-1=20-1=19$，查 t 值表可得，$t_{(19)0.05}=2.093$，$t_{(19)0.01}=2.861$，由于 $2.093<2.266^{**}<2.861$，则 $0.01<P<0.05$，于是在 0.05 显著性水平上拒绝 H_0 而接受 H_1。其结论为：该校高二数学成绩与全镇平均分数有很大区别。

三、平均数差异的显著性检验

1. 平均数差异的显著性检验的原理

首先对两个相应的总体平均数之间提出没有差异的零假设和备择假设，其次以两个样本平均数差的抽样分布为理论依据来考察两个样本平均数之差是否来自两个总体平均数之差为零的总体。

2. 假设

（1）零假设（null hypothesis），又称为原假设或虚无假设、解消假设，是关于当前样本所属的总体（指参数）与假设总体（指参数）无区别的假设，一般用 H_0 表示。

（2）备择假设（alternative hypothesis），又称为研究假设或对立假设，是关于当前样本所属的总体（指参数）与假设总体（指参数）相反的假设，一般用 H_1 表示。

由于直接检验备择假设的真实性困难，假设检验一般都是从虚无假设出发，通过虚无假设的不真实性来证明备择假设的真实性。

3. 小概率事件

在随机事件中，概率很小的事件称为小概率事件，通常约定在 0.05 以下，即当 $P(A)<5\%$ 时，则称 A 为小概率事件（small probability event）。在统计推断中认为，小概率事件在一次试验或观察中是不可能发生的。

平均数差异显著性检验的原理：首先对两个样本相应的总体平均数之间提出没有差异的零假设和备择假设；其次以两个样本平均数之差的抽样分布作为理论依据（该抽样分布

为以零为中心的正态分布)，来考察两个样本平均数之差是否来自两个总体平均数之差为零的总体，也就是看样本平均数之差在其抽样分布上出现的概率如何。当样本平均数之差较大，大到在其抽样分布上出现的概率足够小时，就可以从实际可能性上否定零假设，于是应当接受备择假设。这就意味着，样本平均数之差不是来自两个总体平均数之差为零的总体。也就是说，两个总体平均数之间确实有本质差异，两个样本平均数之差是由两个相应总体平均数不同所致的。如果样本平均数之差较小，在其抽样分布上出现的概率较大，那么，应保留零假设而拒绝备择假设。这意味着，两个样本平均数来自同一个总体或来自平均数相同的两个总体，而样本平均数之差是由抽样误差所造成的。

4. 单个总体模型_t 检验

单个总体模型_t 检验亦称 Student t 检验（Student's t-test），主要用于样本含量较小（如 $n<30$）、总体标准差 σ 未知的正态分布资料。

单样本 t 检验用来比较某一样本的平均值与某一确定总体均值是否有统计学意义上的差异。用样本的平均数来估计样本所代表的未知总体的平均数，通过检验样本平均数与确定总体平均数值是否存在差异来推论未知总体是否和确定总体一致。我们以某次数学测验的前测成绩进行 SPSS 操作示范。

【Step1】打开成绩统计数据表（图 3-2-1）。

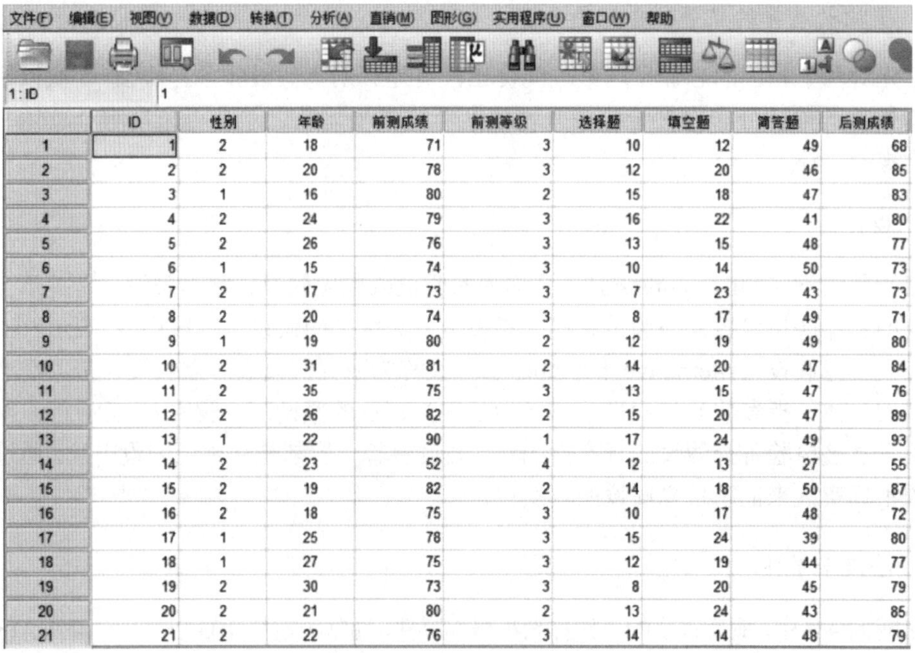

	ID	性别	年龄	前测成绩	前测等级	选择题	填空题	简答题	后测成绩
1	1	2	18	71	3	10	12	49	68
2	2	2	20	78	3	12	20	46	85
3	3	1	16	80	2	15	18	47	83
4	4	2	24	79	3	16	22	41	80
5	5	2	26	76	3	13	15	48	77
6	6	1	15	74	3	10	14	50	73
7	7	2	17	73	3	7	23	43	73
8	8	2	20	74	3	8	17	49	71
9	9	1	19	80	2	12	19	49	80
10	10	2	31	81	2	14	20	47	84
11	11	2	35	75	3	13	15	47	76
12	12	2	26	82	2	15	20	47	89
13	13	1	22	90	1	17	24	49	93
14	14	2	23	52	4	12	13	27	55
15	15	2	19	82	2	14	18	50	87
16	16	2	18	75	3	10	17	48	72
17	17	1	25	78	3	15	24	39	80
18	18	1	27	75	3	12	19	44	77
19	19	2	30	73	3	8	20	45	79
20	20	2	21	80	2	13	24	43	85
21	21	2	22	76	3	14	14	48	79

图 3-2-1　成绩统计数据表

【Step2】选择“分析”｜“比较均值”｜“单样本 T 检验”选项（图 3-2-2）。

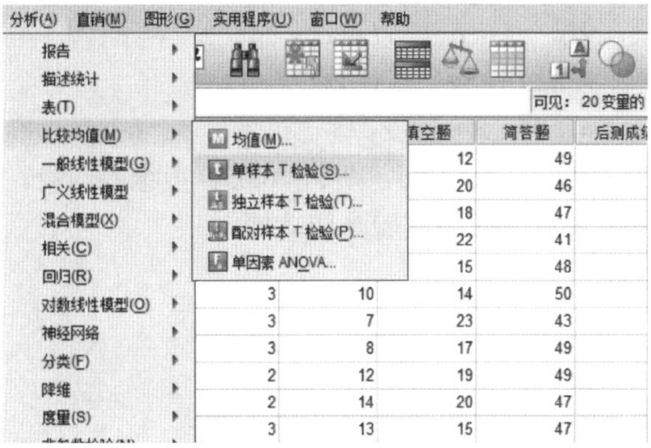

图 3-2-2 SPSS 数据分析-比较均值-单样本 t 检验

【Step3】将“前测成绩”选入“检验变量”，并在检验值中填入要与之比较的平均值（图 3-2-3）。

图 3-2-3 SPSS 数据分析-比较均值-单样本 t 检验变量

【Step4】得到统计图表。

【Step5】比较计算所得 Z 值与临界值，推断发生的概率，依据 Z 值与差异显著性关系（P 值）做出判断（表 3-2-1）。

表 3-2-1 Z值与 P值对照表

$\lvert Z\rvert$ 与临界值比较	P 值	检验结果
$\lvert Z\rvert<1.96$	$P>0.05$	保留 H_0，拒绝 H_1
$1.96\leqslant\lvert Z\rvert<2.58$	$0.01<P\leqslant0.05$	在 0.05 显著性水平上拒绝 H_0，接受 H_1
$\lvert Z\rvert\geqslant2.58$	$P\leqslant0.01$	在 0.01 显著性水平上拒绝 H_0，接受 H_1

【例 3-2-3】某校高一年级进行数学教改实验，若实验前两班的数学成绩无显著性差异，实验一段时间后的数学测验成绩为：实验班 51 名学生平均分数为 62.37，标准差为 13.65，对照班 45 名学生平均分数为 56.16，标准差为 16.37，试检验该校数学教改实验成效如何？

【Step1】提出假设，H_0：$\mu_1 = \mu_2$；H_1：$\mu_1 \neq \mu_2$。

【Step2】实际计算：按照 t 检验公式计算。

【Step3】查标准：$\alpha = 0.05$，$Z = 1.96$。

【Step4】做出判断：$|Z| = 2.0 > 1.96$，则 $P < 0.05$，拒绝零假设。实验班和对照班的数学成绩存在显著性差异，即教学改革实验是成功的。

第四章　非参数检验

参数假设检验（parameter test）（Z 检验、t 检验、F 检验都是参数假设检验）是根据样本的统计量对关于相应总体参数的假设进行检验的，它要求总体服从正态分布，两个总体（或几个总体）方差齐性为假定条件，适用于等距数据和比率数据，检验的灵敏度较高。参数假设检验是在总体分布形式已知的情况下，对总体分布的参数如均值、方差等进行推断的方法。但是，在数据分析过程中，由于种种原因，人们往往无法对总体分布形态做出简单假设，此时参数假设检验的方法就不再适用了。

非参数检验（nonparametric test）正是一类基于这种考虑，在总体方差未知或知道甚少的情况下，利用样本数据对总体分布形态等进行推断的方法。

非参数检验方法在推断过程中不涉及有关总体分布的参数，因而得名为“非参数”检验。非参数检验（又称为分布自由检验）是指在总体不服从正态分布或分布情况不明时，主要用来检验数据是否来自同一个总体的假设，其假设的前提比参数假设检验少得多，也容易满足，适用于各种类型的数据，但检验的灵敏度较差。非参数检验适用于非正态分布总体名义和次序变量，也适用正态分布的等距变量和比率变量的资料，以及小样本资料，因此应用范围较广。

第一节　卡 方 检 验

一、原理

卡方检验（chi-square test：χ^2 检验）是一种用途很广的计数资料的假设检验方法。它属于非参数检验的范畴，主要用来比较两个及两个以上样本率（构成比）及两个分类变量的关联性分析，其根本思想就是比较理论频数和实际频数的吻合程度或拟合度问题。

卡方检验的零假设 H_0：样本所属的总体分布与理论分布无显著性差异，公式如下：

$$\chi^2 = \sum_{i=1}^{k} \frac{(N_{oi} - N_{ei})^2}{N_{ei}} \tag{4-1}$$

式中，N_{oi} 表示观测频数；N_{ei} 表示理论频数。

χ^2 值越小，表示观测频数和理论频数越接近，该 χ^2 统计量在大样本条件下渐进服从自由度为 K–1 的卡方分布。如果 χ^2 统计量小于由显著性水平和自由度确定的临界值，则认为样本所属的总体分布与理论分布无显著性差异。

二、适用范围

χ^2 检验既可用于推断某个变量是否服从某种特定分布的拟合度，也可以推断两个离散型变量是否存在依从关系的独立检验，以及推断几次重复试验的结果是否是相同的同质性检验。

1. 拟合度检验

拟合度（goodness of fit），即拟合的程度。当总体分布未知时，有时可以通过样本猜测它们的分布是某种特定的分布。检验过程是考察理论分布曲线和实际观察曲线相适合的程度。

2. 独立性或同质性检验

【例 4-1-1】根据数据文件，检验前测等级水平在不同等级之间是否符合均匀分布？

要检验的假设如下：

H_0：前测等级之间没有显著性差异；H_1：前测等级之间有显著性差异。

实验操作步骤：

【Step1】在菜单栏中选择“分析”｜“非参数检验”｜“旧对话框”｜“卡方”选项，打开“卡方检验”对话框（图 4-1-1）。

图 4-1-1 非参数检验-卡方检验

【Step2】选择“前测等级”变量，单击进入按钮使之输入“检验变量列表”（图 4-1-2）。

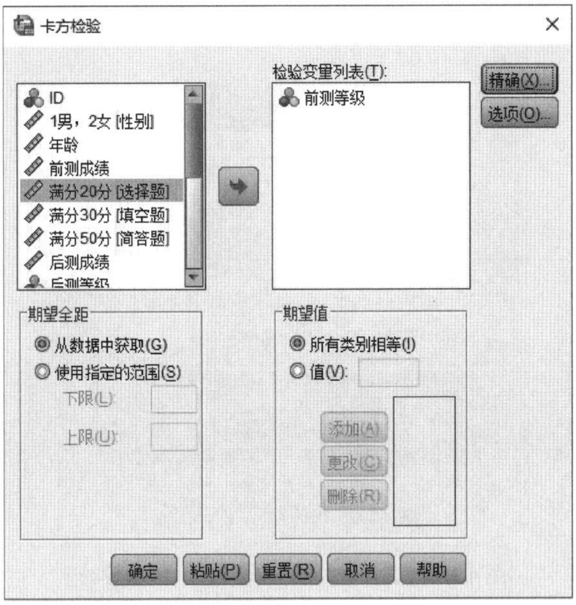

图 4-1-2　非参数检验-卡方检验变量选择

【Step3】单击“选项”按钮，打开“卡方检验：选项”对话框，选择“描述性”复选项，单击“继续”按钮（图 4-1-3）。

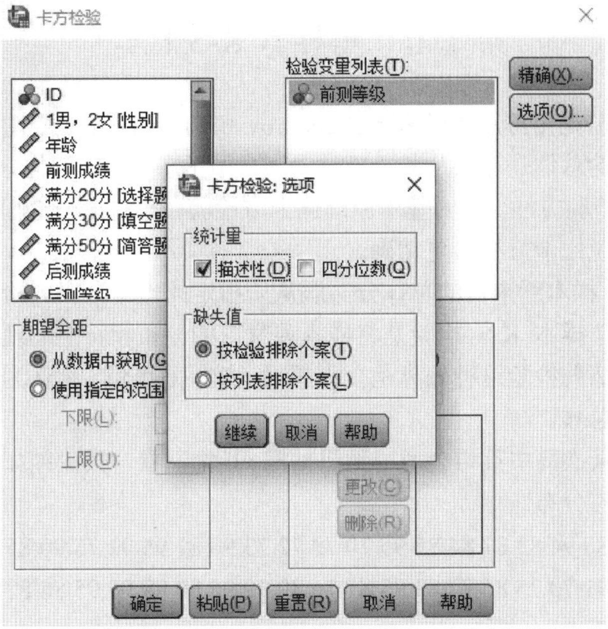

图 4-1-3　非参数检验-卡方检验-描述性

【Step4】单击“精确”按钮，打开“精确检验”对话框，选择“仅渐进法”，单击“继续”按钮（图 4-1-4）。

图 4-1-4　非参数检验-卡方检验-精确检验

【Step5】单击“确定”按钮，输出检验结果。

实验结果分析：样本数、均值、标准差、极小值、极大值等描述性统计量，以表格形式列出各种观察数、期望数和残差，给出相关的检验统计量。从计算结果中可见 $\chi^2 = 38.8$，$P = 0.00$，拒绝虚无假设，接受对立假设，则前测等级的结果不服从均匀分布。

第二节　单样本 K-S 检验

单样本 K-S 检验是用苏联数学家 Kolmogorov 和 Smirnov 的名字进行命名的，用以检验某个样本所来自的总体是否服从某一理论分布（如正态分布、均匀分布、泊松分布或指数分布）的拟合度检验方法。它的基本原理同卡方检验，但它在一定程度上克服了卡方检验的缺点，一般来说比卡方检验更精确。

其零假设 H_0：样本所来自的总体分布服从所指定的理论分布。检验样本是否来自特定的理论分布时，单样本 K-S 检验是将样本观察值的分布和特定的理论进行比较，求出它们之间的最大偏离并检验这种偏离是否为偶然。如果是偶然，则认为样本的观察结果来自特定的理论分布总体。

【例 4-2-1】从某次高中英语会考中随机抽取 60 份试卷，其成绩如下，问此次英语会考成绩是否服从正态分布。

85 72 85 82 75 95 88 94 83 87 84 85 95 70 72 72 73 90 81 95 92 75 90 85 90 85 99 75 72 83

83 83 95 78 75 80 91 70 75 86 77 83 85 81 76 80 99 95 80 89 90 95 88 82 69 89 87 80 85 76

要检验的假设如下：

H_0：会考英语成绩服从正态分布；H_1：会考英语成绩不服从正态分布。

SPSS 的检验步骤如下：

【Step1】建立 SPSS 数据文件，变量名取为“英语会考成绩”，将度量标准定义为“名义（*N*）”（图 4-2-1）。

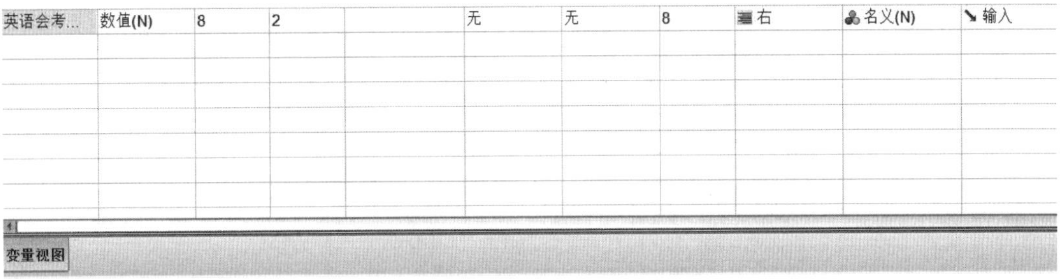

图 4-2-1　SPSS 数据文件建立

【Step2】选择“分析”｜“非参数检验”｜“旧对话框”｜“1-样本 K-S”｜“单样本 Kolmogorov-Smirnov 检验”选项（图 4-2-2）。

图 4-2-2　非参数检验-单样本 K-S 检验

【Step3】选择“英语会考成绩”变量，单击进入按钮使之输入“检验变量列表”（图 4-2-3）。

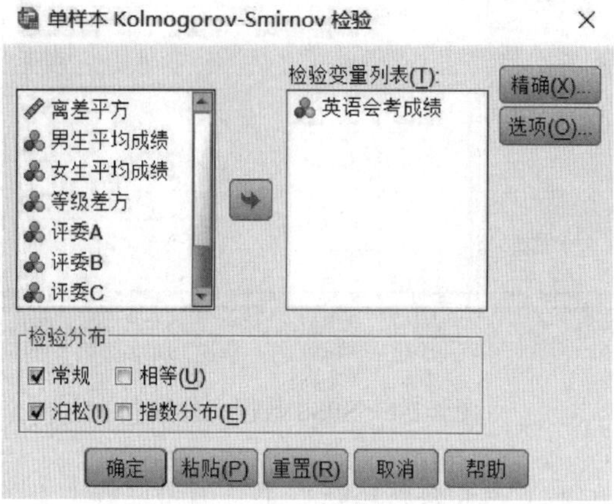

图 4-2-3　非参数检验-单样本 K-S 检验变量选择

【Step4】单击“选项”按钮，打开“单样本 Kolmogorov-Smirnov：选项”对话框，选择“描述性”复选框，单击“继续”按钮，在“检验分布”中选择“常规”和“泊松”选项。

【Step5】单击“确定”按钮，输出结果如图 4-2-4 所示。

描述性统计量

	N	均值	标准差	极小值	极大值
会考英语成绩	60	83.5167	7.87291	69.00	99.00

(a)

单样本Kolmogorov-Smirnov检验

		会考英语成绩
N		60
正态参数[a,b]	均值	83.5167
	标准差	7.87291
最极端差别	绝对值	0.080
	正	0.080
	负	–0.061
Kolmogorov-Smirnov		0.621
渐近显著性（双侧）		0.836

a. 检验分布为正态分布；b. 根据数据计算得到。

(b)

图 4-2-4　非参数检验-单样本 K-S 检验结果

实际应用时样本容量应大于 50，就单样本 K-S 检验而言，只需要报告最后两行数值，即报告检验统计量的值“Kolmogorov-Smirnov”及其显著性概率“渐进显著性（双侧）”。其值越高，正态性越显著。

从正态分布统计检验统计量可以看到 $P=0.836>0.05$，英语会考成绩之间无显著性差异，所以不能拒绝原假设，故认为英语会考成绩的结果服从正态分布。

从泊松分布统计检验统计量可以看到 $P=0.969>0.05$，所以不能拒绝原假设，故认为英语会考成绩的结果服从泊松分布。

第三节　两个独立样本非参数检验

两个独立样本的差异显著性检验只有在满足变量为正态分布的连续测量数据时，才能进行 t 检验；如果两个样本所属的总体分布类型不明，或两个变量中至少有一个属于离散型变量，要推断样本所来自的两个总体样本是否存在显著性差异，或两个总体的平均数或中位数是否存在显著性差异，如果用 t 检验易造成错误的结论，就必须调用两个独立样本的非参数检验。

其零假设 H_0：两个总体分布之间没有差异，或两个总体平均数或中位数之间无显著性差异。通过对两个独立样本的集中趋势、离中趋势、偏度等指标进行差异性检验，分析两个样本是否来自相同分布的总体。

（1）Mann-Whitney U 检验法。

检验两个样本的总体在某些位置上是否相同，其基于对平均等级的分析实现推断。将两个样本合并，按照升序排列得出每个数据的等级和两个样本的平均等级，并计算第一组样本的每个等级优于第二组样本的每个等级的个数 N_1 和第二组样本的每个等级优于第一组样本的每个等级的个数 N_2。如果平均数等级 N_1 和 N_2 之间的差距过大，则认为两个样本来自不同的样本。

（2）Moses 极限反应检验。

将一个样本作为实验样本，另外一个作为控制样本，然后将二者合并并按照升序排序，得出每个数据的等级并计算控制组的跨度（最大等级与最小等级的样本个数），然后忽略取值极高和极低的各 5%数据后计算截头跨度。如果跨度较大，则认为两个样本存在极限反应，其总体分布具有显著性差异。

（3）Kolmogorov-Smirnov（简称 K-S）检验。

将两个样本合并，按照升序排列得出每个数据的等级，得出样本等级的累积频率与样本点的累积频率的差值序列，计算序列 K-S、Z 统计量，如果统计量的伴随概率 P 小于显著性水平，则认为两个样本的总体分布具有显著性差异。

【例 4-3-1】表 4-3-1 是一项有关男女学习稳定性的测量数据，试检验男女学习稳定性是否存在明显差异。

表 4-3-1　男女学习稳定性测量数据

男生	19　32　21　34　19　25　31　31　27　22　26　26　26　29
女生	25　30　28　34　23　25　27　35　30　29　29　33　35　37　24　34　32

要检验的假设 H_0：男女之间学习稳定性存在显著性差异。

SPSS 的操作步骤如下：

【Step1】建立 SPSS 数据文件，变量分别为“性别”和“成绩”，将“性别”的“度量标准”设定为“度量”，将“成绩”的“度量标准”设定为“名义”（图 4-3-1）。

	名称	类型	宽度	小数	标签	值	缺失	列	对齐	度量标准	角色
1	ID	数值(N)	8	0		无	无	8	右	名义(N)	输入
2	性别	数值(N)	8	0	1男，2女	{1, 男}...	无	8	右	度量(S)	输入
3	成绩	数值(N)	8	2		无	无	8	右	名义(N)	输入

图 4-3-1　SPSS 数据文件变量设置

【Step2】选择“分析”｜“非参数检验”｜“旧对话框”｜“2 个独立样本”｜“两个独立样本检验”选项（图 4-3-2）。

图 4-3-2　非参数检验-两个独立样本检验

【Step3】将“成绩”变量选入“检验变量列表”，将“性别”变量选入“分组变量”，单击“继续”按钮（图 4-3-3）。

【Step4】单击“选项”按钮，打开“两独立样本：选项”对话框，选择“描述性”复选框，单击“继续”按钮（图 4-3-4）。

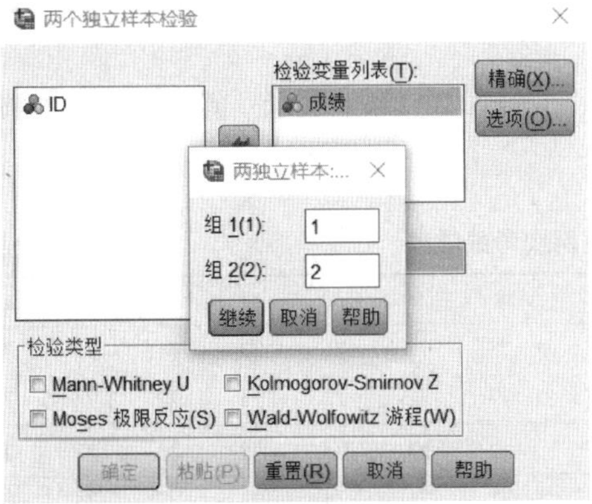

图 4-3-3　非参数检验-两个独立样本检验-分组设置

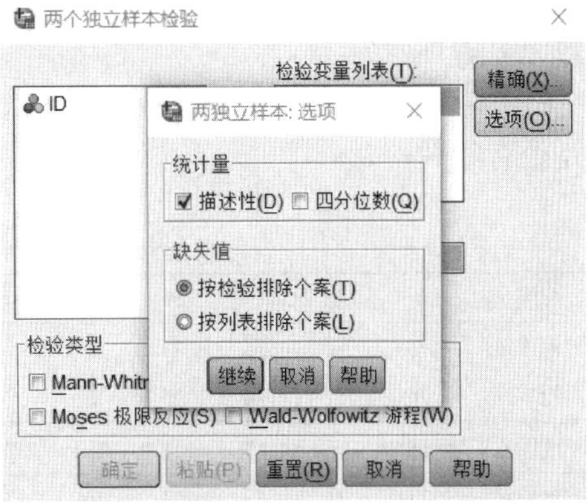

图 4-3-4　非参数检验-两个独立样本检验-统计量

【Step5】在“检验类型”中选择“Mann-Whitney U”、“Moses 极限反应”和“Kolmogorov-Smirnov Z”复选框（图 4-3-5）。

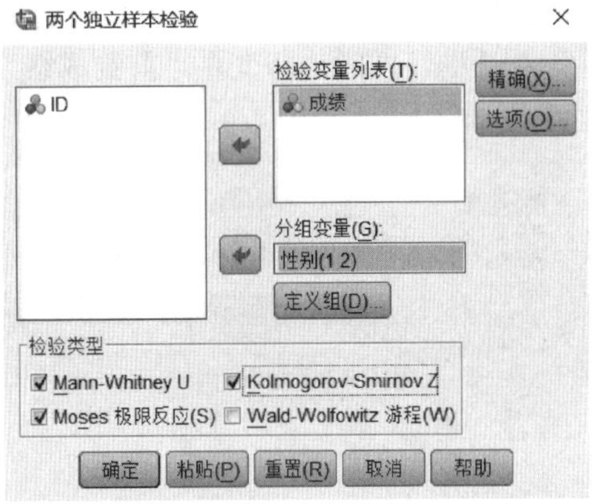

图 4-3-5　非参数检验-两个独立样本检验类型

【Step6】单击“确定”按钮，输出结果。

实验结果分析：样本数、均值、标准差、极小值、极大值等描述性统计量，以表格形式列出；给出各种观察数、期望数和残差；给出相关的检验统计量。从计算结果可以看出，*P* 值大于 0.05，拒绝原假设，认为男女之间在学习稳定性上不存在显著差异。

第四节　两个相关样本非参数检验

两个相关样本非参数检验是在总体分布不清楚或统计变量为离散型变量的情况下，推断来自的两个相关总体的样本分布是否存在显著性差异，或两个相关总体的平均数或中位数是否存在显著性差异。

设其零假设 H_0：两个相关总体的分布无显著性差异，或两个相关总体的平均数或中位数无显著性差异。

【例 4-4-1】28 名学生先后参加了两次考试，成绩如表 4-4-1 所示，问两次考试成绩之间是否有相关性？

表 4-4-1　28 名学生两次考试成绩

成绩	1	2	3	4	5	6	7	8	9	10	11	12	13	14
前测成绩	73	72	75	71	73	72	71	73	73	71	73	71	75	72
后测成绩	76	77	74	75	72	73	73	77	72	73	73	72	74	76
成绩	15	16	17	18	19	20	21	22	23	24	25	26	27	28
前测成绩	73	71	75	71	74	73	73	71	71	74	73	75	74	75
后测成绩	76	74	73	72	76	72	77	72	73	76	75	73	73	76

SPSS 的检验步骤如下：

【Step1】建立 SPSS 数据文件，变量名分别取为“前测成绩”、“后测成绩”，定义为“度量”型，学生的序号取为“ID”变量，定义为“名义”。

【Step2】选择“分析”｜“非参数检验”｜“旧对话框”｜“2 个相关样本”选项，打开“两个关联样本检验”对话框，同时选择变量“前测成绩”和“后测成绩”，再单击向右箭头弹出“检验”对话框（图 4-4-1 和图 4-4-2）。

图 4-4-1　非参数检验-两个相关样本

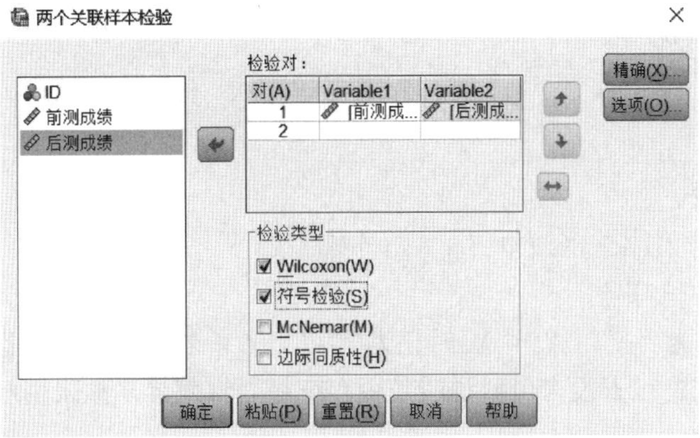

图 4-4-2　非参数检验-两个关联样本检验类型

【Step3】在“检验类型”中选择“Wilcoxon”（符号等级检验法）和“符号检验”（图 4-4-2）。其中，有四个可选项，McNemar 方法采用的是二项分布检验，两个相关样本的变量必须是二项变量；符号检验方法和 Wilcoxon 方法适合连续型随机变量；边际同质性（marginal homogeneity）检验是检验的扩展，适合所有离散型变量。

【Step4】单击“确定”按钮，输出结果。

符号等级检验输出结果表明 $Z = -2.965$，对应的显著性水平 $\text{sig} = 0.003 < 0.05$，所以可以说两个相关样本在 95%的置信区间内存在显著性差异。

符号检验结果表明 $Z = -1.925$，对应的显著性水平 $\text{sig} = 0.054 > 0.05$，所以可以说两个相关样本在非参数检验上无统计学意义。

由以上两种检验的结果可知，不同方法得到的结果不一定相同，这时应以符号等级检验结果为参考。

第五节　其他非参数检验

一、符号检验

符号检验法（sign test）是通过两个相关样本的每对数据之差的符号进行检验，从而比较两个样本的显著性。具体地讲，若两个样本差异不显著，正差值与负差值的个数大致应各占一半。

原理：通过对两个相关样本的每对数据之差的符号（正号或符号）进行检验，以比较这两个样本差异的显著性。

方法：将两个样本中的每对数据之差用正负号表示。（样本数据 1）–（样本数据 2）＞0 则是正号，（样本数据 1）–（样本数据 2）＜0 则是负号，（样本数据 1）–（样本数据 2）= 0 则是两个样本无差异。正号与负号的数量应接近，或接近相等。如果绝大部分是正号（负号），那么两个样本有显著性差异的可能性较大。

1. 小样本的情况

当样本容量$n<25$时，可用查表法进行符号检验。

检验步骤：

（1）提出假设。

H_0：$P_{(X_1>X_2)}=P_{(X_1<X_2)}$；$H_1$：$P_{(X_1>X_2)}\neq P_{(X_1<X_2)}$。

（2）求差数并记符号。

$X_1>X_2$时记为“+”，$X_1<X_2$时记为“−”，$X_1=X_2$时记为0，且$n=n_++n_-$。

确定检验形式：过去没有资料说明是否存在显著性差异，故采用双侧检验。

（3）统计决断。

当$n_+=n_-$时即表示正负各一半，则差异不显著。n_+与n_-相差越大，表明两组数据差异显著的可能性越大。所以r值（$r=\min(n_+,n_-)$）越大于r的临界值，差异越不明显（表4-5-1），这与参数假设检验不同。符号检验表示单侧检验，因此在进行双侧检验时，其显著性水平要乘以2。

表 4-5-1　单侧符号检验统计决断规则

r与临界值比较	P	检验结果	显著性
$r>0.05$	$P>0.05$	保留H_0拒绝H_1	不显著
$0.01<r\leqslant 0.05$	$0.01<P\leqslant 0.05$	在0.05显著性水平上拒绝H_0保留H_1	显著（*）
$r\leqslant 0.01$	$P\leqslant 0.01$	在0.01显著性水平上拒绝H_0保留H_1	极其显著（**）

2. 大样本的情况

对差数的正号与负号差异的检验本属于二项分布的问题，当样本容量较大，即$n>25$时，二项分布接近正态分布，因此可用正态分布近似处理，即可用Z比率作为检验计量。

符号检验的优点是无须对所检验的两个总体分布形态及方差的齐性做任何假定，计算迅速简单，但是只考虑符号的正负，不考虑差数数值的大小，因而失去了一部分样本所提供的信息。对于同一组数据，采用符号检验的精确度只有t检验的60%。因此，除了小样本，一般不采用符号检验，其步骤如下。

（1）提出假设。

H_0：$P_{(X_1>X_2)}\leqslant P_{(X_1<X_2)}$；$H_1$：$P_{(X_1>X_2)}>P_{(X_1<X_2)}$。

（2）选择检验统计量并计算其值。

（3）确定检验形式。

（4）统计决断。

二、符号秩次检验

为了克服符号检验的缺点，威尔科克逊（Wilcoxon）提出了既考虑差数符号又考虑差数大小的秩次检验法。符号秩次检验将观测值和零假设的中心位置之差的绝对值的秩分别按照不同的符号相加作为其检验统计量。它适用于 t 检验中的成对比较，但并不要求成对数据之差服从正态分布，只要求对称分布即可。

1. 小样本的情况

当样本容量<25 时，可采用查表法进行符号秩次检验。

检验步骤：

（1）提出假设。

H_0：$P_{(X_1>X_2)}=P_{(X_1<X_2)}$；$H_1$：$P_{(X_1>X_2)}\neq P_{(X_1<X_2)}$。

这里，H_0 是指正秩和与负秩和基本相等；H_1 是指正秩和与负秩和不相等。

（2）求差数的绝对值。

计算每对 X_1 与 X_2 的差数，但先不记符号。

（3）编秩次。

根据差数的绝对值大小从小到大编秩次。差数为 0，表示无差异，不予编秩次。差值绝对值最小的秩次编为 1，最大的秩次编为 n。差数绝对值相等的秩次，可用它们的秩次所占位置的平均数来代替。

（4）记号。

按差数的正负，给秩次记上“+”、“−”。

（5）求秩和。

分别计算正秩和（T_+）与负秩和（T_-），$T=T_+-T_-$，采用表 4-5-2 中的规则进行统计决断，这与符号检验相同，实际计算出的 T 值越大于 T 的临界值，X_1 与 X_2 的差异越不显著；T 值越小于 T 的临界值时，X_1 与 X_2 的差异越显著。

表 4-5-2　符号秩次检验统计决断规则

T 与临界值比较	P	检验结果	显著性
$T>0.05$	$P>0.05$	保留 H_0 拒绝 H_1	不显著
$0.01<T\leq 0.05$	$0.01<P\leq 0.05$	在 0.05 显著性水平上拒绝 H_0 保留 H_1	显著（*）
$T\leq 0.01$	$P\leq 0.01$	在 0.01 显著性水平上拒绝 H_0 保留 H_1	极其显著（**）

对于同一组数据，采用符号秩次检验的精确度是 t 检验的 95%。

2. 大样本的情况

当样本容量 $n>25$ 时，二项分布接近正态，可用正态分布近似处理。

三、秩和检验

当比较两个独立样本差异，可用曼-惠特尼（Mann-Whitney）提出的秩和检验法，又称 Mann-Whitney U 检验法，是一种用秩和作为统计量进行假设检验的方法。

1. 小样本情况

当两个独立的样本都$n<10$且$n_1<n_2$时，可将两个样本的数据合在一起，按照数据从小到大的顺序，给每个数据编秩次，最小的数据秩次编为1，最大数据编为n_1+n_2，如果两个样本无显著性差异，那么两个样本的秩次和应当相等。如果两个样本的秩次和相差较大，那么样本有显著性差异的可能性较大。

检验步骤：

（1）提出假设。

H_0：两组数据相同；H_1：两组数据不相同。

（2）编秩次。

将两组数据放在一起由小到大编秩次，方法与符号检验编秩次相同。

（3）求秩和。

计算样本容量较小一组的秩次和，并用T表示。

（4）统计决断。

符号秩和检验统计决断规则如表4-5-3所示，与符号检验相同，实际计算出的T值越大于T的临界值，X_1与X_2的差异越不显著；T值越小于T的临界值，X_1与X_2的差异越显著。

表 4-5-3　符号秩和检验统计决断规则

T与临界值比较	显著性
$T_1<T<T_2$	不显著
$T\leqslant T_1$或$T\geqslant T_2$	不显著

2. 大样本的情况

当两个独立的样本都$n>10$时，T值接近正态分布，对两个样本的差异可用正态分布的双侧Z检验法进行检验。

检验步骤：

（1）提出假设。

H_0：两组数据相同；H_1：两组数据不相同。

（2）编秩次。

将两组原始数据放在一起由小到大编秩次，方法与符号检验编秩次相同。

（3）求秩和。

计算样本容量较小一组的秩次和，并用T表示。

（4）统计决断。

根据双侧Z检验统计决断规则进行统计决断。

四、正态性检验

利用观测数据判断总体是否服从正态分布的检验称为正态性检验（normality test），它是统计判决中重要的一种特殊的拟合度假设检验。常用的正态性检验方法有正态概率纸法，夏皮罗维尔克检验（Shapiro-Wilk test）法，科尔莫戈罗夫-斯米尔诺夫检验（Kolmogorov-Smirnov test）法，偏度-峰度检验法等。

SPSS 的操作步骤如下：

方法一：选择“描述统计”｜“探索”｜“绘制”选项，选择“带检验的正态图”（图 4-5-1）。

图 4-5-1　描述统计-探索-正态检验

方法二：K-S 检验。选择“分析”｜“非参数检验”｜“单样本”选项，在“目标”中选择“自动比较观察数据和假设数据”，在“字段”中选择“使用定制字段分配”，在“设置”中，选择“检验”选项，然后在“显著性水平”中输入“0.05”，在“选择检验”中选择“Kolmogorov-Smirnov 检验”，再选择“正态分布”（图 4-5-2）。

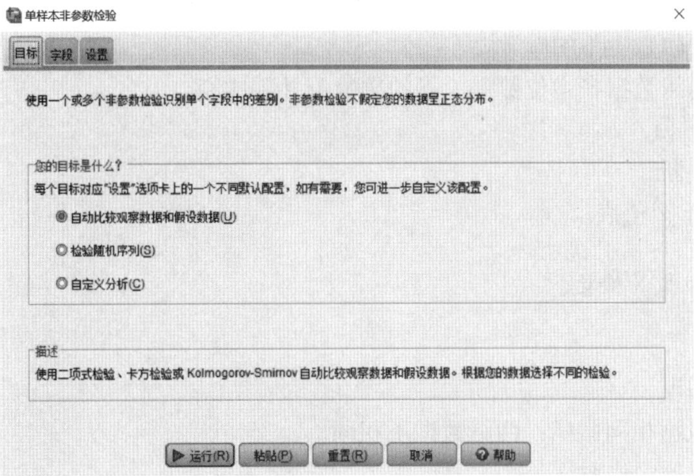

图 4-5-2　非参数检验-K-S 检验-正态检验

方法三：峰度-偏度联合分布检验。利用变量的偏度和峰度进行正态性检验时，可以分别计算偏度和峰度的 Z 评分（Z-score）。

$$偏度\ Z\text{-score} = 偏度值 \div 偏度值的标准差$$

$$峰度\ Z\text{-score} = 峰度值 \div 峰度值的标准差$$

在 $\alpha = 0.05$ 的检验水平下，若偏度 Z-score 和峰度 Z-score 都满足假设条件所限制的变量范围，则可认为服从正态分布，若一个不满足则认为不服从正态分布。0 表示对称分布，± 1.0 之间为理想状态，± 2.0 之间为一般可接受状态。

SPSS 还提供了卡方拟合优度检验、W 检验、D 检验等方法来检验数据是否符合正态分布。通常，当样本量大于 50 时用 K-S 检验，样本量小于 50 时用 Shapiro-Wilk 检验。另外，描述性统计的探索命令"Statistics-Explore"和单样本 K-S 检验也可以检验数据的正态性，即根据 P 值是否大于 0.05 确定是否为正态性（大于为正态性，小于为非正态性）。

五、中位数检验

次序变量的数据常以中位数作为集中量，以四分位距或百分位距作为差异量。对两个或几个独立样本中位数的比较，可采用非参数检验法。

中位数的检验法是将各组样本数据合在一起找出共同的中位数，然后分别计算每个样本在共同中位数上、下的频率，再根据 RC 列联表进行 χ^2 检验。

1. 两个样本中位数的检验

检验步骤：

（1）提出假设。

H_0：两组数据相同；H_1：两组数据不相同。

（2）求共同的中位数。

将两组原始数据放在一起，由小到大排列，寻找共同的中位数。

（3）统计中位数上下的频数。

分别统计两组数据在中位数上、下的频数，并列成表。

（4）计算 χ^2 值。

（5）统计决断。

根据 df，查 χ^2 值表。

2. 多组中位数的检验

检验步骤：

（1）提出假设。

H_0：两组数据相同；H_1：两组数据不相同。

（2）求共同的中位数。

将多组原始数据放在一起，由小到大排列，寻找共同的中位数。

（3）统计中位数上下的频数。

分别统计多组数据在中位数上、下的频数，并列成表。

（4）计算 χ^2 值。

（5）统计决断。根据 df，查 χ^2 检验临界值表。

六、单向秩次方差分析

对于几个独立样本差异的显著性，可以用克鲁斯卡尔（Kruskal）和沃利斯（Wallis）提出的单向秩次方差分析（又称为 H 检验法）进行检验。该方法相当于对多组平均数进行参数的方差分析，但无须对样本所属的几个总体做正态分布及方差齐性的假设，它是用秩次的非参数的方差分析。

这种检验是将所有样本的数据合在一起，从小到大编秩次，然后计算各样本的秩次和。如果各组有显著性差异，在各组容量相等的情况下，各组秩次和应当相等或趋于相等；如果各组秩次和相差较大，那么各组有显著性差异的可能性较大。

1. 样本容量较小或组数较小的情况

当各组样本容量 $n \leqslant 5$ 或样本组数 $K \leqslant 3$ 时，可用式（4-2）检验统计量：

$$H = \frac{12}{N(N+1)}\sum\frac{R^2}{n_0} - 3(N+1) \tag{4-2}$$

式中，N 表示各组频数总和；n_0 表示每个组的频数总和；R 表示每个组的秩次和。

检验步骤：

（1）提出假设。

H_0：K 组数据相同；H_1：至少有两组数据不相同。

（2）编秩次并求和。

将 K 组原始数据放在一起，由小到大编秩次，然后分别计算各组的秩次和。

（3）计算检验统计量的值。

由于 K 组独立样本的样本容量相同，可用 H 检验不计较 K 组差异的显著性。

（4）统计决断。

查 H 检验表。

2. 样本容量较大或组数较多的情况

当各组样本容量 $n > 5$ 或样本组数 $K > 3$ 时，可得出抽样接近自由度 $\mathrm{df} = K-1$ 的 χ^2 分布，因此，可进行 χ^2 检验。

检验步骤：

（1）提出假设。

H_0：K 组数据相等；H_1：至少有两组数据不相等。

（2）编秩次并求其和。

将K组原始数据放在一起，由小到大编秩次，然后分别计算各组的秩次和。

（3）计算检验统计量的值。

$N = n_1 + n_2 + n_3 + n_4$，并代入式（4-2）中。

（4）统计决断。

K组独立样本的容量均大于5，样本组数K大于3，H的抽样分布接近自由度$\mathrm{df} = k - 1$的χ^2分布，查χ^2值表。

七、双向秩次方差分析

单向秩次方差分析可处理几个独立样本的资料，双向秩次方差分析是处理几个相关样本的资料。例如，同一批对象（$n = 6$）接受K次（$K = 3$）实验处理所获得的资料，或根据某些条件相同的原则，匹配而成的K组对象各接受一种实验处理所获得的资料。如果各次实验差异不显著，各次实验产生的秩次和应该相等或趋于相等；如果各次实验产生的秩次和相差较大，实验产生显著性差异的可能性较大。

1. 样本容量较小及实验次数较小的情况

当样本容量$n \leqslant 9$，$K = 3$或$n \leqslant 4$，$K = 4$时，可用式（4-3）检验统计量：

$$\chi_r^2 = \frac{12}{n_1 K(K+1)} \sum R^2 - 3n_1(K+1) \tag{4-3}$$

式中，χ_r^2表示秩次卡方；n_1表示各次实验样本的容量（因为是相关样本，故各次实验样本容量相等）；K表示实验的次数；R表示各次实验的秩次和。

检验步骤：

（1）提出假设。

H_0：K组数据相等；H_1：至少有两组数据不相等。

（2）编秩次。

将K组原始数据放在一起，由小到大编秩次。

（3）求秩和。

分别求出K次实验的秩次和。

（4）计算检验统计量的值。

由于$n < 9$，$K = 3$，可用式（4-3）作为检验。

（5）统计决断。

查χ^2值表。

2. 样本容量较大及实验次数较多的情况

当样本容量$n > 9$，$K = 3$或$n > 4$，$K = 4$或$K > 4$时，χ_r^2的抽样分布接近于$\mathrm{df} = K - 1$的χ^2分布，于是可用χ^2近似处理。

检验步骤：

（1）提出假设。

H_0：K 组数据相等；H_1：至少有两组数据不相等。

（2）编秩次。

将 K 组原始数据放在一起，由小到大编秩次。

（3）求秩和。

分别求出 K 次实验的秩次和。

（4）计算检验统计量的值。

由于 $n<9$，$K=3$，可用式（4-3）作为检验。

（5）统计决断。

查 χ^2 值表。

第五章　方 差 分 析

第一节　方差分析基本原理

一、方差分析概述

方差分析（analysis of variance）是一种假设检验，它将观测总变异的平方和与自由度分解为对应不同变异来源的平方和和自由度，将某种控制性因素所导致的系统性误差和其他随机性误差进行对比，从而推断各组样本之间是否存在显著性差异以分析该因素是否对总体产生显著性影响。方差分析采用离差平方和对变差进行度量，从离差平方和分解出可追溯到指定来源的部分离差平方和，要求样本满足以下条件。

（1）可比性。资料中各组均数本身必须具有可比性，这是方差分析的前提。

（2）正态性。方差分析要求样本来源于正态分布总体，偏态分布资料不适用方差分析。对偏态分布的资料应考虑用对数变换、平方根变换、倒数变换、平方根反正弦变换等变量变换方法变换为正态分布或接近正态分布后再进行方差分析。

（3）方差齐性。方差分析要求各组间具有相同的方差，即满足方差齐性。

二、方差分析假设检验

假设检验一般有两个相互对立的假设，即零假设（原假设、虚无假设、解消假设）和备择假设（研究假设、对立假设）。假设检验是从零假设出发，视其被拒绝的机会，从而得出决断。

零假设 H_0：自变量对因变量无显著影响；

备择假设 H_1：自变量对因变量有显著影响。

三、*F*检验推断平均数差异的显著性

组间差异用组间方差 MS_b 表示，组内差异用组内方差 MS_w 表示，由于组间与组内方差互为独立，可用 F 检验来检验组间与组内方差是否相等。如果组间方差与组内方差相等，即 F 比值等于或接近于 1，则表明各组平均数无显著性差异；如果 F 值很大，F 值达到超过 F 抽样分布中某种显著性水平的临界值，则应拒绝组间方差与组内方差无显著性差异的零假设，而接受组间方差与组内方差有显著性差异的备择假设。这时，只能得出各组平均数有显著性差异的结论。这一结论说明，分组所依据的实验因素对实验结果有重要影响，或者说，实验者所操纵的实验因素的作用较大。

组间方差 MS_b 等于组间平方和 SS_b 除以组间的自由度 df_b，即

$$MS_b=\frac{SS_b}{df_b} \tag{5-1}$$

组内方差 MS_w 等于组内平方和 SS_w 除以组内的自由度 df_w，即

$$MS_w=\frac{SS_w}{df_w} \tag{5-2}$$

于是组间方差与组内方差的比值 F 为

$$F=\frac{MS_b}{MS_w} \tag{5-3}$$

下面分别介绍组间、组内平方和及自由度的计算方法。

1. 总平方和可以分解成组间平方和及组内平方和

【例 5-1-1】三组不同年级的学生进行体育测试，由于受多种因素的影响，学生的跳远分数参差不齐（表 5-1-1），年级对跳远成绩是否有显著性影响？

表 5-1-1　三个年级学生的体育测试跳远分数

二年级	四年级	六年级
2	9	9
2	8	10
3	7	10
5	8	11

$$\left(\bar{X}_t=\frac{2+2+3+5+9+8+7+8+9+10+10+11}{12}=7\right)$$

$$\left(\bar{X}_1=\frac{2+2+3+5}{4}=3,\quad \bar{X}_2=\frac{9+8+7+8}{4}=8,\quad \bar{X}_3=\frac{9+10+10+11}{4}=10\right)$$

在分析各组平均数差异原因或寻找影响差异的主要因素时，可以将每个分数与总平均数之间的差异分为两部分，并且设想这两部分差异主要由两类不同因素所引起，一类由实验者操纵的已知的实验因素（三个不同年级）所引起，表现为各小组平均数之间的差异；另一类由偶然因素（如被试者的个别差异或实验误差）所引起，表现为各组内每个分数与小组平均数之间的差异。

组间差异和组内差异都以其相应的离差平方和来表示（因为它具有可加性），则它们的关系为

总平方和 = 组间平方和 + 组内平方和

如果用 X 表示各个分数，$\bar{X}_j$ 表示第 j 组的平均数，$\bar{X}_t$ 表示总平均数，那么，某个分数与总平均数的离差可以表示为

$$X-\bar{X}_t=(X-\bar{X}_j)+(\bar{X}_j-\bar{X}_t) \tag{5-4}$$

某一小组内 n 个分数与总平均数的离差平方和为

$$\begin{aligned}\sum(X-\bar{X}_t)^2 &= \sum[(X-\bar{X}_j)+(\bar{X}_j-\bar{X}_t)]^2 \\ &= \sum[(X-\bar{X}_j)^2+2(X-\bar{X}_j)(\bar{X}_j-\bar{X}_t)+(\bar{X}_j-\bar{X}_t)^2] \\ &= \sum(X-\bar{X}_j)^2+2\sum(X-\bar{X}_j)(\bar{X}_j-\bar{X}_t)+\sum(\bar{X}_j-\bar{X}_t)^2\end{aligned}$$

因为$\sum(X-\bar{X}_j)=0$，所以$\sum(X-\bar{X}_t)^2=\sum(X-\bar{X}_j)^2+n(\bar{X}_j-\bar{X}_t)^2$。

设有N个观察值，可分为$N/n=K$个组，即设$i=1,2,\cdots,n$；$j=1,2,\cdots,K$，K组的离差平方和为

$$\sum\sum(X-\bar{X}_t)^2=\sum\sum(X-\bar{X}_j)^2+n\sum(\bar{X}_j-\bar{X}_t)^2 \tag{5-5}$$

（总平方和）　（组内平方和）（组间平方和）

于是式（5-5）的关系为

$$SS_t=SS_b+SS_W$$

用表 5-1-1 中的数据验证这种关系：

$$SS_b=n\sum(\bar{X}_j-\bar{X}_t)^2=4[(3-7)^2+(8-7)^2+(10-7)^2]=104$$

$$SS_w=\sum\sum(X-\bar{X}_j)^2=(2-3)^2+(2-3)^2+\cdots+(11-10)^2=10$$

$$SS_t=\sum\sum(X-\bar{X}_t)^2=(2-7)^2+(2-7)^2+\cdots+(11-7)^2=114$$

可见，$SS_t=SS_b+SS_w=104+10=114$。

2. 总自由度可分解为组间自由度及组内自由度

组间自由度：$df_b=K-1$（组数减 1）

组内自由度：$df_w=(n_1-1)+(n_2-1)+(n_K-1)$

$=n_1+n_2+\cdots+n_K-K$（各组容量之和减去组数）

当各组容量相等时，$df_w=K(n-1)=N-K$。

组间自由度及组内自由度与总自由度之间也存在上述关系，即总自由度等于组间自由度加组内自由度，其关系式为

$$df_t=df_b+df_w \tag{5-6}$$

当组间容量相等时为

$$N-1=(K-1)+(N-K)$$

本例中：

$df_b=3-1=2$，$df_w=3(4-1)=9$，$df_t=3\times4-1=11$，$df_t=df_b+df_w=2+9=11$

3. 组间方差与组内方差的 F 比值

$$组间方差：MS_b=\frac{SS_b}{df_b}=\frac{104}{2}=52$$

$$组内方差：MS_w=\frac{SS_w}{df_w}=\frac{10}{9}\approx1.111$$

$$F=\frac{MS_b}{MS_w}=\frac{52}{1.111}\approx46.80$$

若要考察本例三组的平均数差异是否显著，可以根据组间方差的自由度($df_b = 2$) 和组内方差的自由度($df_w = 9$) 查 F 值表，得出 $F_{(2,9)0.05} = 4.26$，$F_{(2,9)0.01} = 8.02$。因实际计算得出 $F = 46.80^{**} > 8.02 > F_{(2,9)0.01}$，则表明 $P < 0.01$，表明各组平均数不是来自同一总体，它们之间有极其显著的差异。也就是说，学生所在年级对跳远分数具有极其显著的影响。

第二节 单因素方差分析

一、单因素方差分析的原理

单因素方差分析（one-way ANOV）也称为一维方差分析，用于分析单个控制因素取不同水平时因变量的均值是否存在显著性差异。单因素方差分析是基于各观测量来自相互独立的正态样本和控制变量不同水平的分组之间的方差相等的假设。单因素方差分析将所有的方差划分为可以由该因素解释的系统性偏差部分和无法由该因素解释的随机性偏差，如果系统性偏差显著超过随机性偏差，则认为该控制因素取不同水平时因变量的均值存在显著性差异。

二、完全随机设计

为了检验某一个实验因素多种不同处理水平间差异的显著性，将从同一个总体中随机抽取的被试者随机地分入各实验组，施以各种不同实验处理之后，用方差分析法对这多个独立样本平均数差异的显著性进行检验，称为完全随机设计的方差分析。

1. n 相等的情况

【例 5-2-1】从同一年级的五个班级中随机各抽 3 名学生，五组英语测试成绩平方和计算表如表 5-2-1 所示，问五个班级英语测试成绩有无显著性差异？

表 5-2-1 五组英语测试成绩平方和计算表

项目	A	B	C	D	E
学生 1	83	89	81	76	73
学生 2	83	85	86	75	79
学生 3	86	81	79	80	70
n	3	3	3	3	3
$\sum X$	252	255	246	231	222
$\bar{X}$	84	85	82	77	74
$\sum X^2$	21174	21707	20198	17801	16470
$\frac{(\sum X)^2}{n}$	21168	21675	20172	17787	16428

$$\sum n = 15，\ nK = 15，\ \sum\sum X = 1206，\ \sum\sum X^2 = 97350，\ \sum\frac{(\sum X)^2}{n} = 97230$$

检验的步骤：

1）提出假设

零假设 H_0：$\mu_1 = \mu_2 = \mu_3 = \mu_4 = \mu_5$；备择假设 H_1：至少有两个总体平均数不相等。

2）选择检验统计量并计算其值

五组测验分数假设是从五个相应的正态总体随机抽出的独立样本，故可用组间方差与组内方差的 F 比值来检验五个总体平均数差异的显著性。

下面分几步来求 F 值：

（1）计算平方和。

在计算平方和时，为了简化手续，获得精确的结果，一般不用离差形式，而用原始数据直接计算。根据式（5-7），可以推演出三种用原始数据表示的平方和：

$$\mathrm{SS} = \sum (X - \bar{X})^2 = \sum X^2 - \frac{\left(\sum X\right)^2}{n} \tag{5-7}$$

组间平方和：

$$\begin{aligned}\mathrm{SS_b} &= n\sum (\bar{X}_j - \bar{X}_\mathrm{t})^2 \\ &= \sum \frac{\left(\sum X\right)^2}{n} - \frac{\left(\sum\sum X\right)^2}{nK} \\ &= 97230 - \frac{1206^2}{3\times 5} = 267.6\end{aligned} \tag{5-8}$$

组内平方和：

$$\begin{aligned}\mathrm{SS_w} &= \sum\sum (X - X_j)^2 \\ &= \sum\sum X^2 - \sum \frac{\left(\sum X^2\right)}{n} \\ &= 97350 - 97230 = 120\end{aligned} \tag{5-9}$$

总平方和：

$$\begin{aligned}\mathrm{SS_w} &= \sum\sum (X - X_\mathrm{t})^2 \\ &= \sum\sum X^2 - \sum \frac{\left(\sum X^2\right)}{nK} \\ &= 97350 - \frac{1206^2}{3\times 5} = 387.6\end{aligned} \tag{5-10}$$

（2）计算自由度。

$\mathrm{df_b} = K - 1 = 5 - 1 = 4$，$\mathrm{df_W} = K(n-1) = 5(3-1) = 10$，$\mathrm{df_t} = nK - 1 = 3\times 5 - 1 = 14$

（3）求 F 值。

$$\begin{aligned}F &= \frac{\mathrm{SS_b} / \mathrm{df_b}}{\mathrm{SS_w} / \mathrm{df_w}} \\ &= \frac{267.6 / 4}{120 / 10} = 5.575\end{aligned} \tag{5-11}$$

3）统计决断

五组英语测试成绩单因素方差分析如表5-2-2所示，根据$\mathrm{df}_b=4$，$\mathrm{df}_w=10$，查F值表，$F_{(4,10)0.05}=3.48$，$F_{(4,10)0.01}=5.99$。$F=5.575>3.48=F_{(4,10)0.05}$，则$P<0.05$。在0.05显著性水平上拒绝$H_0$，接受$H_1$。其结论为：五个班级的英语测试成绩有显著性差异。

表 5-2-2　五组英语测试成绩单因素方差分析

	平方和	df	均方	F	显著性
组间	267.600	4	66.900	5.575	0.03
组内	120.000	10	12.000		
总数	387.600	14			

2. n不相等的情况

【例5-2-2】从某校同一年级中随机抽取20名学生，随机分成四组并采取不同英语教学方式进行授课，一个月后进行统一测试，其结果如表5-2-3的上半段所示，问四种教学方法有无显著性差异？

表 5-2-3　四组英语测试成绩平方和计算表

项目	X_A	X_B	X_C	X_D
学生1	29	27	31	25
学生2	25	23	26	30
学生3	24	28	30	33
学生4	30	26	24	26
学生5		21	29	26
学生6		25		
n	4	6	5	5
$\sum X$	108	150	140	140
$\bar{X}$	27	25	28	28
$\sum X^2$	2942	3784	3954	3966
$\frac{\left(\sum X\right)^2}{n}$	2916	3750	3920	3920

检验的步骤：

1）提出假设

零假设H_0：$\mu_1=\mu_2=\mu_3=\mu_4$；备择假设H_1：至少有两个总体平均数不相等。

$$\sum n=20,\quad \sum\sum X=538,\quad \sum\sum X^2=14646,\quad \sum\frac{\left(\sum X\right)^2}{n}=14506$$

2）选择检验统计量并计算其值

四组测试分数假设是从四个正态总体随机抽出的四个独立样本，故可用方差分析的比值 F 来检验四个总体平均数差异的显著性。

（1）计算平方和。

由于各组的 n 不相等，计算组间平方和及总平方和的公式可写为

$$SS_b = \sum \frac{\left(\sum X\right)^2}{n} - \frac{\left(\sum\sum X\right)^2}{\sum n} \tag{5-12}$$

$$SS_t = \sum\sum X^2 - \frac{\left(\sum\sum X\right)^2}{\sum n} \tag{5-13}$$

将表 5-2-3 中的数据代入式（5-9）、式（5-12）、式（5-13），于是三种平方和分别为

$$SS_b = \sum \frac{\left(\sum X\right)^2}{n} - \frac{\left(\sum\sum X\right)^2}{\sum n}$$

$$= 14506 - \frac{538^2}{20} = 33.8$$

$$SS_w = \sum\sum X^2 - \sum \frac{\left(\sum X\right)^2}{n}$$

$$= 14646 - 14506 = 140$$

$$SS_t = \sum\sum X^2 - \frac{\left(\sum\sum X\right)^2}{\sum n}$$

$$= 14646 - \frac{538^2}{20} = 173.8$$

（2）计算自由度。

$$df_b = K - 1 = 4 - 1 = 3$$

$$df_w = n_1 + n_2 + n_3 + n_4 - K = 4 + 6 + 5 + 5 - 4 = 16$$

$$df_t = n_1 + n_2 + n_3 + n_4 - 1 = 4 + 6 + 5 + 5 - 1 = 19$$

（3）求比值 F 。

$$F = \frac{SS_b / df_b}{SS_w / df_w} = \frac{33.8/3}{140/16} \approx 1.29 \tag{5-14}$$

3）统计决断

四组英语测试成绩单因素方差分析如表 5-2-4 所示，根据 $df_b = 3$，$df_w = 16$，$0.313 > 0.05$，所以在 0.05 显著性水平上接受 H_0，拒绝 H_1。其结论为：英语的四种不同授课方式在统计学意义上无显著性差异。

3. 运用 n、$\bar{X}$、S 或 σ_X 进行组间方差与组内方差的 F 检验

在仅有 n、$\bar{X}$、S 或 σ_X 资料的条件下，也可以计算出组间方差和组内方差的比值 F，对几组平均数的差异进行方差分析。

表 5-2-4 四组英语测试成绩单因素方差分析

	平方和	df	均方	F	显著性
组间	33.800	3	11.267	1.288	0.313
组内	140.000	16	8.750		
总数	173.800	19			

【例 5-2-3】某校三个平行班级（三个班级的条件基本相同）的数学课程分别由三名教师任教，期末测试成绩如表 5-2-5 所示。问三名教师的数学课程教学效果是否有显著性差异？

表 5-2-5 三个班级数学课程期末测试成绩统计

班别	人数 n	平均分数 $\bar{X}$	总体标准差的估计值 S	样本标准差 σ_X
一	22	86.91	4.5	4.482
二	24	87.38	4.6	4.642
三	30	91.23	4.1	4.116

检验的步骤：

1）提出假设

H_0：$\mu_1 = \mu_2 = \mu_3$；H_1：至少有两个总体平均数不相等。

2）选择检验统计量并计算其值

三组数学测试分数假设是从三个相应的正态总体随机抽出的独立样本，故可用组间方差和组内方差的比值 F 来检验三个班的物理平均分数是否来自同一个总体。

下面分几步计算 F 值：

（1）计算平方和。

为了计算组间平方和，首先要用加权平均数的公式计算总平均数。

$$\bar{X}_{\mathrm{t}} = \frac{\sum n\bar{X}}{\sum n}$$

$$= \frac{86.91 \times 22 + 87.38 \times 24 + 91.23 \times 30}{22 + 24 + 30} \approx 88.76$$

计算组间平方和：

$$\mathrm{SS_b} = n_1(\bar{X}_1 - \bar{X}_{\mathrm{t}})^2 + n_2(\bar{X}_2 - \bar{X}_{\mathrm{t}})^2 + \cdots + n_K(\bar{X}_K - \bar{X}_{\mathrm{t}})^2$$

$$= 22 \times (86.91 - 88.76)^2 + 24 \times (87.38 - 88.76)^2 + 30 \times (91.23 - 88.76)^2$$

$$\approx 304.028$$

用 S 计算组内平方和：

$$\mathrm{SS_w} = (n_1 - 1)S_1^2 + (n_2 - 1)S_2^2 + \cdots + (n_K - 1)S_K^2$$

$$= (22 - 1)4.5^2 + (24 - 1)4.6^2 + (30 - 1)4.1^2$$

$$= 1399.42$$

用σ_X计算组内平方和：

$$\begin{aligned}\mathrm{SS_w} &= n_1\sigma_{X_1}^2 + n_2\sigma_{X_2}^2 + \cdots + n_K\sigma_{X_K}^2 \\ &= 22\times 4.482^2 + 24\times 4.642^2 + 30\times 4.116^2 \\ &\approx 1467.34\end{aligned}$$

用S或用σ_X计算出的$\mathrm{SS_w}$数值基本相等，可根据情况任选一种。

（2）计算自由度。

$$\mathrm{df_b} = K - 1 = 3 - 1 = 2$$

$$\mathrm{df_w} = n_1 + n_2 + n_3 - K = 22 + 24 + 30 - 3 = 73$$

（3）计算F比值。

$$F = \frac{\mathrm{SS_b}/\mathrm{df_b}}{\mathrm{SS_w}/\mathrm{df_w}} = \frac{304.028/2}{1399.42/73} \approx 7.93$$

3）统计决断

三个班级数学课程期末测试成绩单因素方差分析如表 5-2-6 所示，根据$\mathrm{df_b}=2$，$\mathrm{df_w}=27$，查F值表，找到$F_{(2,27)}$的临界值，根据统计决断规则可知，拒绝H_0，接受H_1，即三名教师的授课效果在统计学意义上有显著性差异。

表 5-2-6　三个班级数学课程期末测试成绩单因素方差分析

	平方和	df	均方	F	显著性
组间	304.028	2	152.014	7.930	0.001
组内	1399.420	73	19.170		
总数	1703.448	75			

当组间和组内方差的F检验结果有显著性差异时，还需要进行各对平均数差异检验和方差齐性检验。

三、单因素方差分析的 SPSS 操作

1. SPSS 的操作步骤

【Step1】在菜单栏中选择“分析”｜“比较均值”｜“单因素 ANOVA”选项，打开“单因素方差分析”对话框（图 5-2-1）。

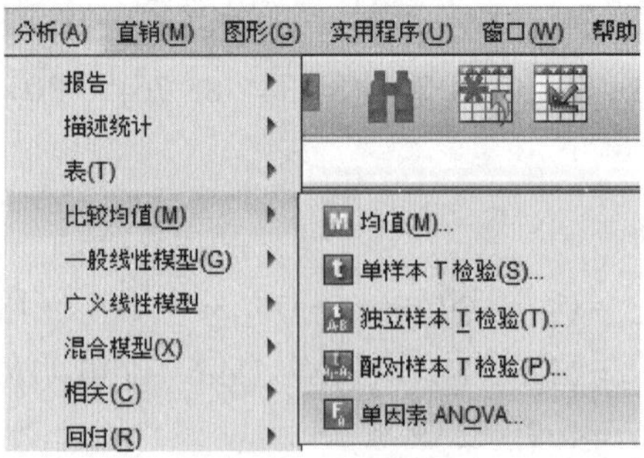

图 5-2-1　比较均值-单因素方差分析

【Step2】将“前测成绩”选入“因变量列表”框，将“年龄”选入“因子”列表框（图 5-2-2）。

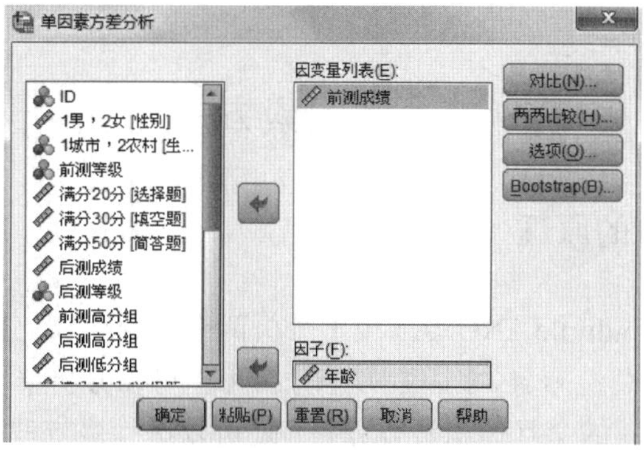

图 5-2-2 比较均值-单因素方差分析因变量列表

【Step3】单击“确定”按钮，输出分析结果。

2. 相关选项解析

（1）“因变量列表”框。该列表框中的变量为要进行方差分析的目标变量，称为因变量，因变量一般为度量变量，类型为数值型。

（2）“因子”列表框。该列表框中的变量为因子变量，又称自变量，主要用来分组。自变量为分类变量，其取值可以为数字，也可以为字符串。因子变量值应为整数，并且为有限个类别。

（3）“方差同质性检验”复选框。方差同质性检验即 levene 方差齐性检验。在“假定方差齐性”框中有很多种方法选择，这些选择项可以同时选择若干个，以便对比各种均值比较不同方法的结果，检验的显著性水平值按照系统默认值为 0.05。

（4）“平均值图”复选框。该复选框主要用于绘制每组因变量平均值分布图，组别是根据因子变量控制的。

（5）“校正”复选框。修正最小显著性差异（least-significant-difference，LSD）法，同样是使用 t 检验在组均值之间执行成对比较，但通过将每次检验的错误率设置为实验性质的错误率除以检验总数来控制总体误差率。

（6）“多项式”复选框。该复选框主要用于对组间平方和划分成趋势成分，或者指定先验对比，按因子顺序进行趋势分析。一旦选择，则“度”下拉列表框就会被激活，然后可以对趋势分析指定多项式的形式，如“线性”、“二次项”、“立方”、“四次项”、“五次项”等。

3. 实验结果分析

单因素方差分析结果如表 5-2-7 所示。

表 5-2-7 单因素方差分析结果

	平方和	df	均方	F	显著性
组间	95.392	5	19.078	0.335	0.889
组内	2505.108	44	56.934		
总数	2600.500	49			

从表 5-2-7 中可以看出，组间平方和是 95.392，组内平方和是 2505.108，其中组间平方和的 F 值为 0.335，相应概率值为 0.889，大于显著性水平 0.05，因此可以认为不同年龄在统计学意义上对前测成绩并无显著影响。

第三节　多因素方差分析

一、多因素方差分析的原理

多因素方差分析（multiple ANOVA）用于分析两个或两个以上控制变量影响下的多组样本的均值是否存在显著性差异，多因素方差分析不但可以分析单个因素对因变量的影响作用，也可以对因素之间的交互作用进行分析，还可以进行协方差分析。该过程要求因变量服从正态总体，且总体中各单元的方差相同，因变量和协变量必须是数值型变量，协变量与因变量彼此不独立，因素（自变量）是分类变量。

二、双因素完全随机设计基本方法

若有一个实验有 A、B 两个因素，A 因素有 a_1 和 a_2 两种水平，B 因素有 b_1 和 b_2 两种水平，现对 A 因素、B 因素及 A 与 B 因素交互作用对实验结果影响的显著性进行检验，其检验的步骤分以下几步。

1）提出假设

共有三种假设：

（1）H_0：$\mu_{a_1}=\mu_{a_2}$；H_1：$\mu_{a_1}\neq\mu_{a_2}$。

H_0 是指 A 因素对实验结果无影响，即 A 因素两种水平的总体平均数相等。H_1 是指，A 因素对实验结果有影响，即 A 因素两种水平的总体平均数不相等。

（2）H_0：$\mu_{b_1}=\mu_{b_2}$；H_1：$\mu_{b_1}\neq\mu_{b_2}$。

H_0 是指 B 因素对实验结果无影响，即 B 因素两种水平的总体平均数相等。H_1 是指，B 因素对实验结果有影响，即 B 因素两种水平的总体平均数不相等。

（3）H_0：A、B 两个因素交互作用不显著；H_1：A、B 两个因素交互作用显著。

2）确定检验统计量

A 因素的检验统计量为

$$F=\frac{\mathrm{MS_A}}{\mathrm{MS_w}} \tag{5-15}$$

式中，$\mathrm{MS_A}$ 表示 A 因素的组间方差；$\mathrm{MS_w}$ 表示组内方差。

B 因素的检验统计量为

$$F=\frac{\mathrm{MS_B}}{\mathrm{MS_w}} \tag{5-16}$$

式中，$\mathrm{MS_B}$ 表示 B 因素的组间方差；$\mathrm{MS_w}$ 表示组内方差。

A 因素和 B 因素交互作用的检验统计量为

$$F=\frac{MS_{A\times B}}{MS_w} \tag{5-17}$$

式中，$MS_{A\times B}$ 表示 A、B 因素交互作用的组间方差。

3）统计决断

F 检验统计决断规则如表 5-3-1 所示。

表 5-3-1　*F*检验统计决断规则

F 值与临界值的比较	*P* 值	检验结果	显著性
$F < F_{(df_1,df_2)0.05}$	$P > 0.05$	保留 H_0 拒绝 H_1	不显著
$F_{(df_1,df_2)0.05} \leqslant F < F_{(df_1,df_2)0.01}$	$0.01 < P \leqslant 0.05$	在 0.05 显著性水平上拒绝 H_0 接受 H_1	显著（*）
$F \geqslant F_{(df_1,df_2)0.01}$	$P \leqslant 0.01$	在 0.01 显著性水平上拒绝 H_0 接受 H_1	极其显著（**）

三、多因素方差分析的 SPSS 操作

1. SPSS 的操作步骤

【Step1】在菜单栏中选择“分析”｜“一般线性模型”｜“单变量”选项（图 5-3-1）。

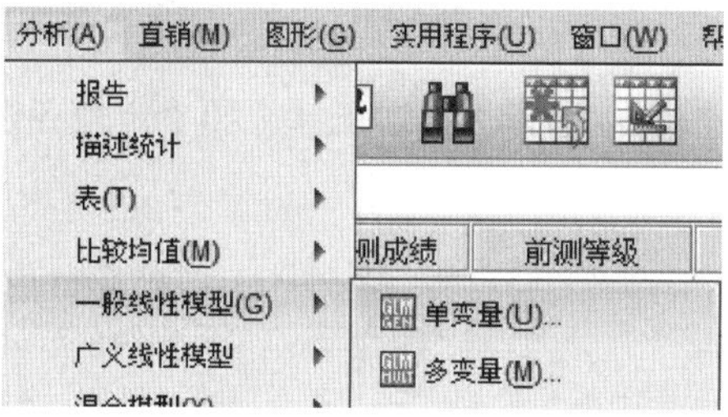

图 5-3-1　多因素方差分析-一般线性模型

【Step2】将“后测成绩”选入“因变量”，将“性别”和“生源”选入“固定因子”（图 5-3-2）。

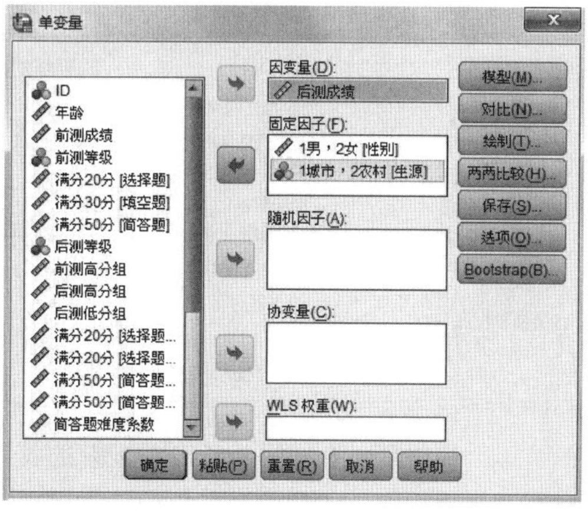

图 5-3-2　多因素方差分析-一般线性模型-变量选择

【Step3】单击“模型”按钮，选择“全因子”，其他默认，然后单击“继续”按钮保存设置结果（图 5-3-3）。

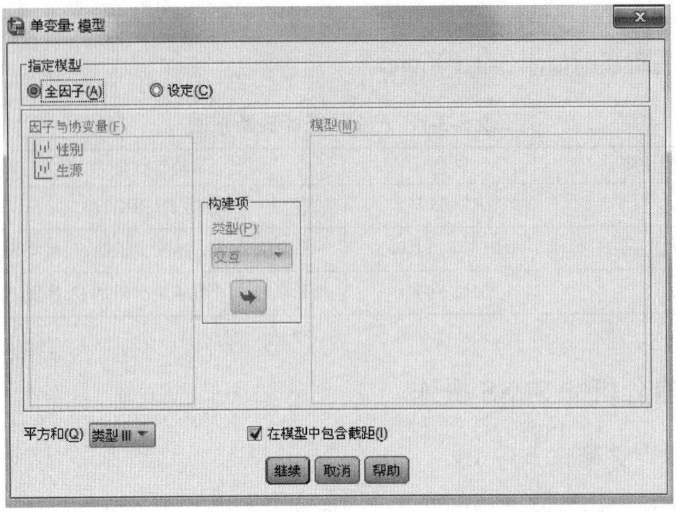

图 5-3-3　多因素方差分析-一般线性模型-模型选择

【Step4】单击“选项”按钮，选择“描述统计”和“方差齐性检验”复选框，单击“继续”按钮（图 5-3-4）。

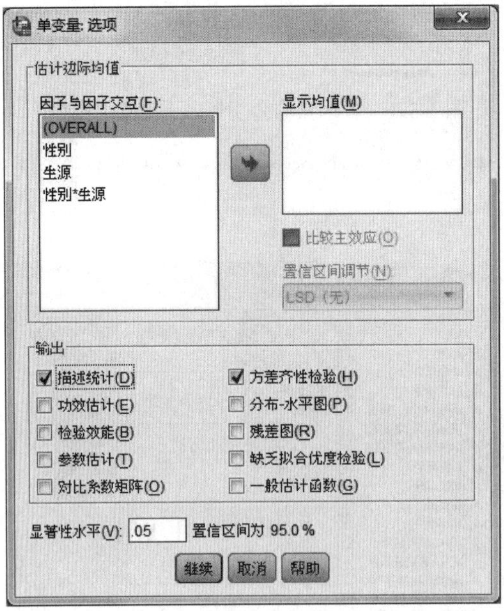

图 5-3-4　多因素方差分析-一般线性模型-选项

【Step5】单击“确定”按钮，输出分析结果。

2. 相关数据解析

（1）“因变量”列表。该列表中的变量为要进行方差分析的目标变量，“因变量”列表中只能选择唯一一个变量。

（2）“固定因子”列表。该列表中的变量为固定控制变量，主要用来分组。固定控制变量的各个水平一般是可以人为控制的，如温度、水分等。因子自变量为分类变量，其取值可以为数字，也可以为字符串。因子变量值应为整数，并且为有限个类别。

（3）“全因子”。全因子即全因子模型，包含所有因子主效应、所有协变量主效应及所有因子间交互，但它不包含协变量交互。

（4）“同质性检验”复选框。输出表示同质性检验的相关结果，其中“描述统计”表示要输出每个因变量的个案数、平均值、标准差、均值的标准误、最小值、最大值和95%置信区间。

3. 实验结果分析

表 5-3-2 给出了主体间主要的因子列表，从该表中可以得到两个因子变量的各个水平及每个水平上的观测值数目。

表 5-3-2　主体间主要因子

		值标签	*N*
1 男，2 女	1	男生	22
	2	女生	28
1 城市，2 农村	A		30
	B		20

表 5-3-3 给出了因变量在各因素下的一些描述性统计量，从该表中可以得到不同性别和生源的后测成绩的均值、标准误及样本观测值数目。

表 5-3-3　因变量在各因素下的描述性统计量

1 男，2 女	1 城市，2 农村	均值	标准误	*N*
男生	1.00	78.59	8.552	17
	2.00	77.40	5.727	5
	总计	78.32	7.888	22
女生	1.00	77.77	7.865	13
	2.00	78.67	10.920	15
	总计	78.25	9.462	28
总计	1.00	78.23	8.131	30
	2.00	78.35	9.751	20
	总计	78.28	8.718	50

表 5-3-4 给出了因变量后测成绩在各因素水平下的误差方差同质性 levene 检验结果。从该表中可以看出，检验的零假设：在所有组中因变量的误差方差均相等。检验的概率值为 0.362，大于显著性水平 0.05，因此可以认为因变量在各个因素水平下的误差方差相等。

表 5-3-4　误差方差同质性 levene 检验

F	df_1	df_2	Sig
1.093	3	46	0.362

注：设计：截距 + 性别 + 生源 + 性别*生源。

表 5-3-5 给出了多因素方差分析结果，从该表中可以看出，整个模型的 F 统计量为 0.046，概率水平为 0.987，可见此方差分析模型并不显著，判决系数仅有 0.003，说明后测成绩的变异能被“性别”、“生源”及两者的交互效应解释的部分仅有 0.3%。其中，“性别”、“生源”、“性别*生源”均对后测成绩无显著影响。

表 5-3-5　主体间效应的检验

源	Ⅲ型平方和	df	均方	F	Sig
校正模型	11.121[a]	3	3.707	0.046	0.987
截距	242558.696	1	242558.696	3005.070	0.000
性别	0.498	1	0.498	0.006	0.938
生源	0.210	1	0.210	0.003	0.960
性别*生源	10.810	1	10.810	0.134	0.716
误差	3712.959	46	80.716		
总计	310112.000	50			
校正的总计	3724.080	49			

a. $R^2 = 0.003$（调整 $R^2 = -0.062$）。

第四节　协方差分析

一、协方差分析的原理

某些情况下，在进行方差分析的过程中部分变量的水平难以进行人为控制。针对这种情况，统计学家创建了协方差分析方法，即先利用线性回归剔除干扰因素后再进行方差分析。

协方差分析（analysis of covariance）的基本思想是将难以人为控制的因素作为协变量，首先通过线性回归方程消除干扰因素影响，然后进行方差分析。协方差分析中认为因变量的变化受四个因素的影响，即控制变量的独立与交互作用、协变量的作用和随机因素的作用，协方差分析在消除了协变量的影响后再分析控制变量对观测变量的作用，从而可以适用于更一般的研究和分析场合。

二、协方差分析的 SPSS 操作

1. SPSS 的操作步骤

【Step1】在菜单栏中选择“分析” | “一般线性模型” | “单变量”选项，打开“单变量”对话框。

【Step2】将“后测成绩”选入“因变量”，将“年龄”选入“固定因子”，“前测成绩”选入“协变量”（图 5-4-1）。

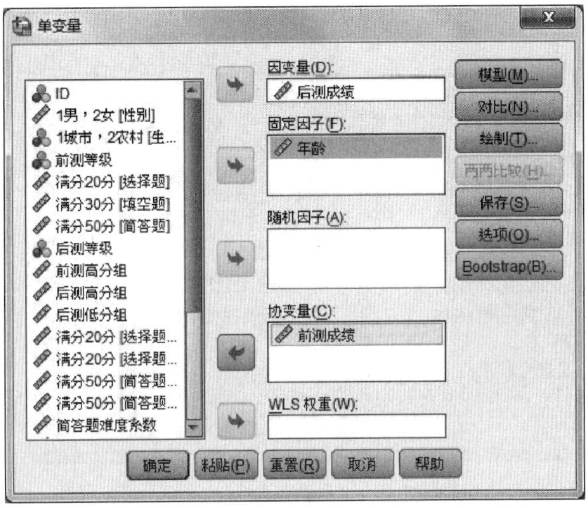

图 5-4-1 协方差分析-变量选择

【Step3】单击“模型”按钮，选择“全因子”，其他默认，单击“继续”按钮（图 5-4-2）。

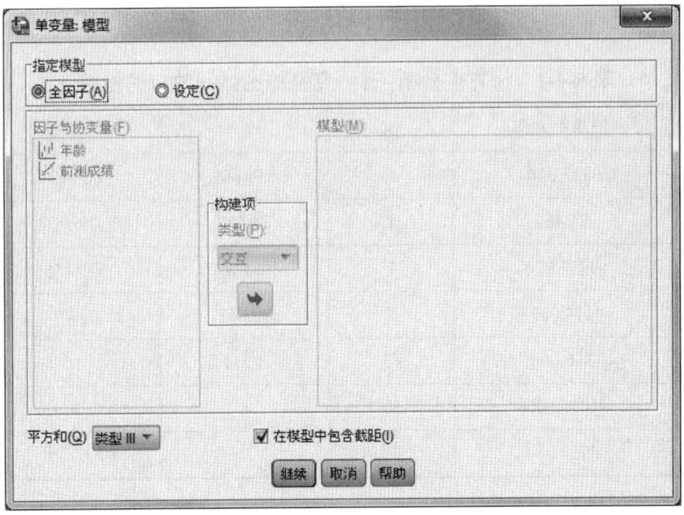

图 5-4-2 协方差分析-模型选择

【Step4】单击“选项”按钮，选择“描述统计”，然后单击“继续”按钮，保存设置结果（图 5-4-3）。

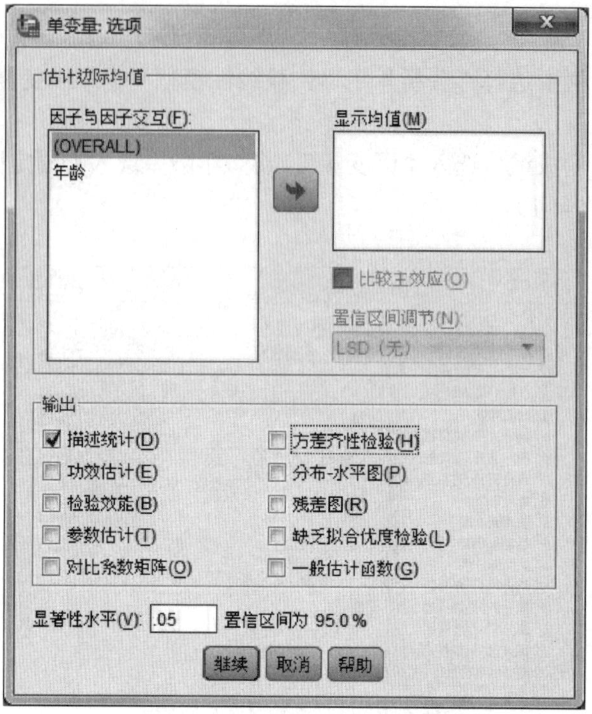

图 5-4-3 协方差分析-变量-选项

2. 实验结果分析

【Step5】单击“确定”按钮，输出分析结果（表 5-4-1 和表 5-4-2）。

表 5-4-1 协方差分析-有协变量的主体间效应的检验

源	Ⅲ型平方和	df	均方	F	Sig
校正模型	3328.014[a]	6	554.669	60.219	0.000
截距	24.462	1	24.462	2.656	0.110
前测成绩	3087.070	1	3087.070	335.156	0.000
年龄	114.063	5	22.813	2.477	0.047
误差	396.066	43	9.211		
总计	310112.000	50			
校正的总计	3724.080	49			

a. $R^2 = 0.894$（调整 $R^2 = 0.879$）。

表 5-4-2 协方差分析-无协变量的主体间效应的检验

源	III型平方和	df	均方	F	Sig
校正模型	240.944[a]	5	48.189	0.609	0.694
截距	138412.858	1	138412.858	1748.472	0.000
年龄	240.944	5	48.189	0.609	0.694
误差	3483.136	44	79.162		
总计	310112.000	50			
校正的总计	3724.080	49			

a. $R^2 = 0.065$（调整 $R^2 = -0.042$）。

表 5-4-1 给出了协方差分析结果，同时为了对比，表 5-4-2 给出了无协变量的协方差分析结果。从表 5-4-1 中可以看出，整个模型的 F 值为 60.219，概率水平为 0.000，可见此方差分析模型是十分显著的，并且判决系数为 0.894，说明后测成绩的变异能被“前测成绩”、“年龄”解释的部分有 89.4%。从表 5-4-2 中可以看出，不考虑协变量“前测成绩”的方差分析模型的判决系数仅为 0.065。从表 5-4-1 中可以看出，协变量“前测成绩”的概率值为 0.000，小于显著性水平 0.01，且能被协变量“前测成绩”解释的离差平方和约为 3087，而被“年龄”解释的离差平方和约为 114，因此忽略协变量“前测成绩”是不合适的。

第五节 多组方差齐性检验

方差分析的 F 检验是以各种实验处理的组内方差齐性为前提的，在方差分析之前，理应对各种处理的组内方差先进行齐性检验。如果方差为齐性，且经 F 检验处理的各种平均数差异显著，这时才可以将各种处理平均数的差异归因于其总体平均数不同；如果不能判断几个总体方差是否齐性，那么，经 F 检验所得的各种处理的平均数差异显著的结果，可能有一部分是各种处理的方差不同所致的。但是，方差齐性检验也可以在 F 检验结果为各种处理的平均数差异显著的情况下进行，因为 F 检验之后，如果各种处理的平均数差异不显著，则不必再进行方差齐性检验。

两组方差齐性检验可采用 F 检验，多组方差的显著性可以用哈特莱（Hartley）所提出的最大 F 值检验进行齐性检验。其检验统计量为

$$F_{\max} = \frac{S_{\max}^2}{S_{\min}^2} \tag{5-18}$$

式中，$S_{\max}^2$ 表示各种处理的最大方差；$S_{\min}^2$ 表示各种处理的最小方差。

一、n 相等的情况

例如，第二节中五个班级英语测试成绩经组间方差和组内方差的 F 检验结果有极其显著性差异，现对其方差进行齐性检验。

检验的步骤：

（1）提出假设。

H_0：$\sigma_A^2=\sigma_B^2=\sigma_C^2=\sigma_D^2=\sigma_E^2$；$H_1$：至少有两个总体方差不相等。

（2）计算检验统计量的值。

$$S_A^2=\frac{\sum X_A^2-\left(\sum X_A\right)^2/n}{n-1}=\frac{21174-21168}{2}=3$$

$$S_B^2=\frac{\sum X_B^2-\left(\sum X_B\right)^2/n}{n-1}=\frac{21707-21675}{2}=16$$

$$S_C^2=\frac{\sum X_C^2-\left(\sum X_C\right)^2/n}{n-1}=\frac{20198-20172}{2}=13$$

$$S_D^2=\frac{\sum X_D^2-\left(\sum X_D\right)^2/n}{n-1}=\frac{17801-17787}{2}=7$$

$$S_E^2=\frac{\sum X_E^2-\left(\sum X_E\right)^2/n}{n-1}=\frac{16470-16428}{2}=21$$

另外，也可令计算器处于标准差状态，分别将各班原始分数输入后，直接求得总体标准差的估计值S（有的计算器用σ_{n-1}表示），然后再平方即可。该例中各班S^2最大值为21，最小值为3，于是有

$$F_{\max}=\frac{21^2}{3^2}=\frac{441}{9}=49$$

（3）统计决断。

查$F_{\max}$的临界值，需根据三个条件：方差的组数K；自由度$\mathrm{df}=n-1$；显著性水平。本例根据$K=5$，$\mathrm{df}=2$和显著性水平查表，寻找相应的临界值$F_{\max}$，其检验统计决断规则如表5-5-1所示。但是表中df是从4开始的，如果按照$\mathrm{df}=4$，$K=5$，其$F_{\max 0.05}=25.2$，由表中数值的总趋势判断，$\mathrm{df}=2$，$K=5$的$F_{\max 0.05}$的值肯定大于25.2。实际算出的$F_{\max}=49>25.2$，根据统计决断规则，应拒绝各班方差齐性H_0，而保留各班方差不齐性的H_1。因此，对于本例中所做出的至少两个班级平均数有显著性差异的结论是可靠的。

表 5-5-1 F_{max} 检验统计决断规则

F_{max} 与临界值的比较	P 值	检验结果	显著性
$F_{max} < F_{max\,0.05}$	$P > 0.05$	保留 H_0 拒绝 H_1	不显著
$F_{max\,0.05} \leqslant F_{max} < F_{max\,0.01}$	$0.01 < P \leqslant 0.05$	在 0.05 显著性水平上拒绝 H_0 接受 H_1	显著（*）
$F_{max} \geqslant F_{max\,0.01}$	$P \leqslant 0.01$	在 0.01 显著性水平上拒绝 H_0 接受 H_1	极其显著（**）

二、n 不相等的情况

如第二节中三名教师的授课效果，经组间与组内方差的 F 检验有显著性差异，现在进行三组方差的齐性检验。

检验的步骤：

（1）提出假设。

H_0：$\sigma_1^2 = \sigma_2^2 = \sigma_3^2$；$H_1$：至少有两个总体方差不相等。

（2）计算检验统计量的值。

将值代入 $S^2 = \dfrac{\sum X^2 - \left(\sum X\right)^2 / n}{n-1}$ 计算各组总体方差的估计值：

$$S_1^2 = \frac{\sum X_1^2 - \left(\sum X_1\right)^2 / n}{n-1} = \frac{69785 - 69722.5}{10-1} \approx 6.94$$

$$S_2^2 = \frac{\sum X_2^2 - \left(\sum X_2\right)^2 / n}{n-1} = \frac{97947 - 97740.75}{12-1} = 18.75$$

$$S_3^2 = \frac{\sum X_3^2 - \left(\sum X_3\right)^2 / n}{n-1} = \frac{67112 - 66978}{8-1} \approx 19.14$$

其中，S^2 的最大值为 19.14，最小值为 6.94，代入式（5-18），得

$$F_{max} = \frac{S_{max}^2}{S_{min}^2} = \frac{366.34}{48.16} \approx 7.61$$

（3）统计决断。

当各组 n 不等时，可用容量最大的一组 n 计算自由度。本例根据 $K = 3$、$df = 11$ 和显

著性水平查表，寻找相应的 F_{max} 临界值。按 $df=10$、$K=3$ 的 $F_{max(0.05)}=4.85$，由表中数值的总趋势判断，$df=11$、$K=3$ 的 $F_{max\,0.05}$ 值肯定小于 4.85。而实际算出的 $F_{max}\approx 7.61>4.85$，根据统计决断规则，应拒绝各班方差齐性 H_0，而接受各班方差不齐性的 H_1。因此，对于本例中所得出的至少两个班级平均数有极其显著性差异的结论是可靠的。

第六节　多因变量方差分析

一、多因变量方差分析的原理

多因变量方差分析的基本原理与单因变量方差分析的原理相似，用于分析控制因素取不同水平时因变量的均值是否存在显著性差异。但是，多因变量方差分析在分析过程中还利用了各因变量协方差的相关信息。

二、多因变量方差分析的 SPSS 操作

1. SPSS 的操作步骤

【Step1】在菜单栏中选择“分析”｜“一般线性模型”｜“多变量”选项，打开“多变量”对话框（图 5-6-1）。

【Step2】将“前测成绩”和“后测成绩”选入“因变量”，将“班别”选入“固定因子”（图 5-6-2）。

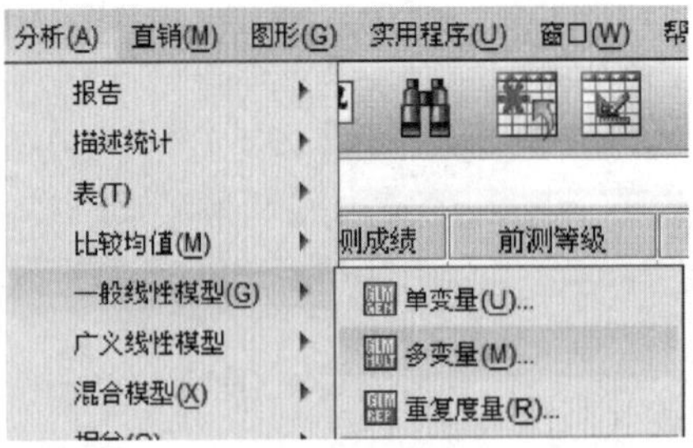

图 5-6-1　多因素方差分析–一般线性模型–多变量

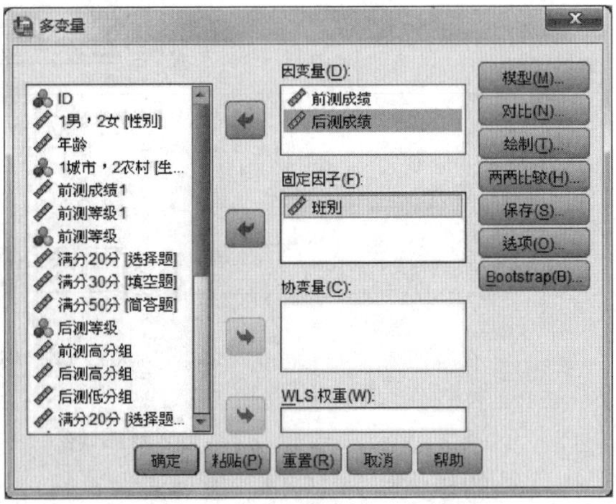

图 5-6-2　多因素方差分析–一般线性模型–多变量选择

【Step3】单击“模型”按钮，选择“全因子”，其他默认，然后单击“继续”按钮（图 5-6-3）。

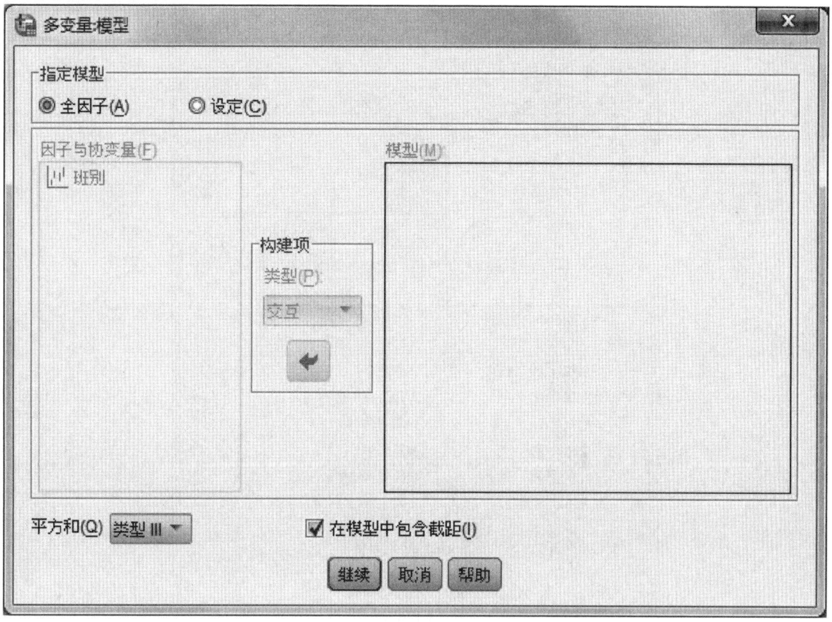

图 5-6-3　多因素方差分析-一般线性模型-多变量模型选择

【Step4】单击“两两比较”按钮，将“班别”选入“两两比较检验”列表框，再选择“LSD”检验方法，单击“继续”按钮保存设置结果（图 5-6-4）。

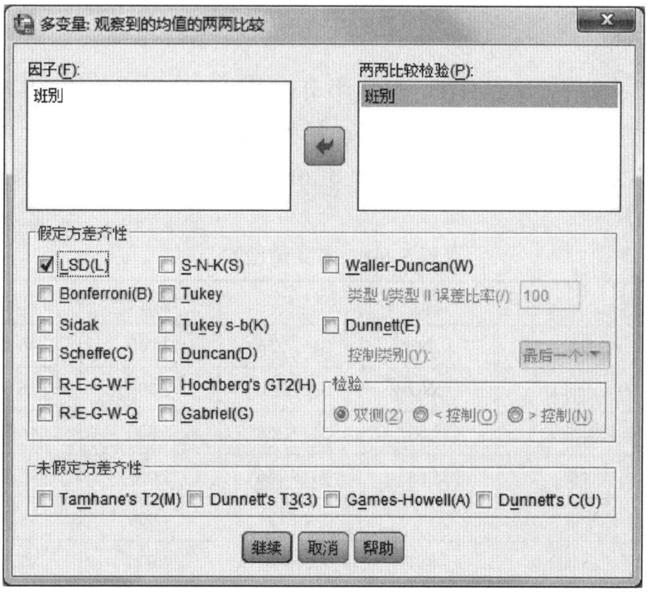

图 5-6-4　多因素方差分析-一般线性模型-多变量两两比较

【Step5】单击“选项”按钮，选择“描述统计”，单击“继续”按钮（图 5-6-5）。

【Step6】单击“确定”按钮，输出分析结果。

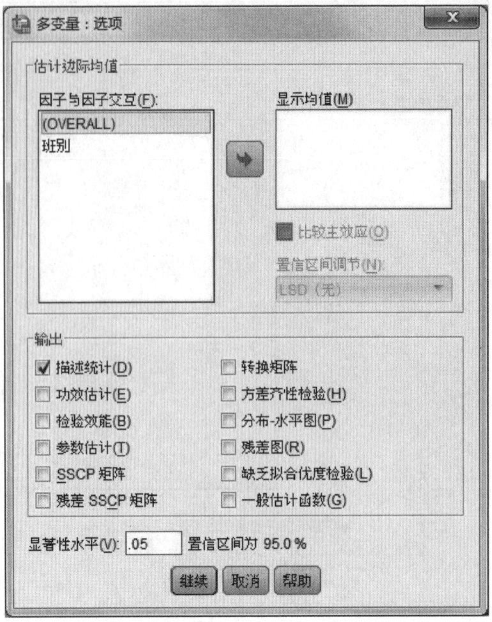

图 5-6-5　多因素方差分析-一般线性模型-多变量选项

2. 相关数据解析

最小显著性差异法，主要使用 t 检验的方法对组均值进行成对比较，检验敏感度较高，对多个比较的误差率不作调整。

3. 实验结果分析

表 5-6-1 为多变量检验结果分析，从表中可以看出，各个检验的概率值均大于 0.01，因此，班别对前后测成绩的影响不是非常显著。另外，比较“班别”中的“Pillai 的跟踪”值和“Hotelling 的跟踪”值，两者分别为 0.143 和 0.166，差距不大，说明各组对模型的影响不大。

表 5-6-1　多变量检验 [a]

效应		值	F	假设 df	误差 df	Sig
截距	Pillai 的跟踪	0.993	3117.256[b]	2.000	46.000	0.000
	Wilks 的 Lambda	0.007	3117.256[b]	2.000	46.000	0.000
	Hotelling 的跟踪	135.533	3117.256[b]	2.000	46.000	0.000
	Roy 的最大根	135.533	3117.256[b]	2.000	46.000	0.000
班别	Pillai 的跟踪	0.143	1.813	4.000	94.000	0.133
	Wilks 的 Lambda	0.857	1.844[b]	4.000	92.000	0.127
	Hotelling 的跟踪	0.166	1.872	4.000	90.000	0.122
	Roy 的最大根	0.164	3.860[c]	2.000	47.000	0.028

a. 设计：截距 + 班别。

b. 精确统计量。

c. 该统计量是 F 的上限，它产生了一个关于显著性级别的下限。

表 5-6-2 为多因变量分析的主体间效应的检验，从表中可以看出，在 0.05 的显著性水平下，不同班级对前测成绩与后测成绩的概率值分别为 0.041 和 0.132，均大于 0.01，即在 0.01 的显著性水平下，不同班级对前后测成绩无显著影响。

表 5-6-2 多因变量分析的主体间效应的检验

源	因变量	III型平方和	df	均方	F	Sig
校正模型	前测成绩	329.474[a]	2	164.737	3.409	0.041
	后测成绩	307.231[b]	2	153.615	2.113	0.132
截距	前测成绩	291821.220	1	291821.220	6039.384	0.000
	后测成绩	305587.092	1	305587.092	4203.461	0.000
班别	前测成绩	329.474	2	164.737	3.409	0.041
	后测成绩	307.231	2	153.615	2.113	0.132
误差	前测成绩	2271.026	47	48.320		
	后测成绩	3416.849	47	72.699		
总计	前测成绩	295213.000	50			
	后测成绩	310112.000	50			
校正的总计	前测成绩	2600.500	49			
	后测成绩	3724.080	49			

a. $R^2 = 0.127$（调整 $R^2 = 0.090$）。
b. $R^2 = 0.082$（调整 $R^2 = 0.043$）。

第六章　相 关 分 析

第一节　相关的意义

一、相关的概念及性质

相关分析（correlation analysis）是指研究现象之间是否存在某种依存关系，并对具体有依存关系的现象探讨其相关方向及相关程度，是研究随机变量之间相关关系的一种统计方法。

1. 三种相互联系

（1）因果关系：一种现象是另一种现象的原因，另一种现象是结果。

（2）共变关系：表面看来有联系的两种事物都与第三种事物有关，但其实二者之间没有直接联系。

（3）相关关系：两类事物在发展变化的方向大小方面存在联系，但不能确定因果。

两个或多个变量之间不精确、不稳定的变化关系称为相关关系。它与函数关系的区别就在于两个变量值不如一一对应那样精确、稳定。

两个变量之间的相关关系，既表现在变化方向上，又表现在密切程度上。

2. 正相关、负相关和零相关

两个变量的变化方向一致，即若一列变量值变大时，另一列变量值也随之变大；一列变量值变小时，另一列变量值也随之变小，这两种测量或两个变量之间“同增同减”的关系称为正相关（positive correlation），如智商与学习成绩的关系（在非智力因素基本相同的情况下）。从图像上来看，左高右低即为正相关。

两个变量的变化方向相反，即一个变量值变大时，另一个变量值随之变小；一个变量值变小时，另一个变量值随之变大，这两种测量或两个变量之间“此增彼减”的关系称为负相关（negative correlation），如解题能力（得分）与解题所用时间长短的关系。从图像上来看，左低右高即为负相关。

两个变量之间没有任何关系，即一个变量变动时，另一个标量无规律性变化，如体重与资产，则构成零相关（zero correlation）。

3. 强相关、弱相关和完全相关

存在相关的两个变量，它们的变化关系除了方向性之外，还有密切程度问题。如果两个变量值的变化关系密切（无论方向是正还是负），称为强（高）相关。若变化的关系不密切，称为弱（低）相关。

强相关的散点图围绕在直线附近，分布范围较小；最强相关的所有点都落在直线上，称完全相关；弱相关围绕着直线分布范围较大，密度较低，比较分散。

4. 直线相关和曲线相关

直线相关是指两个变量之间的相关关系能近似地用一条直线表示，如原材料消耗量与生产费用额之间的关系等。

曲线相关是指两个相关变量的相关关系能近似地用一条曲线表示，如产品产量与单位产品成本之间的关系。曲线相关可按曲线形状分为不同种类，如抛物线、双曲线等。

二、相关系数

统计学上用相关系数（correlation coefficient）来定量描述两个变量相互之间的直线性相关的强度和方向。相关系数是两列变量间相关程度的数字表现形式，或者说是用来表示相关关系强度的指标。相关系数只能描述两个变量之间的变化方向及密切程度，并不能揭示两者之间的内在本质联系。

相关系数一般用 r 表示，r 在-1～$+1$ 取值。相关系数 r 的绝对值大小（即$|r|$），表示两个变量之间的相关强度。相关系数 r 的正负号表示相关的方向，分别是正相关和负相关。其绝对值越接近 1，表示两个变量之间的关系越密切。若相关系数 $r=0$，称零线性相关，简称零相关；相关系数的绝对值$|r|=1$时，表示两个变量是完全相关的，这时两个变量之间的关系成了确定性的函数关系，这种情况在行为科学与社会科学中是极少存在的。

一般来说，若观测数据的个数足够多的话，计算出来的相关系数 r 就会更真实地反映客观事物之间的本来面目。通常是，当$0.7\leqslant|r|<1$时，称为高相关；当$0.4\leqslant|r|<0.7$时，称为中等相关；当$0.2\leqslant|r|<0.4$时，称为低相关；当$|r|<0.2$时，称为极低相关或接近零相关。

第二节　积 差 相 关

一、积差相关概念及使用条件

积差相关（product-moment correlation）是皮尔逊提出的一种计算相关系数的方法，又称积距相关。这是一种运用较为普遍的计算相关系数的方法，也是揭示两个变量线性相关方向与程度最常用的和最基本的方法。

一般来说，计算皮尔逊相关系数的数据资料，需要满足以下几个条件。

（1）两个变量都是由测量获得的连续数据（等距、比率）。

（2）两个变量的总体都呈正态分布，或接近正态分布，至少是单峰对称分布。

（3）必须是成对数据，而且各对数据之间相互独立。

（4）两个变量之间呈线性关系。

（5）当样本容量 $n \geqslant 30$ 时，计算出来的积差相关系数才具有统计学意义。

假设有两个变量 X 和 Y，其 n 个观测点的成对数据不妨记为 $(X_1, Y_1), (X_2, Y_2), \cdots, (X_n, Y_n)$。基于这些成对的观测数据，可以计算成对的观测数据离差均值，即有 $(x_1, y_1), (x_2, y_2), \cdots, (x_n, y_n)$。

基于上述观测数据离差值乘积所得结果进行相关分析的方法，称为积差相关。计算积差相关系数的基本公式为

$$r_{xy} = \frac{\sum_{i=1}^{n} x_i y_i}{\sqrt{\sum_{i=1}^{n} x_i^2} \sqrt{\sum_{i=1}^{n} y_i^2}} \tag{6-1}$$

式中，r_{xy} 表示双变量 (X, Y) 数据之间的积差相关系数；$x_i = X_i - \bar{X}$；$y_i = Y_i - \bar{X}$；$\sum_{i=1}^{n} x_i y_i = \sum_{i=1}^{n} (X_i - \bar{X})(Y_i - \bar{Y})$，表示各对观测数据的离差值乘积之和；$\sum_{i=1}^{n} x_i^2 = \sum_{i=1}^{n} (X_i - \bar{X})^2$，表示变量 X 观测数据离差值自乘积之和，即离差平方和；同理可知，$\sum_{i=1}^{n} y_i^2 = \sum_{i=1}^{n} (Y_i - \bar{Y})^2$，表示变量 Y 的离差平方和。

因此，积差相关系数基本公式也可以用式（6-2）表达：

$$r_{xy} = \frac{\sum_{i=1}^{n} (X_i - \bar{X})(Y_i - \bar{Y})}{\sqrt{\sum_{i=1}^{n} (X_i - \bar{X})^2} \sqrt{\sum_{i=1}^{n} (Y_i - \bar{Y})^2}} \tag{6-2}$$

二、积差相关系数计算方法

式（6-1）和式（6-2）结构对称，容易掌握，但在具体计算时，其计算量较大，需要分步计算，最后综合，主要步骤归纳起来可分以下几步。

（1）计算平均值 $\bar{X}$ 和 $\bar{Y}$。

（2）计算离差值 $x_i = X_i - \bar{X}$ 和 $y_i = Y_i - \bar{Y}$。

（3）计算各对离差值乘积 $x_i y_i$ 及乘积之和 $\sum_{i=1}^{n} x_i y_i$。

（4）计算数据 X_i 的离差平方和，即 $\sum_{i=1}^{n} x_i^2$。

（5）计算数据 Y_i 的离差平方和，即 $\sum_{i=1}^{n} y_i^2$。

（6）把上述有关结果代入式（6-1）或式（6-2），求出 r_{xy}。

下面举一个例子，说明积差相关系数的基本计算方法及积差相关分析的 SPSS 操作步骤。

【例 6-2-1】随机观测某校 50 名大二学生在第一学期进行的教育统计测验中的成绩（成绩的满分均为 100 分），其结果如表 6-2-1 所示，试求学生前测成绩和后测成绩之间的积差相关系数，并判断相关关系。

表 6-2-1　前测成绩与后测成绩原始 Excel 数据

ID	前测成绩	后测成绩	ID	前测成绩	后测成绩	ID	前测成绩	后测成绩
1	71	68	18	75	77	35	83	85
2	78	85	19	73	79	36	72	76
3	80	83	20	80	85	37	88	92
4	79	80	21	76	79	38	84	89
5	76	77	22	78	75	39	78	87
6	74	73	23	84	86	40	70	66
7	73	73	24	85	90	41	83	80
8	74	71	25	90	95	42	81	86
9	80	80	26	57	58	43	75	74
10	81	84	27	80	82	44	76	78
11	75	76	28	83	84	45	71	66
12	82	89	29	78	81	46	58	60
13	90	93	30	76	78	47	74	80
14	52	55	31	72	68	48	71	70
15	82	87	32	72	74	49	78	73
16	75	72	33	80	83	50	72	77
17	78	80	34	72	75			

积差相关分析的 SPSS 操作步骤如下：

【Step1】在菜单栏中选择“分析”｜“相关”｜“双变量”选项，打开“双变量相关”对话框（图 6-2-1）。

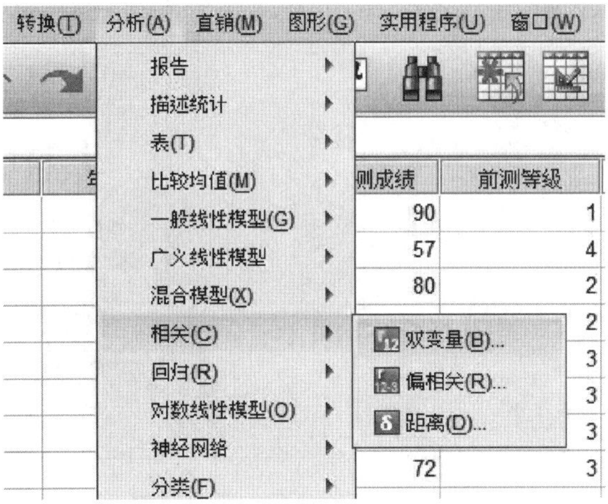

图 6-2-1　相关分析-双变量

【Step2】将“前测成绩”和“后测成绩”选入“变量”框，在“相关系数”选项框下选择输出“Pearson”相关系数（图 6-2-2）。

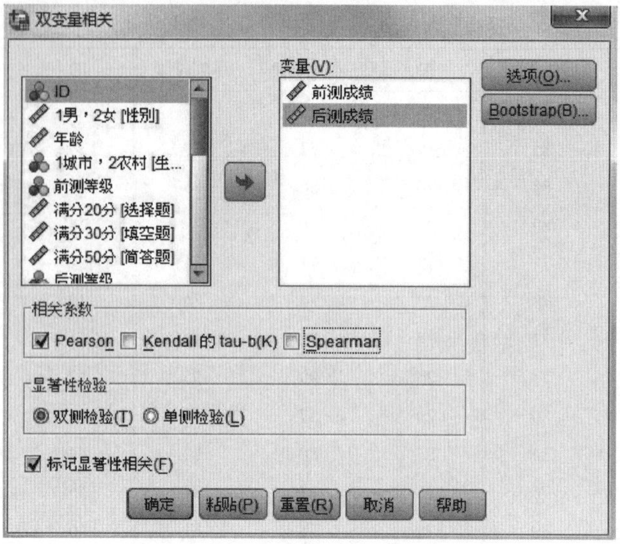

图 6-2-2　相关分析-双变量选择

【Step3】单击“选项”按钮，打开“双变量相关性：选项”对话框，选择“均值和标准差”和“叉积偏差和协方差”两个复选框，并单击“按对排除个案”按钮，然后单击“继续”按钮，保存设置结果（图 6-2-3）。

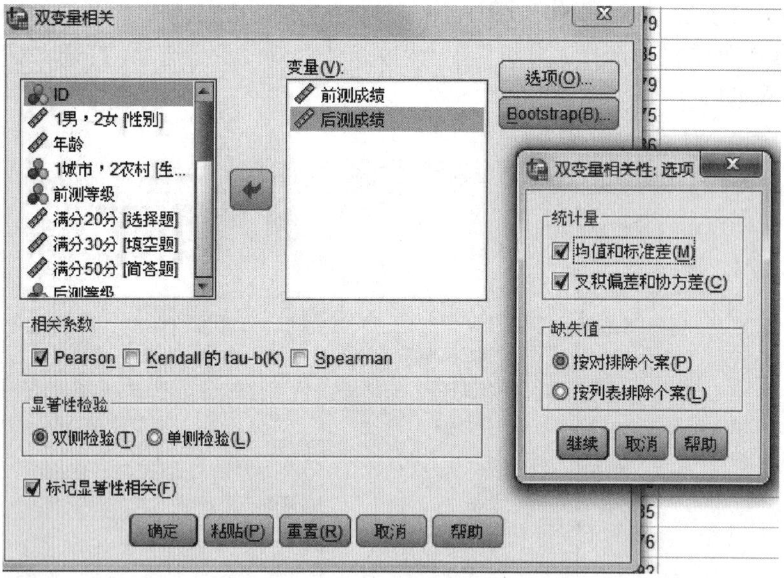

图 6-2-3　相关分析-双变量选择

实验结果及分析：在主对话框中，单击“确定”按钮，“SPSS Statistics 查看器”窗口的输出结果如表 6-2-2 和表 6-2-3 所示。

表 6-2-2 描述性统计量

	均值	标准差	N
前测成绩	76.50	7.285	50
后测成绩	78.28	8.718	50

表 6-2-3 相关性分析输出结果

		前测成绩	后测成绩
前测成绩	Pearson 相关性	1	0.929**
	显著性（双侧）		0.000
	平方与叉积的和	2600.500	2891.000
	协方差	53.071	59.000
	N	50	50
后测成绩	Pearson 相关性	0.929**	1
	显著性（双侧）	0.000	
	平方与叉积的和	2891.000	3724.080
	协方差	59.000	76.002
	N	50	50

** 表示在 0.01 水平（双侧）上显著相关。

表 6-2-2 为描述性统计量的输出表格，包括均值、标准差和观测样本数。表 6-2-3 为相关性分析输出结果，前测成绩和后测成绩之间的 Pearson 相关系数为 0.929，表示二者之间存在极显著正相关。

第三节 等级相关

一、等级相关概念及其适用范围

当两个变量以等级次序排列或以等级次序表示时，两个相应总体并不一定呈正态分布，样本容量 n 也不一定大于 30。表示这两个变量之间的相关，称为等级相关（rank correlation），它是斯皮尔曼（Spearman）根据积差相关的概念推导出来的，故称为斯皮尔曼等级相关。

根据某种标准对某项成绩所评定的等级，或按某种指标的优劣程度所排列的名次均属于等级秩序性分数。斯皮尔曼等级相关就是研究等级变量之间相互关系的一种方法。

因为计算等级相关系数时，并不要求总体呈正态分布，也不要求 $n>30$，所以应用范围较广。但是，若两个变量的原始数据都是较精确的测量资料，则不必化成较粗略的等级资料，否则会失去很多信息。除了两个变量（或其中一个变量）的原始资料本身就属于等级性资料，或者难以判断资料所属总体呈何种分布形态外，一般以采用积差相关为宜。

以下情境适合使用斯皮尔曼等级相关：①两个变量都是顺序变量或等级变量；②一个

变量是正态分布的等距数据，另外一个变量是顺序变量或等级变量；③两个变量都是等距数据，但其中一个或两个变量不服从正态分布，属于偏态分布；④两个变量都是等距数据，但样本容量较小 ($n<30$) 。

二、等级相关系数的计算

等级相关系数的计算公式为

$$r_R = 1 - \frac{6\sum D^2}{n(n^2-1)} \tag{6-3}$$

式中，r_R 表示等级相关系数；D 表示两个变量的每对数据等级（不是指原始的等级）之差；n 表示样本容量。

下面举个例子，说明等级相关系数的基本计算方法及等级相关分析的 SPSS 操作步骤。

【例 6-3-1】随机观测某校 30 名大二学生《教育统计学》课程的前测成绩与前测等级（成绩的满分为 100 分，等级分 1，2，3 三个等级），其结果如表 6-3-1 所示，问前测成绩与前测等级之间的相关关系？

表 6-3-1　前测成绩与前测等级原始 Excel 数据文件

ID	前测成绩	前测等级	ID	前测成绩	前测等级
1	71	3	16	75	3
2	78	3	17	78	3
3	80	2	18	75	3
4	79	3	19	73	3
5	76	3	20	80	2
6	74	3	21	76	3
7	73	3	22	78	3
8	74	3	23	84	2
9	80	2	24	85	2
10	81	2	25	90	1
11	75	3	26	57	4
12	82	2	27	80	2
13	90	1	28	83	2
14	52	4	29	78	3
15	82	2	30	76	3

虽然前测成绩可视为正态连续变量，但前测等级是按某种标准评定的等级（成绩越高，等级越低），故两者之间的关系用等级相关来表示。

等级相关系数的 SPSS 操作步骤如下：

【Step1】因为此次观测的学生为 30 人，所以首先在数据库中选取“前测成绩”和“前测等级”的前 30 对数据。在菜单栏中选择“数据”｜“选择个案”选项，打开“选择个案”对话框（图 6-3-1）。

【Step2】在“选择个案”对话框中，在“选择”框中选择“基于时间或个案全距”选项，单击“范围”按钮，弹出“选择个案：范围”对话框，输入观测值“1”和“30”，单击“继续”按钮。在“输出”框中选择“过滤掉未选定的个案”，单击“确定”按钮，选取数据库中的前 30 对数据（图 6-3-2）。

图 6-3-1　数据文件-选择个案

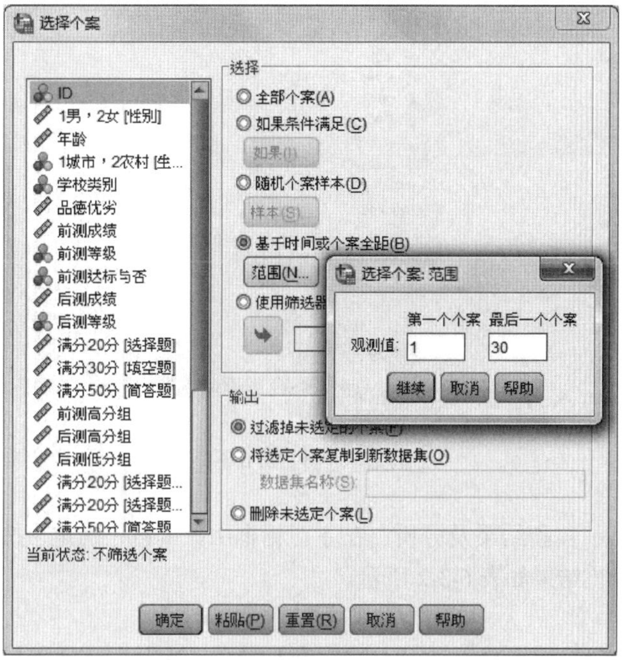

图 6-3-2　数据文件-选择个案范围

【Step3】菜单栏中选择“分析”｜“相关”｜“双变量”选项，打开“双变量相关”对话框。将“前测成绩”和“前测等级”选入“变量”框，在“相关系数”选项框下选择输出“Spearman”相关系数（图 6-3-3）。

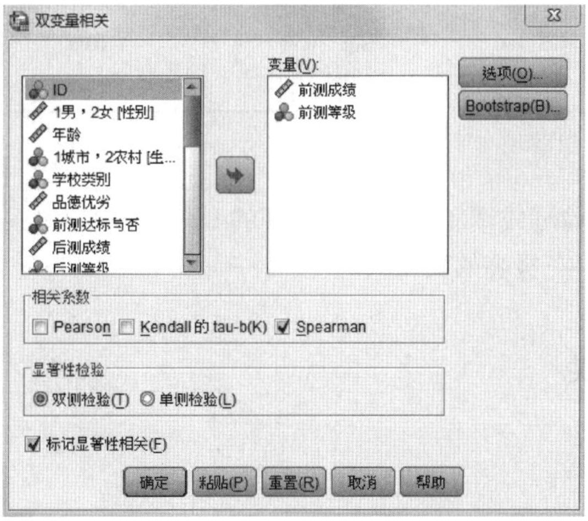

图 6-3-3　相关分析-双变量选择

【Step4】单击“选项”按钮，弹出“双变量相关性：选项”对话框，选择“按对排除个案”单选按钮，然后单击“继续”按钮，保存设置结果（图 6-3-4）。

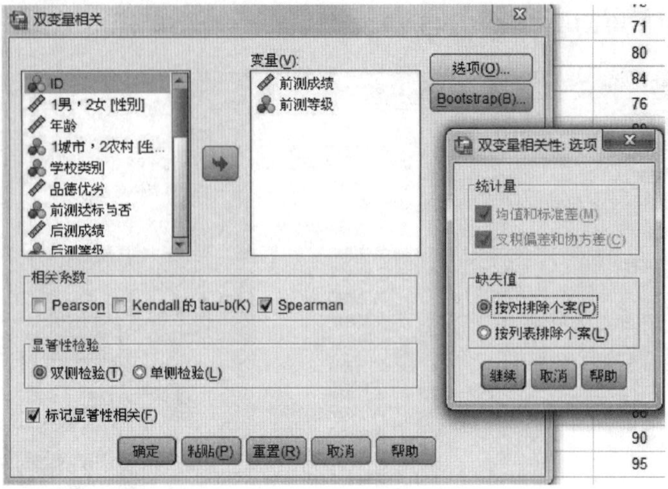

图 6-3-4　相关分析-双变量-选项

实验结果及分析：在主对话框中，单击“确定”按钮，“SPSS Statistics 查看器”窗口的输出结果如表 6-3-2 所示。

表 6-3-2　前测成绩与前测等级相关分析

			前测成绩	前测等级
Spearman 的 rho	前测成绩	相关系数	1.000	–0.904**
		Sig（双侧）	0.000	0.000
		N	30	30
	前测等级	相关系数	–0.904**	1.000
		Sig（双侧）	0.000	0.000
		N	30	30

** 表示在置信度（双侧）为 0.01 时，相关性是显著的。

由表 6-3-2 可知，前测成绩和前测等级之间的 Spearman 相关系数为–0.904，表示前测成绩和前测等级之间存在极高的负相关。

三、肯德尔和谐相关

1. 概念含义

肯德尔相关分析，也称为肯德尔 W 系数分析，用来分析等级变量间的秩相关，适用于多列等级资料的相关，既可以是K个评分者评N个对象，也可以是同一个人先后K次评N个对象。如果每个评价者对N件事物排出一个等级顺序，最小等级序数为1，最大为N，若并列等级，则平分应该共同占据的等级。在统计学中，肯德尔相关系数是以Maurice Kendall命名的，并经常用希腊字母τ(tau)表示其值。肯德尔相关系数是一个用来测量两个随机变量相关性的统计值。肯德尔检验是一个无参数假设检验，它使用计算得到的相关系数去检验两个随机变量的统计依赖性。肯德尔相关系数的取值在–1～1，当τ为1时，表示两个随机变量拥有一致的等级相关性；当τ为–1时，表示两个随机变量拥有完全相反的等级相关性；当τ为0时，表示两个随机变量是相互独立的。

假设两个随机变量分别为X、Y（也可以看作两个集合），它们的元素个数均为N，两个随机变量取的第$i(1 \leqslant i \leqslant N)$个值分别用$X_i$、$Y_i$表示。$X$与$Y$中的对应元素组成一个元素对集合$XY$，其包含的元素为（$X_i$，$Y_i$）（$1 \leqslant i \leqslant N$）。当集合$XY$中任意两个元素（$X_i$，$Y_i$）与（$X_j$，$Y_j$）的排行相同时（也就是说当出现情况1或2时；情况1：$X_i > X_j$且$Y_i > Y_j$，情况2：$X_i < X_j$且$Y_i < Y_j$），这两个元素就认为是一致的。当出现情况3或4时（情况3：$X_i > X_j$且$Y_i < Y_j$，情况4：$X_i < X_j$且$Y_i > Y_j$），这两个元素认为是不一致的。当出现情况5或6时（情况5：$X_i = X_j$，情况6：$Y_i = Y_j$），这两个元素既不是一致的也不是不一致的，其基本公式为

$$\text{tau}-a=\frac{C-D}{\frac{1}{2}N(N-1)} \tag{6-4}$$

式中，C表示集合XY中拥有一致性的元素对数；D表示集合XY中拥有不一致性的元素对数。

式（6-4）仅适用于集合X和Y中均不存在元素相同的情况。

2. 肯德尔W系数

肯德尔W系数（Kendall coefficient of concordance）又称为和谐系数，可表示多列等级变量的相关程度。肯德尔W系数的测量数据一般采用等级评定的方法获得，即由K个评价者对N个对象的某个属性进行等级评定，每个评价者都将这N个对象按从小到大排出一个顺序，将最小的等级数定为1，最大的定为N。这样K个评价者便可得到K列1～N等级的数据资料。一个评价者先后K次评价N个事物的情况与前者相同，也同样得到K列1～N等级的变量资料。例如，一个评价者先后m次评价n个作品的好坏，继而得到mn个数据。

$$W=\frac{S}{\frac{1}{12}K^2(N^3-N)},\quad S=\sum R_i^2-\frac{\left(\sum R_i\right)^2}{N} \tag{6-5}$$

式中，S为最大可能方差；K为评价者的数目或等级变量的列数；N为被评价事物的个数，即等级数；R_i为每一件被评价事物的K个等级之和。

【例6-3-2】在招教面试中，3名专家对8位考生的表现进行排序，表现最好的给秩次1，其次给秩次2, …，最差的给秩次8，结果如图6-3-5所示。

考生	专家A	专家B	专家C
1	2	3	2
2	3	5	1
3	4	3	2
4	5	3	2
5	1	3	2
6	2	7	6
7	4	2	4
8	5	7	4

图 6-3-5　专家对不同考生的评价

【Step1】在菜单栏中选择“分析”｜“相关”｜“双变量”选项，打开“双变量相关”对话框。

【Step2】将“考生”和“专家 A、专家 B、专家 C”选入“变量”框，在“相关系数”选项框下选择输出“Kendall 的 tau-b”相关系数（图 6-3-6）。

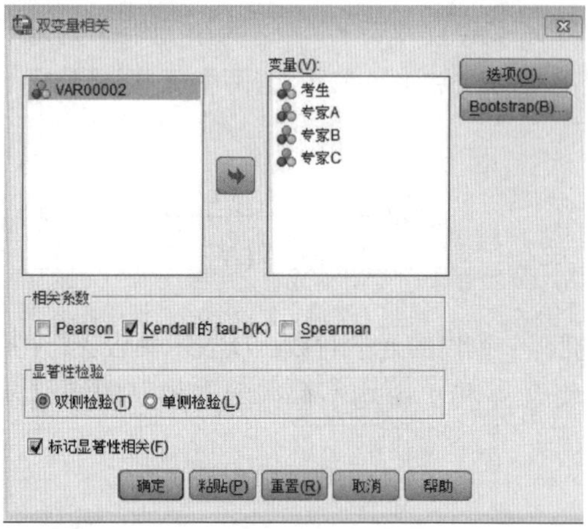

图 6-3-6　相关分析-相关系数类型

【Step3】单击“选项”按钮，弹出“双变量相关性：选项”对话框，选择“按对排除个案”单选按钮，然后单击“继续”按钮，保存设置结果（图 6-3-7）。

图 6-3-7　相关分析-相关系数类型-选项

在主对话框中，单击“确定”按钮，“SPSS Statistics 查看器”窗口的输出结果如表 6-3-3 所示。

表 6-3-3 肯德尔相关分析结果

			考生	专家 A	专家 B	专家 C
Kendall 的 tau-b	考生	相关系数	1.000	0.340	0.124	0.619
		Sig（双侧）		0.254	0.688	0.044
		N	8	8	8	8
	专家 A	相关系数	0.340	1.000	0.000	0.087
		Sig（双侧）	0.254		1.000	0.784
		N	8	8	8	8
	专家 B	相关系数	0.124	0.000	1.000	0.095
		Sig（双侧）	0.688	1.000		0.773
		N	8	8	8	8
	专家 C	相关系数	0.619	0.087	0.095	1.000
		Sig（双侧）	0.044	0.784	0.773	
		N	8	8	8	8

3. 肯德尔 *U* 系数

肯德尔 *U* 系数又称一致性系数，它的资料同样是来自等级评定的数据结果。与 *W* 系数不同的是，*U* 系数采用的测量方法是实验心理学中的对偶等级评定法。对偶比较，即将 *N* 件事物两两配对，对每一对中两两事物比较，择优选择，优记为 1，非优记为 0，整理成相对应评价结果。当评价者使用等级评定的方法时，用肯德尔 *W* 系数来计算 *K* 个评价者是否具有一致性，若评价者采用对偶比较法，则要用肯德尔 *U* 系数计算一致性。

肯德尔 *U* 系数用符号 *U* 表示，其计算公式如下：

$$U=\frac{8\left(\sum Y_{ij}^2-K\sum Y_{ij}\right)}{N(N-1)\cdot K(K-1)}+1 \qquad (6\text{-}6)$$

式中，N 表示被评价事物的数目，即等级数；K 表示评价者的数目；Y_{ij} 表示对偶比较法的记录表中，$i>j$（或 $i<j$）的格中的择优分数。

肯德尔 *U* 系数的取值范围与 *W* 系数相同，是介于 0～1 的正数。

第四节 质与量的相关

质与量的相关是指一个变量为质，另一个变量为量，这两个变量之间的相关，如智商、学科分数、身高、体重等是表现为量的变量，男与女、优与劣、及格与不及格等是表现为质的变量。质为称名变量，量为等距或等比变量，质与量的相关主要包括二列相关、点二列相关、多系列相关。

一、二列相关

1. 概念及其使用范围

当两个变量都是正态连续变量时，其中一个变量被人为地划分成二分变量（例如，按一定标准将属于正态连续变量的学科考试分数划分成及格与不及格、录取与未录取；把某一体育项目测验结果划分成通过与未通过、达标与未达标；把健康状况划分成好与差，等等），另一个变量为正态的比率或等距变量。表示这两个变量之间的相关，称为二列相关。

2. 二列相关的使用条件

（1）两个变量都是连续变量，且总体呈正态分布，或总体接近正态分布，至少是单峰对称分布。

（2）两个变量之间是线性关系。

（3）二分变量是人为划分的，其分界点应尽量靠近中值。

（4）样本容量n应当大于 80。

3. 相关系数的计算

二列相关系数的计算公式有两种表示形式，其中一种形式为

$$r_{\mathrm{b}}=\frac{\bar{X}_p-\bar{X}_q}{\sigma_{\mathrm{t}}}\frac{pq}{Y} \tag{6-7}$$

式中，r_{b}表示二列相关系数；$\bar{X}_p$表示与二分变量中p类相对应的连续变量的平均数；$\bar{X}_q$表示与二分变量中q类相对应的连续变量的平均数；σ_{t}表示连续变量中所有分数的标准差；p表示二分变量中某一类别的频数比率；q表示二分变量中另一类别的频数比率；Y表示正态分布曲线下与p相对应的纵线高度。

另一种表示形式为

$$r_{\mathrm{b}}=\frac{\bar{X}_p-\bar{X}_{\mathrm{t}}}{\sigma_{\mathrm{t}}}\frac{p}{Y} \tag{6-8}$$

式中，$\bar{X}_{\mathrm{t}}$表示连续变量中所有分数的平均数。

按理说，计算二列相关系数的样本容量应大于 80，下面为了简明地介绍计算方法，仅以小样本为例。

【例 6-4-1】在一次考试中随机抽取 50 名大二学生，其中高中时就读于重点高中的有 20 人，就读于非重点高中的有 30 人，其前测成绩如表 6-4-1 所示，问学生的高中学校就读类别（简称学校类别）与前测成绩的相关情况如何？

表 6-4-1 学校类别与前测成绩的原始 Excel 数据文件

ID	学校类别	前测成绩	ID	学校类别	前测成绩	ID	学校类别	前测成绩
1	0	71	18	1	75	35	1	83
2	1	78	19	0	73	36	0	72
3	0	80	20	0	80	37	1	88
4	0	79	21	1	76	38	0	84
5	1	76	22	0	78	39	1	78
6	0	74	23	1	84	40	0	70
7	1	73	24	0	85	41	0	83
8	0	74	25	1	90	42	1	81
9	0	80	26	0	57	43	0	75
10	0	81	27	1	80	44	1	76
11	1	75	28	0	83	45	0	71
12	0	82	29	0	78	46	1	58
13	0	90	30	1	76	47	0	74
14	1	52	31	0	72	48	1	71
15	0	82	32	1	72	49	0	78
16	1	75	33	0	80	50	0	72
17	0	78	34	0	72			

注：学校类别中，重点中学记为“0”，非重点中学记为“1”。

前测成绩和学校类别可视为正态连续变量，但学校类别被人为地划分为二分变量，所以两者之间的关系可用二列相关来表示。

二列相关系数的 SPSS 操作步骤如下：

【Step1】在菜单栏中选择“分析”|“相关”|“双变量”选项，打开“双变量相关”对话框。

【Step2】将“学校类别”和“前测成绩”选入“变量”框，在“相关系数”选项框下选择输出“Pearson”相关系数（图 6-4-1）。

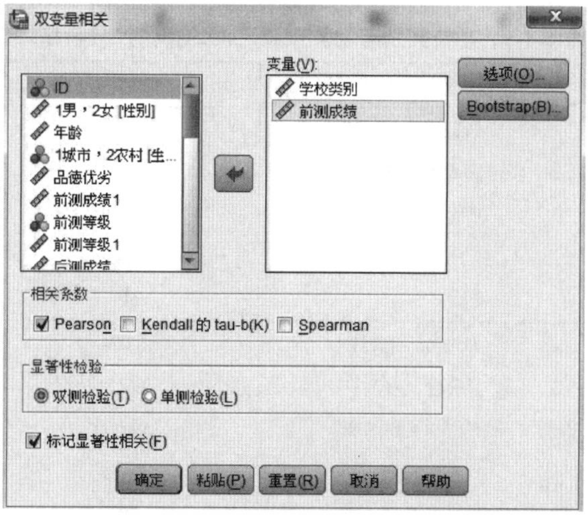

图 6-4-1 线性相关-双变量相关变量选择

【Step3】单击“选项”按钮，弹出“双变量相关性：选项”对话框，选择“按对排除个案”单选按钮，然后单击“继续”按钮，保存设置结果（图 6-4-2）。

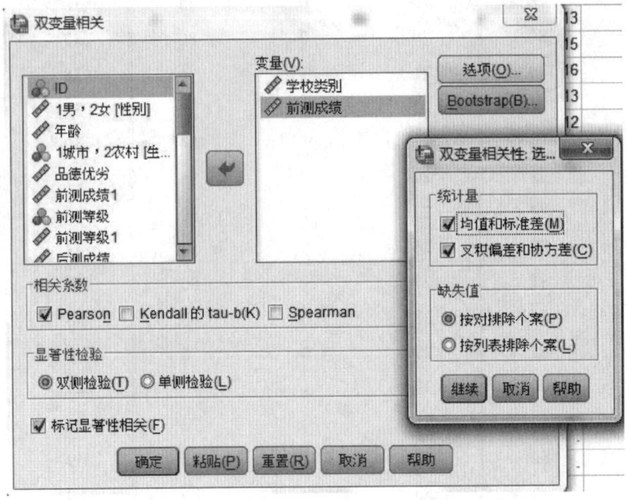

图 6-4-2　线性相关-双变量相关变量-选项

实验结果及分析：在主对话框中，单击“确定”按钮，“SPSS Statistics 查看器”窗口的输出结果如表 6-4-2 和表 6-4-3 所示。

表 6-4-2　学校类别与前测成绩之间的描述性统计量

	均值	标准差	N
学校类别	0.40	0.495	50
前测成绩	76.50	7.285	50

表 6-4-3　学校类别与前测成绩之间的相关性分析结果表

		学校类别	前测成绩
学校类别	Pearson 相关性	1	−0.074
	显著性（双侧）		0.612
	平方与叉积的和	12.000	−13.000
	协方差	0.245	−0.265
	N	50	50
前测成绩	Pearson 相关性	−0.074	1
	显著性（双侧）	0.612	
	平方与叉积的和	−13.000	2600.500
	协方差	−0.265	53.071
	N	50	50

由表 6-4-3 可知，学生高中就读的学校类别与前测成绩之间的 Pearson 相关系数为 −0.074，即学校类别与前测成绩之间存在极低的负相关关系。

二、点二列相关

1. 概念

点二列相关法是考察两列观测值中一个为连续变量，另一个为二分类型称名变量时两者之间相关程度的统计方法，多用于评价由“是与非”二分类型测验题目组成的测验中的内部一致性问题。

当两列变量中一个是正态连续变量，而另一个是真正的二分名义变量时，用公式表示为

$$r_{pb} = \frac{\bar{X}_p - \bar{X}_q}{\sigma_t}\sqrt{pq} \tag{6-9}$$

式中，$\bar{X}_p$ 表示与二分变量中 p 类相对应的连续变量的平均数；$\bar{X}_q$ 表示与二分变量中 q 类别相对应的连续变量的平均数；σ_t 表示连续变量中所有分数的标准差；p 表示二分变量中某一类别的频数比率；q 表示二分变量中另一类别的频数比率。

【例 6-4-2】在一次考试中随机抽取 50 名大二学生，其中男生有 13 人，女生有 37 人，其性别与前测成绩如表 6-4-4 所示，问性别与前测成绩的相关情况如何？

表 6-4-4　性别与前测成绩的原始 Excel 数据文件

ID	性别	前测成绩	ID	性别	前测成绩	ID	性别	前测成绩
1	2	71	18	1	75	35	2	83
2	2	78	19	2	73	36	1	72
3	1	80	20	2	80	37	2	88
4	2	79	21	2	76	38	2	84
5	2	76	22	2	78	39	2	78
6	1	74	23	2	84	40	1	70
7	2	73	24	1	85	41	2	83
8	2	74	25	2	90	42	2	81
9	1	80	26	2	57	43	2	75
10	2	81	27	2	80	44	1	76
11	2	75	28	1	83	45	2	71
12	2	82	29	2	78	46	2	58
13	1	90	30	2	76	47	2	74
14	2	52	31	1	72	48	1	71
15	2	82	32	2	72	49	2	78
16	2	75	33	2	80	50	2	72
17	1	78	34	2	72			

注：性别中，男生记为“1”，女生记为“2”。

根据计算，可以得出 $\bar{X}_p = 77.38$，$\bar{X}_q = 76.19$，$p = 13/50$，$q = 37/50$，$\sigma_t = 7.285$，得点二列相关系数为 0.065，说明前测成绩与性别几乎没有相关性。

2. 点二列相关公式的使用条件

计算点二列相关系数时，要求两列变量中一列是正态连续变量，另一列是真正的二分变量。所谓真正的二分变量指的是该变量的两个类别是截然不同的，如性别中的男和女。

3. 点二列相关公式的显著性检验

检验点二列相关系数的显著性有三种方法，第一种方法与积差相关系数的检验方法相同，选择检验统计量并计算其值。第二种方法是查表法，根据自由度 $df = n-2$ 查相关系数临界值表，找到相关系数临界值，与计算结果比较，如果小于临界值，则保留零假设，否则接受备择假设。第三种方法与两个平均数差异的显著性检验方法相同。

4. 点二列相关系数的 SPSS 操作步骤

【Step1】在菜单栏中选择“分析”｜“相关”｜“双变量”选项，打开“双变量相关”对话框（图 6-4-3）。

图 6-4-3　线性相关-点二列相关

【Step2】将“前测成绩”和“性别”选入“变量”框，在“相关系数”选项框下选择输出“Pearson”相关系数（图 6-4-4）。

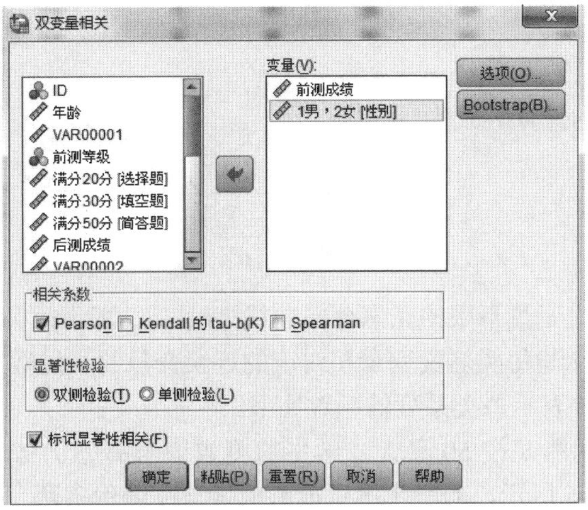

图 6-4-4　线性相关-点二列相关类型

在主对话框中，单击“确定”按钮，“SPSS Statistics 查看器”窗口的输出结果如表 6-4-5 所示。

表 6-4-5　性别与前测成绩之间的描述性统计量

		前测成绩	1 男，2 女
前测成绩	Pearson 相关性	1	–0.073
	显著性（双侧）		0.616
	N	50	50
1 男，2 女	Pearson 相关性	–0.073	1
	显著性（双侧）	0.616	
	N	50	50

由表 6-4-5 可知，学生性别与前测成绩之间的 Pearson 相关系数为–0.073，即学生性别与前测成绩之间存在极低的负相关关系。

三、多系列相关

1. 概念及其适用范围

当两个变量都是正态连续变量时，其中一个变量按不同质被人为地分成多种类别（两类以上）的正态名义变量。表示正态连续变量与多类正态名义变量之间的相关，称为多系列相关。例如，学生的智商与学习努力程度之间的关系中，智商和学习努力程度都是正态连续变量，但学习努力程度被人为地分成“努力”、“中等”、“不努力”三种类别，二者的相关称为三系列相关。又如，不同学习成绩的学生对某种教学改革的态度分为“极其不赞成”、“不赞成”、“不置可否”、“赞成”和“极其赞成”，学习成绩与教学改革态度之间的相关称为五系列相关。

2. 相关系数的计算

多系列相关系数的计算公式为

$$r_s = \frac{\sum[(Y_L - Y_H)\bar{X}]}{\sigma_t \sum\left[\frac{(Y_L - Y_H)^2}{p}\right]} \tag{6-10}$$

式中，Y_L 表示每类名义变量下限的正态分布曲线高度；Y_H 表示每类名义变量上限的正态分布曲线高度；$\bar{X}$ 表示与每类名义变量相对应的连续变量的平均数；σ_t 表示连续变量中所有分数的标准差；p 表示每类系列的频数比率。

【例 6-4-3】随机观测某校 50 名大二学生前测成绩与品德优劣（1 优、2 良、3 中、4 差）情况，如表 6-4-6 所示，问学生考试前测成绩与品德优劣两者相关程度如何？

表 6-4-6 学生前测成绩和品德优劣的原始 Excel 数据文件

ID	品德优劣	前测成绩	ID	品德优劣	前测成绩	ID	品德优劣	前测成绩
1	2	71	18	3	75	35	2	83
2	3	78	19	3	73	36	3	72
3	2	80	20	2	80	37	1	88
4	1	79	21	3	76	38	2	84
5	3	76	22	3	78	39	2	78
6	3	74	23	2	84	40	3	70
7	2	73	24	2	85	41	2	83
8	3	74	25	1	90	42	2	81
9	2	80	26	3	57	43	3	75
10	4	81	27	2	80	44	3	76
11	3	75	28	2	83	45	3	71
12	2	82	29	3	78	46	4	58
13	1	90	30	3	76	47	3	74
14	4	52	31	3	72	48	3	71
15	2	82	32	3	72	49	1	78
16	3	75	33	2	80	50	3	72
17	3	78	34	3	72			

前测成绩和品德优劣均可视为正态连续变量，但品德优劣被人为地分为优、良、中、差四类，故可用多系列相关表示两者的相关程度。

多系列相关分析的 SPSS 操作步骤如下：

【Step1】在菜单栏中选择“分析”｜“相关”｜“双变量”选项，打开“双变量相关”对话框。

【Step2】将“品德优劣”和“前测成绩”选入“变量”框，在“相关系数”选项框下选择输出“Pearson”相关系数（图 6-4-5）。

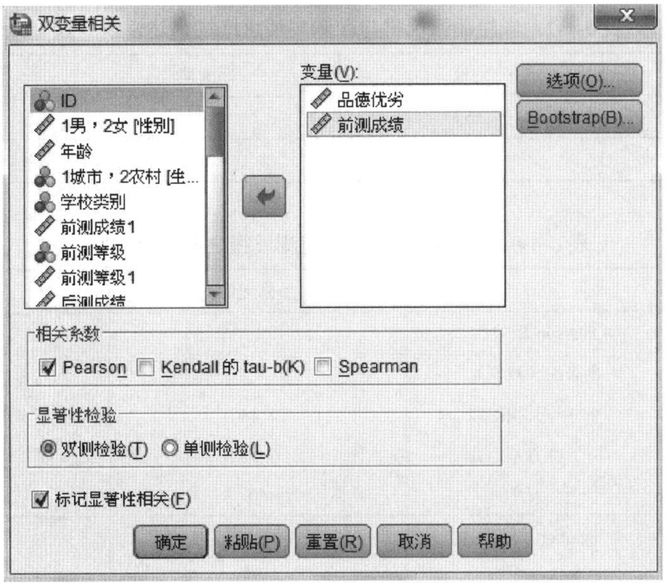

图 6-4-5 线性相关-多列相关类型

【Step3】单击“选项”按钮，弹出“双变量相关性：选项”对话框，选择“均值和标准差”、“叉积偏差和协方差”两个复选框，并选择“按对排除个案”单选按钮，然后单击“继续”按钮，保存设置结果（图 6-4-6）。

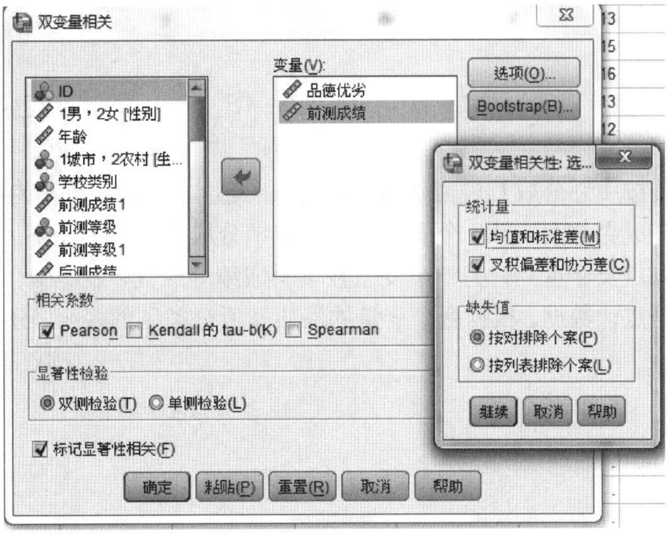

图 6-4-6 线性相关-多列相关类型-选项

实验结果及分析：在主对话框中，单击“确定”按钮，“SPSS Statistics 查看器”窗口的输出结果如表 6-4-7 和表 6-4-8 所示。

表 6-4-7　学生品德优劣与前测成绩之间的描述性统计量

	均值	标准差	N
品德优劣	2.52	0.762	50
前测成绩	76.50	7.285	50

表 6-4-8　学生品德优劣与前测成绩之间的相关性

		品德优劣	前测成绩
品德优劣	Pearson 相关性	1	–0.706**
	显著性（双侧）		0.000
	平方与叉积的和	28.480	–192.000
	协方差	0.581	–3.918
	N	50	50
前测成绩	Pearson 相关性	–0.706**	1
	显著性（双侧）	0.000	
	平方与叉积的和	–192.000	2600.500
	协方差	–3.918	53.071
	N	50	50

** 表示在 0.01 水平（双侧）上显著相关。

由表 6-4-8 可知，学生品德优劣与前测成绩之间的 Pearson 相关系数为–0.706，即品德优劣与前测成绩之间存在较高的负相关。

第五节　品 质 相 关

两个变量都是按质划分成几种类别，表示这两个变量之间的相关称为品质相关。例如，一个变量按性别分成男与女，另一个变量按学科成绩分成及格与不及格；又如，一个变量按学校类别分成重点及非重点，另一个变量按学科成绩分成优、良、中、差，等等。品质相关的数据一般是点计数据。根据两个变量的性质及所分类别的多少，分为四分相关、Φ 相关及列联相关。

一、四分相关

1. 概念及其适用范围

当两个变量都是正态连续变量，且两者呈直线关系，但两者都被人为地划分成二分变量时，表示这两个变量的相关，称为四分相关（tetrachoric correlation）。例如，将学科成绩划分成及格与不及格、达标与未达标、通过与未通过；将对事物的态度划分成赞同与反对；将对问题的回答划分成对与错，等等。计算四分相关的资料时可以整理成四格表。

2. 相关系数的计算

四分相关有多种计算方法，最常用的是皮尔逊的余弦法，其计算公式为

$$r_t = \cos\left(\frac{180°}{1+\sqrt{ad/bc}}\right) \tag{6-11}$$

式中，a、b、c、d 分别表示由两个二分变量所分成的四种类别的实际频数。

【例 6-5-1】某校 50 名大二学生在第一学期进行了两次教育统计考试，将前测成绩与后测成绩为 75 分（包含）以上的判定为达标，75 分以下的判定为未达标，如表 6-5-1 所示，问前测成绩达标（简称前测达标）与否和后测成绩达标（简称后测达标）与否的相关情况如何？

表 6-5-1 前测和后测达标与否的原始 Excel 数据文件

ID	前测达标与否	后测达标与否	ID	前测达标与否	后测达标与否	ID	前测达标与否	后测达标与否
1	2	1	18	2	2	35	2	2
2	2	2	19	1	2	36	1	2
3	2	2	20	2	2	37	2	2
4	1	2	21	2	2	38	2	2
5	2	2	22	2	2	39	2	2
6	1	1	23	2	2	40	1	1
7	2	1	24	2	2	41	2	2
8	1	1	25	2	2	42	2	2
9	2	2	26	1	1	43	2	1
10	2	2	27	2	2	44	2	2
11	2	2	28	2	2	45	1	1
12	2	2	29	2	2	46	1	1
13	1	2	30	2	2	47	1	2
14	1	1	31	1	1	48	1	1
15	2	2	32	1	1	49	2	1
16	2	1	33	2	2	50	1	2
17	2	2	34	1	2			

注：“1”表示不达标；“2”表示达标。

前测达标与否和后测达标与否均可视为正态连续变量，但都被人为地分成二分变量，故可用四分相关表示两者的相关程度。

四分相关分析的 SPSS 操作步骤如下：

【Step1】在菜单栏中选择“分析”｜“相关”｜“双变量”选项，打开“双变量相关”对话框。

【Step2】将“前测达标与否”和“后测达标与否”选入“变量”框，在“相关系数”选项框下选择输出“Pearson”相关系数（图 6-5-1）。

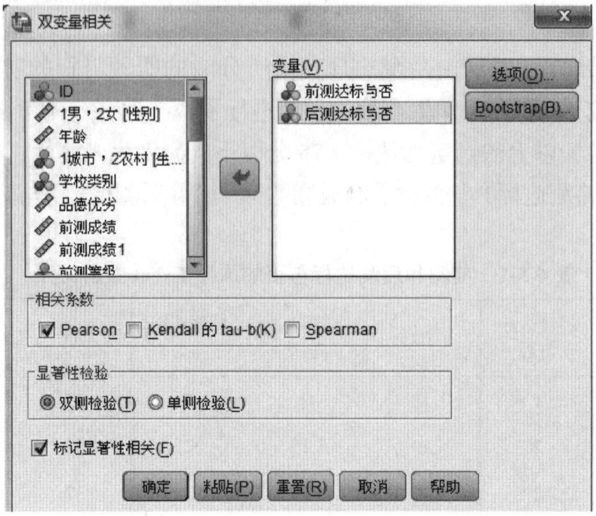

图 6-5-1　线性相关-四分相关类型

【Step3】单击“选项”按钮，弹出“双变量相关性：选项”对话框，选择“按对排除个案”单选按钮，然后单击“继续”按钮，保存设置结果（图 6-5-2）。

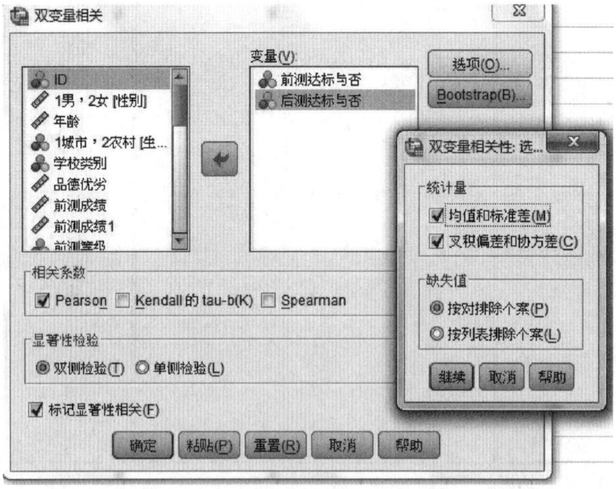

图 6-5-2　线性相关-四分相关类型-选项

实验结果及分析：在主对话框中，单击“确定”按钮，“SPSS Statistics 查看器”窗口的输出结果如表 6-5-2 和表 6-5-3 所示。

表 6-5-2 前测达标与否和后测达标与否之间的描述性统计量

	均值	标准差	*N*
前测达标与否	1.66	0.479	50
后测达标与否	1.70	0.463	50

表 6-5-3 前测达标与后测达标的相关性分析

		前测达标与否	后测达标与否
前测达标与否	Pearson 相关性	1	0.636**
	显著性（双侧）		0.000
	平方与叉积的和	11.220	6.900
	协方差	0.229	0.141
	N	50	50
后测达标与否	Pearson 相关性	0.636**	1
	显著性（双侧）	0.000	
	平方与叉积的和	6.900	10.500
	协方差	0.141	0.214
	N	50	50

** 表示在 0.01 水平（双侧）上显著相关。

由表 6-5-3 可知，前测达标与否和后测达标与否之间的 Pearson 相关系数为 0.636，即学生前测达标与否和后测达标与否之间存在中等正相关关系。

二、Φ 相关

1. 概念及其适用范围

当两个变量都是二分变量时，无论是真正的二分变量还是人为的二分变量，这两个变量之间的关系都可以用 Φ 相关来表示，可见 Φ 相关的应用范围比四分相关要广泛。

Φ 是指两个分布都只有两个值或只是表示某些二分类别属性，此时，可以用列联表计算，因此又叫做列联系数。$\Phi < 0.3$ 时，相关较弱；$\Phi > 0.6$ 时，相关较强。

2. 相关系数的计算

Φ 相关系数的计算公式为

$$r_{\Phi} = \frac{ad - bc}{\sqrt{(a+b)(a+c)(b+d)(c+d)}} \tag{6-12}$$

式中，a、b、c、d 表示四格表中的实际频数。

【例 6-5-2】随机抽取某校 50 名大二学生，其性别与生源情况如表 6-5-4 所示，问生源与性别之间的相关情况如何？

表 6-5-4　性别与生源的原始 Excel 数据文件

ID	性别	生源	ID	性别	生源	ID	性别	生源
1	1	1	18	1	2	35	2	2
2	2	2	19	1	1	36	1	1
3	1	1	20	1	1	37	2	2
4	2	1	21	2	2	38	1	1
5	2	2	22	2	1	39	2	2
6	1	1	23	1	2	40	1	1
7	2	2	24	1	1	41	2	1
8	2	1	25	2	2	42	2	2
9	1	1	26	2	1	43	2	1
10	2	1	27	2	2	44	1	2
11	1	2	28	1	1	45	1	1
12	2	1	29	2	1	46	2	2
13	1	1	30	2	2	47	2	1
14	2	2	31	1	1	48	1	2
15	2	1	32	2	2	49	1	1
16	2	2	33	1	1	50	2	1
17	1	1	34	2	1			

注：1 代表男，2 代表女。

性别和生源都属于二分变量，故可用 Φ 相关表示两者的相关程度。

Φ 相关分析的 SPSS 操作步骤如下：

【Step1】在菜单栏中选择“分析”｜“相关”｜“双变量”选项，打开“双变量相关”对话框。

【Step2】将“性别”和“生源”选入“变量”框，在“相关系数”选项框下选择输出“Spearman”相关系数（图 6-5-3）。

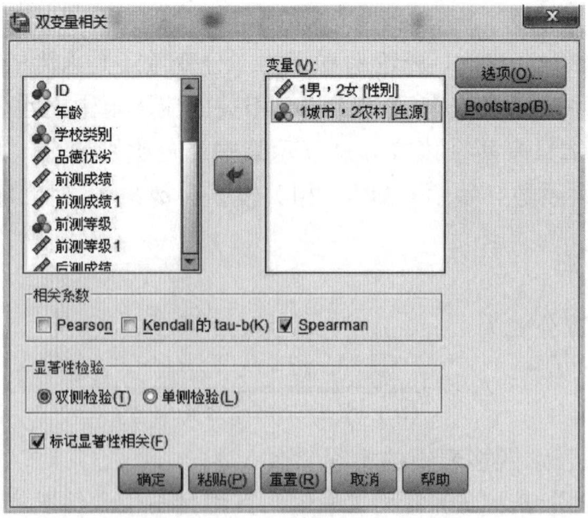

图 6-5-3　线性相关-Φ 相关类型

【Step3】单击“选项”按钮，弹出“双变量相关性：选项”对话框，选择“按对排除个案”单选按钮，然后单击“继续”按钮，保存设置结果。

实验结果及分析：在主对话框中，单击“确定”按钮，“SPSS Statistics 查看器”窗口的输出结果如表 6-5-5 所示。

表 6-5-5 学生性别与生源之间的相关系数分析结果表

			1 男，2 女	1 城市，2 农村
Spearman 的 rho	1 男，2 女	相关系数	1.000	0.313*
		Sig（双侧）		0.027
		N	65	50
	1 城市，2 农村	相关系数	0.313*	1.000
		Sig（双侧）	0.027	
		N	50	50

* 表示在置信度（双侧）为 0.05 时，相关性是显著的。

由表 6-5-5 可知，学生性别与生源之间的 Spearman 相关系数为 0.313，即学生性别与生源之间存在较低的正相关。

三、列联相关

1. 概念及其适用范围

当两个变量均被分成两个以上类别，或其中一个变量被分成两个以上类别时，表示这两个变量之间的相关，称为列联相关（contingency correlation），又称均方相依系数。因为列联相关系数是由 RC 列联表的 x^2 值而求得的，故得名为列联相关。例如，智力被分成上、中、下，学习成绩被分成优、良、中、差，对某种事物的态度被分成肯定、不置可否、否定，等等。

2. 相关系数的计算

列联相关系数的计算公式为

$$c=\sqrt{\frac{x^2}{N+x^2}} \tag{6-13}$$

式中，c 表示列联相关系数；x^2 表示由 RC 列联表计算出的 x^2 值；N 表示样本容量。

【例 6-5-3】随机观测某校 50 名大二学生前测等级（1，2，3，4）和品德优劣（1 优、2 良、3 中、4 差）情况，如表 6-5-6 所示，问学生的前测等级和品德优劣这两者的相关情况如何？

表 6-5-6　前测等级和品德优劣的原始 Excel 数据文件

ID	前测等级	品德优劣	ID	前测等级	品德优劣	ID	前测等级	品德优劣
1	3	2	18	3	3	35	2	2
2	3	3	19	3	3	36	3	3
3	2	2	20	2	2	37	2	1
4	3	1	21	3	3	38	2	2
5	3	3	22	3	3	39	3	2
6	3	3	23	2	2	40	3	3
7	3	2	24	2	2	41	2	2
8	3	3	25	1	1	42	2	2
9	2	2	26	4	3	43	3	3
10	2	4	27	2	2	44	3	3
11	3	3	28	2	2	45	3	3
12	2	2	29	3	3	46	4	4
13	1	1	30	3	3	47	3	3
14	4	4	31	3	3	48	3	3
15	2	2	32	3	3	49	3	1
16	3	3	33	2	2	50	3	3
17	3	3	34	3	3			

前测等级和品德优劣均被人为地分成四个类别，故可用列联相关表示两者的相关程度。

【Step1】在菜单栏中选择“分析”｜“相关”｜“双变量”选项，打开“双变量相关”对话框。

【Step2】将“品德优劣”和“前测等级”选入“变量”框，在“相关系数”选项框下选择输出“Pearson”相关系数（图 6-5-4）。

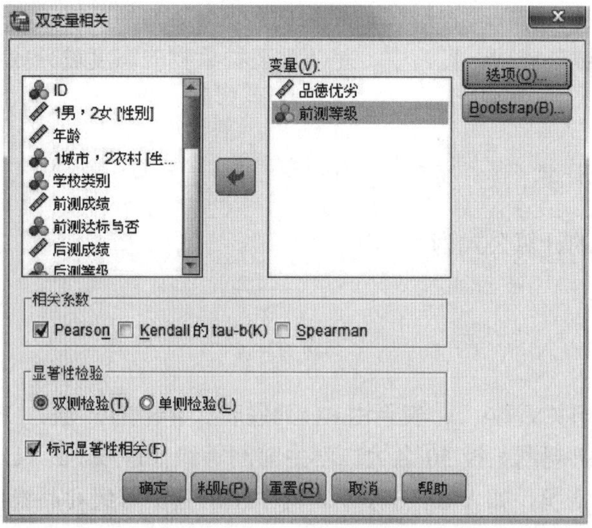

图 6-5-4　线性相关-列联相关类型

【Step3】单击“选项”按钮，弹出“双变量相关性：选项”对话框，选择“按对排除个案”单选按钮，然后单击“继续”按钮，保存设置结果。

实验结果及分析：在主对话框中，单击“确定”按钮，“SPSS Statistics 查看器”窗口的输出结果如表 6-5-7 和表 6-5-8 所示。

表 6-5-7　前测等级和品德优劣之间的描述性统计量

	均值	标准差	*N*
品德优劣	2.52	0.762	50
前测等级	2.66	0.658	50

表 6-5-8　前测等级和品德优劣之间的相关性结果分析表

		品德优劣	前测等级
品德优劣	Pearson 相关性	1	0.685**
	显著性（双侧）		0.000
	平方与叉积的和	28.480	16.840
	协方差	0.581	0.344
	N	50	50
前测等级	Pearson 相关性	0.685**	1
	显著性（双侧）	0.000	
	平方与叉积的和	16.840	21.220
	协方差	0.344	0.433
	N	50	50

** 表示在 0.01 水平（双侧）上显著相关。

由表 6-5-8 可知，学生前测等级和品德优劣之间的 Pearson 相关系数为 0.685，即学生前测等级和品德优劣之间存在中等程度的正相关关系。

第六节　偏　相　关

一、概念及其适用范围

偏相关（partial correlation），也称纯相关或净相关，指在计算两个变量 X_1 与 X_2 的相关时，将第三个变量 X_3 或者其他多个变量的影响，即 r_{13} 和 r_{23} 排除以后，X_1 和 X_2 这两个变量之间的纯净相关，用符号 $r_{12\cdot3}$ 表示（下标圆点后面的数字，代表保持不变的变量）。例如，有一个实验人员研究了个人收入与大学期间成功之间的相关，经过检验，相关系数也很高。据此，实验人员证明，如果个人大学期间不成功，未来将无法获得高薪。但事实上，这两个变量可能与智商（intelligence quotient，IQ）有关，IQ 高的学生，大学期间表现一般都较好，未来也有更多机会得到更多的薪水。如果将 IQ 这个变量排除后，个人收入与大学阶段成功之相关性可能将不太显著。

如果在计算排除效果时，仅处理第三变量与 X_1 与 X_2 当中某一个变量的相关，这时所计算出来的相关系数称为部分相关，也称为半偏相关，用 $r_{1(2,3)}$ 或 $r_{2(1,3)}$ 来表示。

二、偏相关系数的计算

偏相关系数的计算可以有下面三种方法：一是从线性回归的角度计算变量间的偏相关系数，但是这种方法很麻烦；二是迭代法，可以认为简单相关系数为 0 阶偏相关系数，任何 n 阶偏相关都可以通过 3 个（$n-1$）阶偏相关系数计算出来；三是相关矩阵求逆法，即首先计算出所有变量的相关性矩阵，然后求它的逆矩阵。这样可以求出任何两两变量之间的偏相关系数。

三、偏相关 SPSS 操作

已知学生统计课成绩、考试成绩、数学焦虑及课堂偏好，求统计课成绩与考试成绩的偏相关。

1. *方法一*

【Step1】打开“统计考试数据.sav”。

【Step2】选择“分析”｜“相关”｜“偏相关”选项，如图 6-6-1 所示。

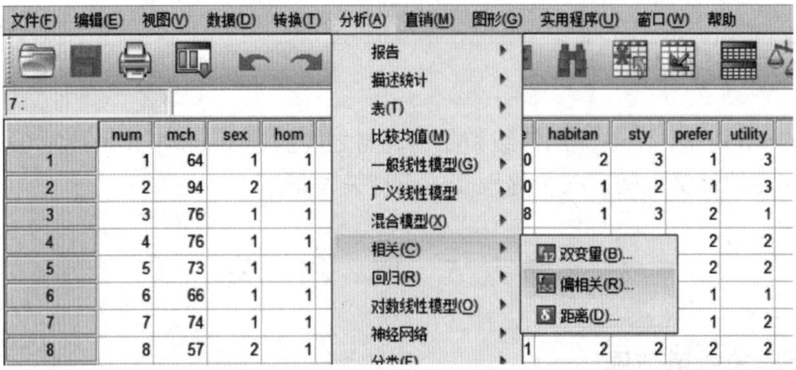

图 6-6-1　线性相关-偏相关

【Step3】打开“偏相关”主对话框。将“统计课成绩”、“考试成绩”选入“变量”框；将“数学焦虑”、“课堂偏好”选入“控制”框，如图 6-6-2 所示（“控制”框中选择一个变量即一阶偏相关，选择两个变量即二阶偏相关，以此类推）。

【Step4】单击“选项”按钮，打开“偏相关性：选项”对话框，选择“零阶相关系数”｜“继续”｜“双侧检验”选项，如图 6-6-3 所示。

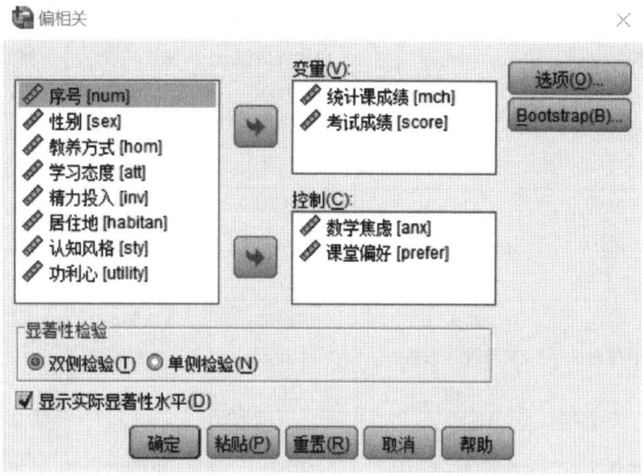

图 6-6-2 线性相关-偏相关变量选择

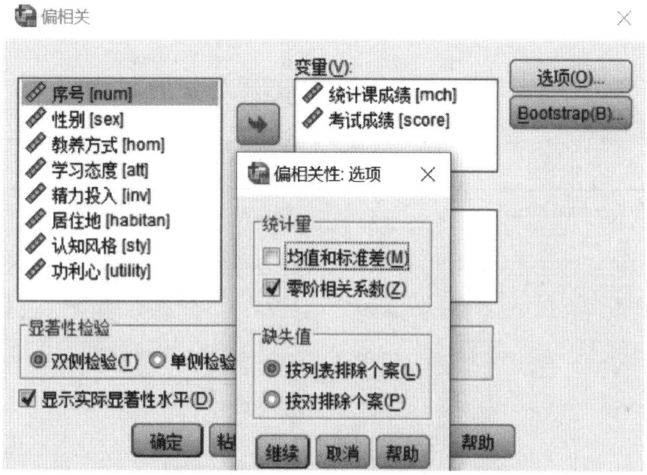

图 6-6-3 线性相关-偏相关-选项

【Step5】单击"确定"按钮，得出数据结果，如表 6-6-1 所示。由数据输出结果可知：统计课成绩与考试成绩的零阶相关系数(Pearson 相关系数)为 0.395，对应 P 值为 0.000，可知统计课成绩与考试成绩本身具有统计学意义上的显著相关性；在剔除数学焦虑与课堂偏好后的统计课成绩与考试成绩相关系数为 0.388，对应 P 值为 0.000，由此可知，在剔除数学焦虑与课堂偏好后的统计课成绩与考试成绩的净相关在统计学意义上具有显著相关性。

2. *方法二*

【Step1】选择"分析" | "回归" | "线性"选项，打开"线性回归"主对话框，如图 6-6-4 所示。

【Step2】单击"选项"按钮，将"考试成绩"选入"因变量"对话框，将"统计课成绩"、"数学焦虑"、"课堂偏好"选入"自变量"对话框，如图 6-6-5 所示。

表 6-6-1 线性相关–偏相关分析结果

控制变量			统计课成绩	考试成绩	数学焦虑	课堂偏好
Tau-a	统计课成绩	相关性	1.000	0.395	–0.108	–0.104
		显著性（双侧）		0.000	0.061	0.071
		df	0	298	298	298
	考试成绩	相关性	0.395	1.000	–0.046	–0.217
		显著性（双侧）	0.000		0.429	0.000
		df	298	0	298	298
	数学焦虑	相关性	–0.108	–0.046	1.000	0.418
		显著性（双侧）	0.061	0.429		0.000
		df	298	298	0	298
	课堂偏好	相关性	–0.104	–0.217	0.418	1.000
		显著性（双侧）	0.071	0.000	0.000	
		df	298	298	298	0
数学焦虑&课堂偏好	统计课成绩	相关性	1.000	0.388		
		显著性（双侧）		0.000		
		df	0	296		
	考试成绩	相关性	0.388	1.000		
		显著性（双侧）	0.000			
		df	296	0		

注：单元格包含零阶（Pearson）相关。

图 6-6-4 线性回归分析

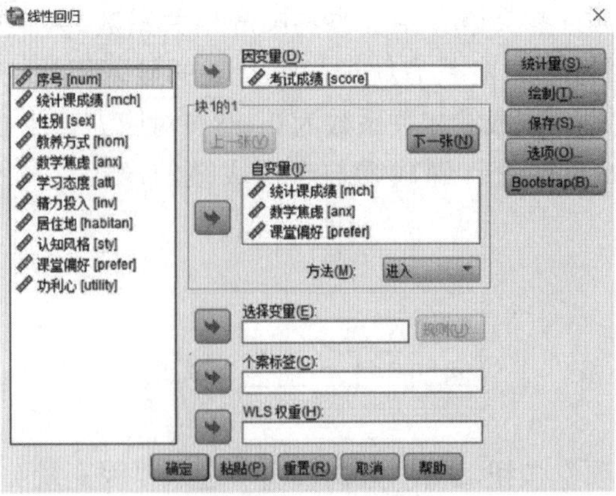

图 6-6-5 线性回归分析变量选择

【Step3】单击“统计量”按钮，在左侧“回归系数”中选择“估计”，在右侧选择“模型拟合度”和“部分相关和偏相关性”，单击“继续”按钮，如图 6-6-6 所示。

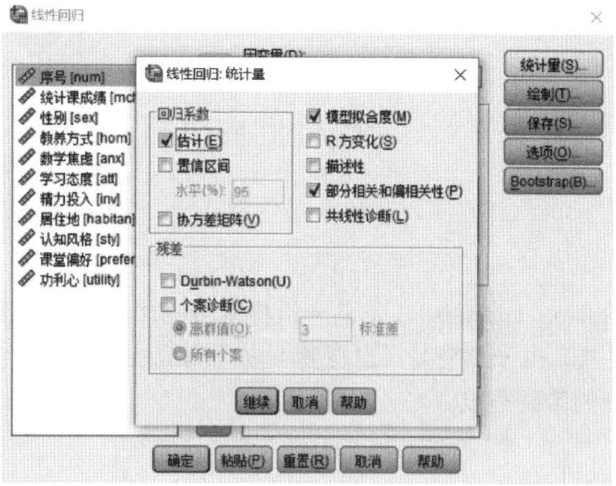

图 6-6-6 线性回归分析统计量

【Step4】单击“确定”按钮，输出数据结果，如表 6-6-2 所示。数据输出结果显示考试成绩与统计课成绩的偏相关系数为 0.388，对应 *P* 值为 0.000，表明在剔除数学焦虑与课堂偏好后的统计课成绩与考试成绩的相关系数在统计学意义上具有显著相关关系。

表 6-6-2 线性相关-偏相关分析结果

模型		非标准化系数		标准系数	*t*	Sig	相关性		
		B	标准误	试用版			零阶	偏	部分
1	（常量）	57.813	4.069		14.210	0.000			
	统计课成绩	0.328	0.045	0.382	7.253	0.000	0.395	0.388	0.379
	数学焦虑	1.531	1.047	0.084	1.463	0.145	−0.046	0.085	0.076
	课堂偏好	−4.015	1.088	−0.213	−3.691	0.000	−0.217	−0.210	−0.193

注：因变量为考试成绩。

第七章 线 性 回 归

第一节 一元线性回归分析及应用

一、概念

回归分析（regression analysis），是从一组样本数据出发，确定变量之间的数学关系式，利用所求的关系式，由一个变量（自变量）来预测或控制另一个特定变量的取值，并给出这种预测或控制的精确程度。

二、基本原理

假设预测目标因变量为$\hat{y}$，影响它变化的一个自变量为x，因变量随自变量增减而变化。一元线性回归分析就是要依据一定数量的观察样本$[x_i, y_j]$，其中$i, j = 1, 2, \cdots, n$，找出回归直线方程：$\hat{y} = a + bx$。

对于每一个x_i，根据回归直线方程可以计算出对应的因变量估计值y_i。回归方程估计值$\hat{y}_i$与实际观察值y_i之间的误差记作$e_i = \hat{y}_i - y_i$。显然，n 个误差的总和越小说明回归拟合性越好，拟合直线越能反映两变量间平均变化的线性关系。据此，这种通过最小化误差的平方和寻找数据的最佳函数匹配并确定相应系数的方法简称最小二乘法。将求出的a和b代入式（7-1）可以得到回归直线$y_i = a + bx_i$。那么只要任意给定x_i值就可以得到因变量y_i的预测值。

$$\hat{y} = a + bx \tag{7-1}$$

式中，x表示x_i的平均数；$\hat{y}$表示预测目标因变量。

三、回归方程

1. 含义

回归方程（regression equation）是根据样本资料通过回归分析所得到的反映一个变量（因变量）对另一个或一组变量（自变量）的回归关系的数学表达式。回归直线方程用得比较多，可以用最小二乘法求得方程中的a和b，从而得到回归直线方程。

$$\hat{y} = a_{yx} + b_{yx}x \quad （由 x 估计 y） \tag{7-2}$$

$$\hat{x} = a_{yx} + b_{yx}y \quad （由 y 估计 x） \tag{7-3}$$

2. 回归模型

描述因变量 y 如何依赖于自变量 x 和扰动项 ε 的方程称为回归模型。

3. 一元线性回归模型

一元线性回归（simple linear regression）反映一个因变量与一个自变量之间的线性关系，其回归方程如下：

$$y=\beta_0+\beta_1x+\varepsilon \tag{7-4}$$

（1）y 是 x 的线性函数（部分）加上误差项。

（2）线性部分反映了由于 x 的变化而引起的 y 的变化。

（3）扰动项 ε 是随机变量，反映了除 x 和 y 之间的线性关系之外的随机因素对 y 的影响。

（4）β_0 和 β_1 称为模型参数。

对于实际的教育问题，通常总体的情况是未知的，无法掌握所有教育相关的数值，总体上回归函数实际也是未知的，因此我们只能对从总体中抽取的样本数据进行观测。同时总体的参数也是未知的，使用样本回归的参数来替代，这样可以得到样本回归函数：

$$\hat{y}_i=\hat{\beta}_0+\hat{\beta}_1x_i \tag{7-5}$$

式中，$\hat{y}_i$ 表示与 x_i 相对应的估计值；$\hat{\beta}_0$ 和 $\hat{\beta}_1$ 分别表示样本回归函数的估计参数。

4. 最小二乘法

当在实验中获得自变量与因变量的一系列对应数据 $(x_1,y_1),(x_2,y_2),(x_3,y_3),\cdots,(x_n,y_n)$ 时，要找出一个已知类型的函数 $y=f(x)$ 与之拟合，使得实际数据和理论曲线的离差平方和 $\sum_{i=1}^{n}[y_i-f(x_i)]^2$ 为最小，这种求 $f(x)$ 的方法，叫作最小二乘法，也称为最小平方法（least square method）。

为了精确地描述 y 与 x 之间的关系，必须使用这两个变量的每一对观察值（n 组观察值），才不会以偏概全。

y 与 x 之间是否是直线关系？若是，可用一条直线表达式表示其关系。若不是，需要找出一条能够最好描述 y 与 x 之间关系的直线，最好使得所有这些点到该直线的纵向距离的和最小。

纵向距离是 y 的实际值与拟合值之差，差异大则拟合不好，差异小则拟合好，所以实际值与拟合值间的差异称为残差（residual）或拟合误差或剩余。将所有纵向距离平方后相加，即得误差平方和，“最好”的拟合直线就是使误差平方和最小的直线。拟合直线在总体上最接近实际观测点，于是可以运用求极差的原理，把求最好拟合直线问题转换为求误差平方和最小的问题，使因变量的观察值与估计值之间的离差平方达到最小来求得 $\hat{\beta}_0$ 和 $\hat{\beta}_1$，即

$$\sum_{i=1}^{n}(y_i-\hat{y})^2=\sum_{i=1}^{n}(y_i-\hat{\beta}_0-\hat{\beta}_1x_i)^2 \tag{7-6}$$

根据最小二乘法的要求，可求得 $\hat{\beta}_0$ 和 $\hat{\beta}_1$ 的公式如下：

$$\frac{\partial Q}{\partial\hat{\beta}_0}=2\sum_{i=1}^{n}(y_i-\hat{\beta}_0-\hat{\beta}_1x_i)=0 \tag{7-7}$$

$$\frac{\partial Q}{\partial\hat{\beta}_1}=2\sum_{i=1}^{n}(y_i-\hat{\beta}_0-\hat{\beta}_1x_i)(-x_i)=0 \tag{7-8}$$

$$\hat{\beta}_0=\overline{y}-\hat{\beta}_1\overline{x} \tag{7-9}$$

$$\hat{\beta}_1=\frac{n\sum_{i=1}^{n}x_iy_i-\left(\sum_{i=1}^{n}x_i\right)\left(\sum_{i=1}^{n}y_i\right)}{n\sum_{i=1}^{n}x_i^2-\left(\sum_{i=1}^{n}x_i\right)^2} \tag{7-10}$$

用最小二乘法拟合的直线来代表 x 与 y 之间的关系时与实际数据的误差比其他任何直线都小。

四、回归分析

回归分析（regression analysis）也称为曲线拟合，是确定两种或两种以上变量间相互依赖的定量关系的一种统计分析方法。通常从一组样本数据出发，确定变量之间的数学关系式，并对这些关系式的可信程度进行各种统计检验，并从影响某一特定变量的诸多变量中找出哪些变量的影响显著，哪些不显著。利用所求的关系式，根据一个或几个变量的取值来预测或控制另一个特定变量的取值，并给出这种预测或控制的精确程度。回归分析的步骤如下：

（1）确定变量。明确预测的具体目标，即确定因变量。例如，具体预测目标是下一年度的销售量，那么销售量就是因变量。通过市场调查和查阅资料，寻找与预测目标的相关影响因素，即自变量，并从中选出主要的影响因素。

（2）建立预测模型。依据自变量和因变量的历史统计资料进行计算，在此基础上建立回归分析方程，即回归分析预测模型。

（3）进行相关分析。回归分析是对具有因果关系的影响因素（自变量）和预测对象（因变量）所进行的数理统计分析处理。只有当自变量与因变量确实存在某种关系时，建立的回归方程才有意义。因此，作为自变量的影响因素与作为因变量的预测对象，两者是否有关，相关程度如何，以及判断这种相关程度的把握性多大，就成为进行回归分析时必须要解决的问题。进行相关分析时，一般要求出相关关系，以相关系数的大小来判断自变量和因变量的相关程度。

（4）计算预测误差。回归预测模型是否可用于实际预测，取决于对回归预测模型的检验和对预测误差的计算。回归方程只有通过各种检验，且预测误差较小时，才能将其作为预测模型进行预测。

（5）确定预测值。利用回归预测模型计算预测值，并对预测值进行综合分析，确定最后的预测值。

五、一元线性回归方程显著性检验

在回归线上，当所有的自变量 x 相对应的各组因变量 y 的残值都呈正态分布，并且残值方差为齐性时，由 x 估计 y 回归系数的标准误为

$$S_{\mathrm{b}yx}=\frac{S_{yx}}{\sqrt{\sum(x-\overline{x})^2}} \tag{7-11}$$

式中，$S_{\mathrm{b}yx}$ 表示回归系数标准误；S_{yx} 表示估计误差的标准差；$\sum(x-\overline{x})^2$ 表示 x 变量的离差平方和。

已知两个变量的标准差，回归系数标准误的估计量可表示为

$$S_{\mathrm{b}yx}=\frac{\sigma_y}{\sigma_x}\sqrt{\frac{1-r^2}{n-2}} \tag{7-12}$$

式中，σ_x 和 σ_y 分别表示 x 和 y 变量的样本标准差；r 表示 x 与 y 两个变量的相关系数；n 表示样本容量。

【例 7-1-1】某校五年级与六年级各取 10 名学生统计他们的英语成绩，如表 7-1-1 所示，分析二者是否具有线性关系？

表 7-1-1　某校 10 名五年级（x）学生与六年级（y）学生英语成绩统计表

序号	x	y	$x-\overline{x}$	$y-\overline{y}$	$(x-\overline{x})(y-\overline{y})$	$(x-\overline{x})^2$	$(y-\overline{y})^2$
1	74	76	3	3.7	11.1	9	13.69
2	71	75	0	2.7	0	0	7.29
3	72	71	1	−1.3	−1.3	1	1.69
4	68	70	−3	−2.3	6.9	9	5.29
5	76	76	5	3.7	18.5	25	13.69
6	73	79	2	6.7	13.4	4	44.89
7	67	65	−4	−7.3	29.2	16	53.29
8	70	77	−1	4.7	−4.7	1	22.09
9	65	62	−6	−10.3	61.8	36	106.09
10	74	72	3	−0.3	−0.9	9	0.09
总和	710	723			134	110	268.10

检验的步骤：

（1）提出假设。

零假设：不存在线性关系 H_0：$\beta = 0$；备择假设：存在线性关系 H_1：$\beta \neq 0$。

（2）计算检验统计量的值。

回归系数的抽样分布呈 t 分布，其检验统计量为

$$t = \frac{b_{yx} - \beta}{S_{\mathrm{b}yx}} \tag{7-13}$$

若以式（7-13）表示 b_{yx} 的标准误，则用以检验 $\beta = 0$ 假设的 t 统计量为

$$t = \frac{b_{xy}\sqrt{\sum(x-\bar{x})^2}}{S_{yx}} \tag{7-14}$$

本例已计算出 $b_{yx} = 1.22$，$\sqrt{\sum(x-\bar{x})^2} = 110$，$S_{yx} = 3.62$，于是

$$t = \frac{1.22 \times \sqrt{110}}{3.62} \approx 3.53 \tag{7-15}$$

若以式（7-12）表示 b_{yx} 的标准误，则 t 统计量为

$$t = \frac{b_{yx} - 0}{\frac{\sigma_y}{\sigma_x}\sqrt{\frac{1-r^2}{n-2}}} = \frac{b_{yx}\sigma_x\sqrt{n-2}}{\sigma_y\sqrt{1-r^2}} \tag{7-16}$$

将本例中的 $\sigma_x = 3.317$，$\sigma_y = 5.178$，$n = 10$，$r = 0.78$，代入式（7-16），得

$$t = \frac{1.22 \times 3.317 \times \sqrt{10-2}}{5.178 \times \sqrt{1-0.78^2}} \approx 3.53 \tag{7-17}$$

式（7-17）与式（7-13）计算结果基本相同。

（3）确定检验的形式。

采用双侧检验。

（4）统计决断。

根据自由度 $\mathrm{df} = n - 2 = 10 - 2 = 8$，查表，找到 $t_{(8)0.01} = 3.355$，由于 $|t| = 3.532^{**} > 3.355$，则 $P < 0.01$，按照检验统计决断的规则，应在 0.01 显著性水平拒绝 H_0，接受 H_1，其结论为：学生在五年级与六年级的英语成绩存在线性关系。

下面介绍如何用 SPSS 分析五年级学生的英语成绩 x 与六年级学生的英语成绩 y 是否存在线性关系：

【Step1】打开 SPSS 软件，在 SPSS 数据视图中把表 7-1-1 相关数据输入各个变量中。

【Step2】打开数据文件，进入“SPSS Statistics 数据编辑器”窗口，在菜单栏中选择“分析”｜“回归”｜“线性”选项，打开“线性回归”对话框，然后将“x”选入“自变量”，“y”选入“因变量”（图 7-1-1 和图 7-1-2）。

图 7-1-1　线性回归分析

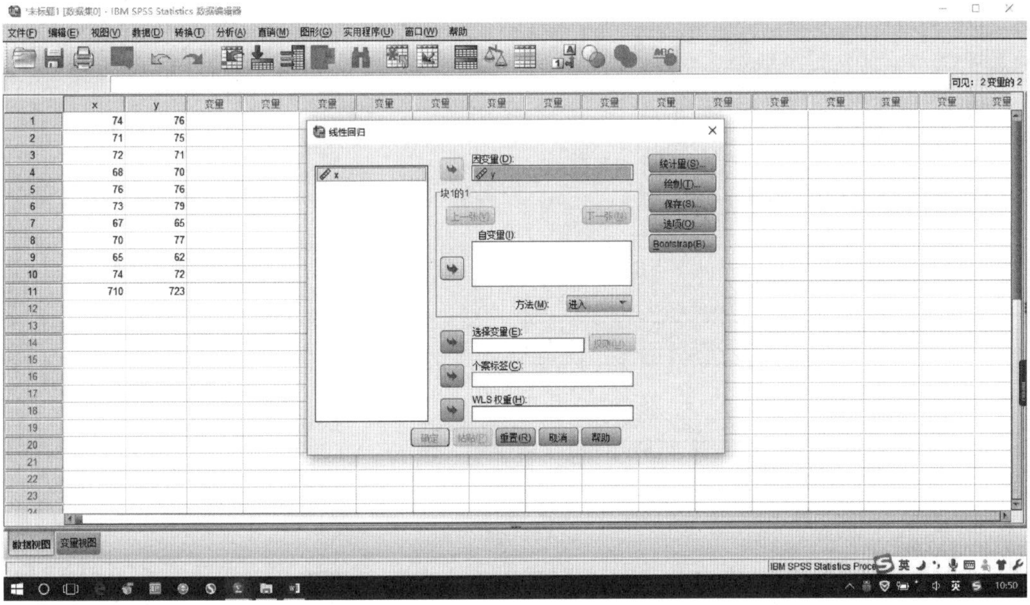

图 7-1-2　线性回归分析-变量选择

【Step3】选择“统计量”|“估计”|“模型拟合度”|“Durbin-Watson（U）”选项，然后单击“继续”按钮，保存设置，如图 7-1-3 所示。

【Step4】单击“确定”按钮，便可得到线性回归结果，如图 7-1-4 所示。

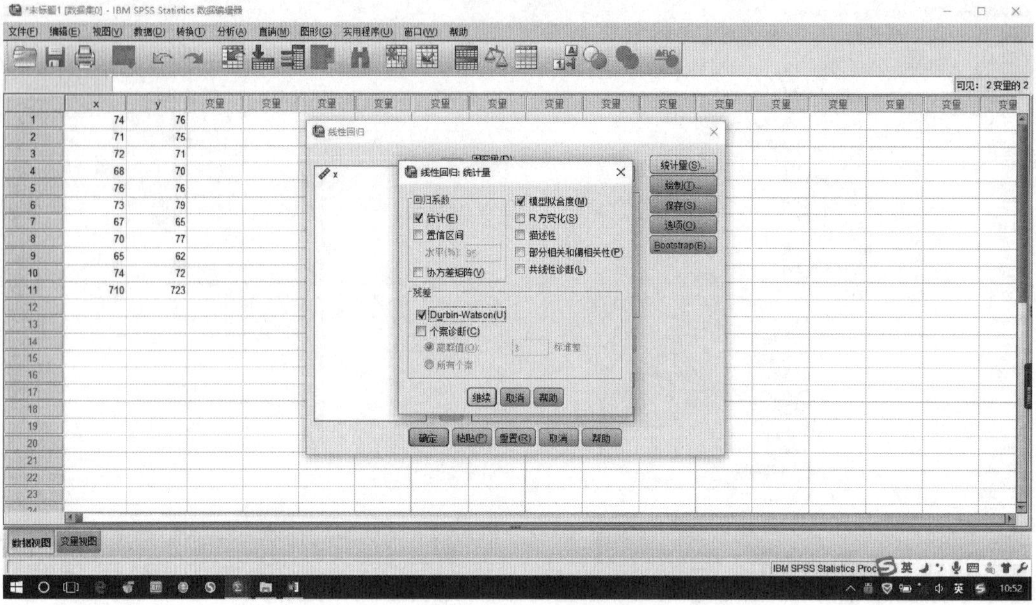

图 7-1-3　线性回归分析-统计量

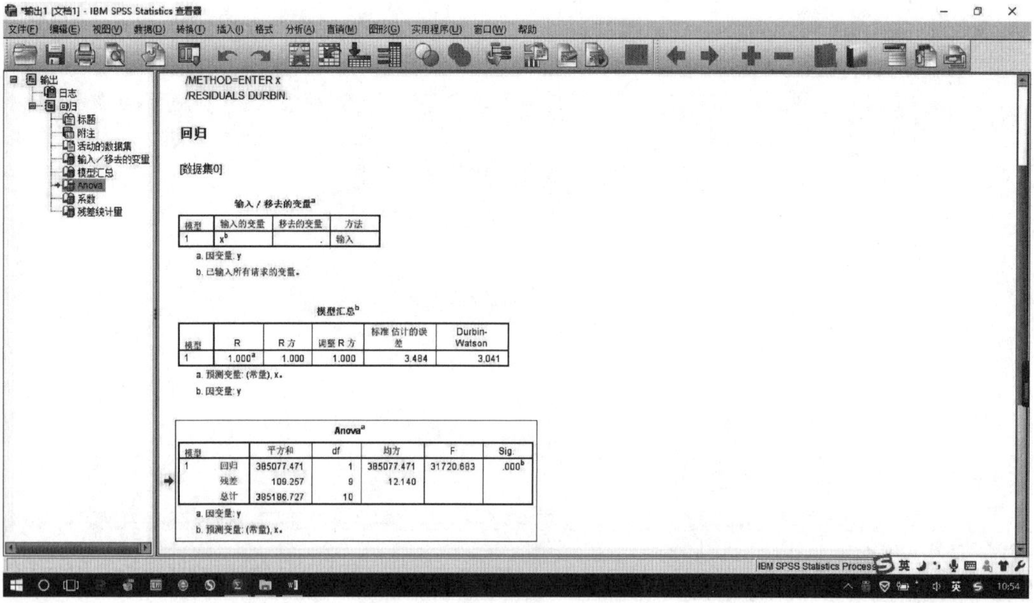

图 7-1-4　线性回归分析结果

实验结果及分析：图 7-1-4 给出了方差分析的结果，F 值为 31720.683，相应的 P 值为 0.000，小于显著性水平 0.05，因此可以判断“x”对“y”解释的部分非常显著。图中给出了线性回归模型的回归系数及相应的一些统计量，可以得到线性回归模型中常数和 x 的 t 值分别为−0.006 和 178.103，相应的 P 值为 0.000，与方差分析结果一致。

六、利用回归方程进行估计和预测

回归方程估计和预测就是根据自变量 x 的取值估计或预测因变量 y 的取值。

1. 点估计

点估计包括 y 的平均值的点估计和 y 的个别值的点估计。在点估计条件下，平均值的点估计和个别值的点估计是一样的，但在区间估计中则不同。

2. 区间估计

区间估计包括 y 的平均值的置信区间估计和 y 的个别值的预测区间估计。

（1）点估计不能给出估计的精度，点估计值与实际值之间是有误差的，因此需要进行区间估计。

（2）对于自变量 x 的一个给定值 x_0，根据回归方程得到因变量 y 的一个估计区间。

（3）区间估计有两种类型，包括置信区间估计（confidence interval estimate）和预测区间估计（prediction interval estimate）。利用估计的回归方程，对于自变量 x 的一个给定值 x_0，求出因变量 y 的平均值的估计区间，这一估计区间称为置信区间（confidence interval）。

第二节　多元线性回归分析及应用

一、多元线性回归简介

在回归分析中，如果有两个或两个以上的自变量，就称为多元回归（multiple regression）。事实上，一种现象常常是与多个因素相联系的，由多个自变量的最优组合共同预测或估计因变量，比只用一个自变量进行预测或估计更有效、更符合实际。因此，多元线性回归比一元线性回归的实用意义更大。

二、多元线性回归应用

多元线性回归的基本原理和基本计算过程与一元线性回归相同，但由于自变量个数多，计算相当烦琐，一般在实际中应用时都要借助统计软件 SPSS 来对数据进行分析。下面以具体例子来进行介绍。

【例 7-2-1】在一项教师离职意愿调查中，我们对 50 名教师的离职意愿及其年龄、工作满意度、组织承诺、压力和社会支持度进行了调查，见表 7-2-1。为研究离职意愿 Y 与年龄 $X1$、工作满意度 $X2$、组织承诺 $X3$、压力 $X4$ 和社会支持 $X5$ 之间的关系，试进行回归分析。

表 7-2-1 某中学教师离职意愿及有关指标测量值

NO.	Y	$X1$	$X2$	$X3$	$X4$	$X5$	NO.	Y	$X1$	$X2$	$X3$	$X4$	$X5$
1	12	43	150	87	23	41	26	7	38	139	102	35	42
2	10	44	147	83	27	43	27	17	25	84	81	34	30
3	20	26	90	79	34	39	28	17	29	96	75	31	30
4	10	44	171	83	22	49	29	10	36	112	82	28	49
5	11	27	128	74	30	44	30	14	34	103	77	30	39
6	13	30	123	78	32	43	31	13	29	122	78	34	43
7	18	26	96	74	32	37	32	8	30	144	98	29	43
8	16	28	120	68	29	38	33	19	24	96	75	33	26
9	15	28	132	81	32	46	34	14	34	136	87	25	46
10	16	24	122	88	25	45	35	8	40	145	88	22	40
11	13	30	132	76	31	52	36	9	42	129	82	28	41
12	16	27	102	73	32	42	37	6	45	145	101	31	45
13	11	27	128	85	15	42	38	14	23	124	82	33	35
14	10	27	120	85	27	41	39	15	24	121	76	20	24
15	11	27	145	88	28	42	40	13	26	126	73	33	40
16	12	35	137	76	27	36	41	11	26	131	74	34	33
17	14	27	130	77	28	42	42	15	25	123	82	23	40
18	17	28	95	74	30	56	43	8	33	143	84	22	31
19	12	31	121	86	35	48	44	13	25	122	86	27	41
20	15	32	108	88	35	34	45	16	28	104	78	33	35
21	17	24	96	78	24	33	46	15	23	113	81	35	32
22	11	37	115	70	29	40	47	13	23	111	79	35	33
23	8	48	135	105	19	43	48	18	25	104	78	25	33
24	12	32	132	87	23	40	49	17	25	94	80	31	34
25	9	34	138	92	15	35	50	14	31	146	87	25	37

【Step1】打开 SPSS 软件，在 SPSS 数据视图中把表 7-2-1 相关数据输入各个变量中。

【Step2】打开数据文件，进入“SPSS Statistics 数据编辑器”窗口，在菜单栏中选择“分析” | “回归” | “线性”选项，打开“线性回归”对话框，然后将“年龄 $X1$”、“工作满意度 $X2$”、“组织承诺 $X3$”、“压力 $X4$”、“社会支持 $X5$”依次选入“自变量”，“离职意愿 Y”选入“因变量”，如图 7-2-1 所示。

【Step3】单击“统计量”按钮，打开“线性回归：统计量”对话框，在左侧“回归系数”中选择“估计”，在右侧选择“模型拟合度”、“R 方变化”和“描述性”，然后单击“继续”按钮，保存设置，如图 7-2-2 所示。

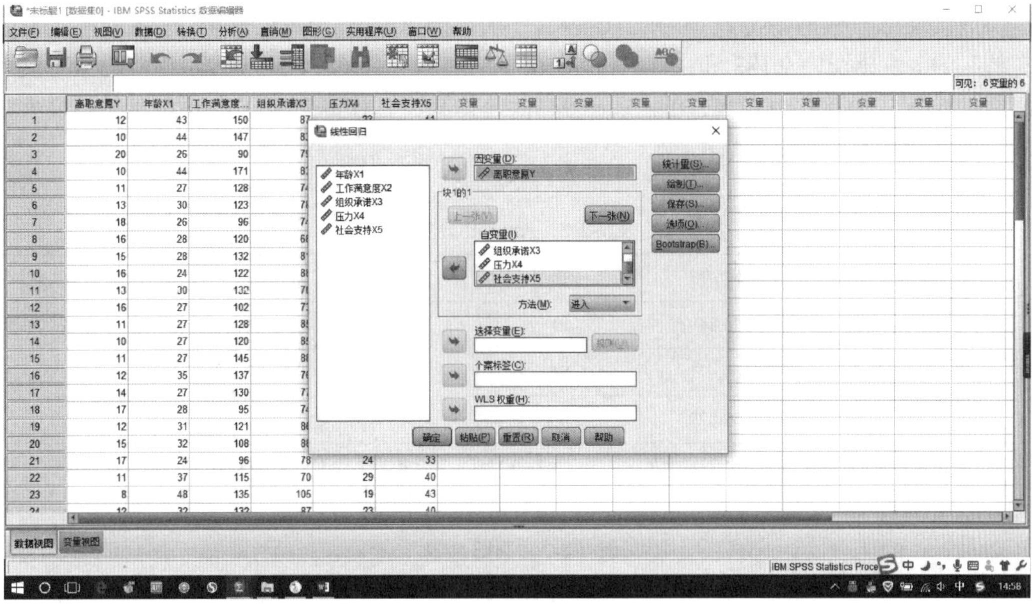

图 7-2-1　多元线性回归-变量选择

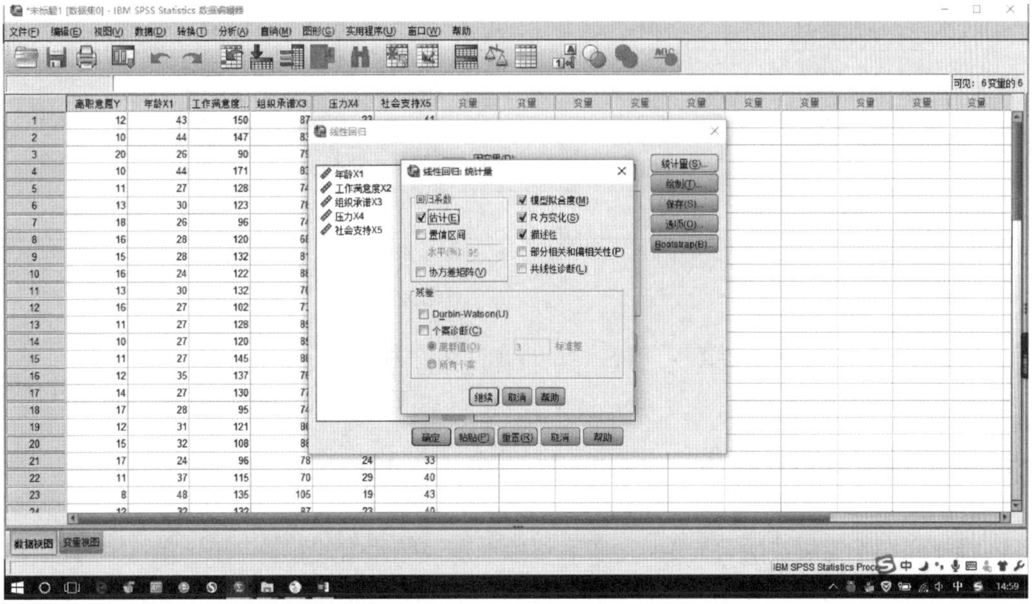

图 7-2-2　多元线性回归-统计量

【Step4】单击“确定”按钮，便可得到线性回归结果，如表 7-2-2 和表 7-2-3 所示。

实验结果及分析：表 7-2-2 给出了方差分析的结果，可得到该回归的 F 值为 20.779，相应的 P 值为 0.000，小于显著性水平 0.05，因此可以判断“自变量”对“因变量”解释的部分非常显著。表 7-2-3 给出了线性回归模型的回归系数及相应的一些统计量。从该表中可以得到线性回归模型中常数 B 和“年龄”、“工作满意度”、“组织承诺”、“压力”、“社会支持”的 t 值分别为 9.183 和–2.545、–4.505、–2.339、–0.687、–0.069，相应的概率值为 0.000、0.015、0.000、0.024、0.495、0.945，总体来说工作满意度与离职意愿关系最大，其次是年龄和组织承诺。

表 7-2-2　Anova[a] 分析表

模型		平方和	df	均方	F	Sig
1	回归	388.349	5	77.670	20.779	0.000[b]
	残差	164.471	44	3.738		
	总计	552.820	49			

a 为因变量：离职意愿，下同；b 为自变量：年龄、工作满意度、组织承诺、压力、社会支持。

表 7-2-3　回归系数 [a]

模型		非标准化系数		标准系数	t	Sig
		B	标准误差			
1	（常量）	37.879	4.125		9.183	0.000
	年龄 $X1$	–0.143	0.056	–0.280	–2.545	0.015
	工作满意度 $X2$	–0.092	0.020	–0.515	–4.505	0.000
	组织承诺 $X3$	–0.099	0.042	–0.233	–2.339	0.024
	压力 $X4$	–0.042	0.061	–0.064	–0.687	0.495
	社会支持 $X5$	0.003	0.048	0.006	0.069	0.945

第三节　其他回归分析简介

一、曲线回归分析及应用

线性回归不能解决所有问题，尽管有可能通过一些函数的转换，在一定范围内将因变量与自变量之间的关系转化为线性关系，但是，这种转换有可能导致更复杂的计算或者失真。如果线性模型不能确定哪一种为最佳，就需要尝试曲线拟合的方法，这样才能建立一个简单并且合适的模型。

曲线回归的自变量可以为一个或者多个，因变量只能为一个。如果自变量为时间变量，可以在“保存”对话框的“预测观测量”栏指定一种超出当前数据时间序列范围的预测周期，意思就是用当前的时间变量预测未来的时间变量。但是，首先需要在此栏中设置，系统会根据设置的时间自动进行预测。

如果没有指定“从估计期到最后一个个案预测”这个选项，系统会默认使用所有的观测量。如果指定，就使用指定的观测量，意思就是根据需要筛选个案值。“预测范围”是指根据预先设定的周期，对特定的数据在指定的时间内进行预测，也就是说，需要选择一个超出时间变量的所有观测量的范围，这个超出的时间才有资格成为预测范围，这就需要人脑分析并根据实际需要，设置一个未来的范围，系统就会根据设置的这个未来范围进行分析，得出结果。

1）方差分析表

一个模型具有一个方差分析表，在主对话框的模型中输出。在95%置信区间内，如果 P 值较小（$P<0.05$）说明有统计意义，这个模型就有希望，能够进行拟合。反之则不然。

2）R^2 和调整 R^2

二者越接近 1，说明模型的拟合效果越好。

3）图形

从图形中可以直观地看出哪种模型最好，也就是说哪种模型和所有的散点越接近。

4）系数

根据非标准化系数和它对应的变量，即可写出相应的曲线回归方程。

5）残差

一个补充判断最优模型的变量。

6）SPSS 操作步骤

【Step1】选择“分析”｜“回归”｜“曲线估计”｜“保存”｜“保存变量”｜“残差”选项，会生成相应的残差新变量，有几个模型就有几个新变量。

【Step2】选择“分析”｜“预测”｜“序列图”｜“变量”选项，将残差新变量都选中，对这些新变量进行序列图分析。

曲线回归分析可以拟合许多常用的曲线关系，当变量之间存在可以使用这些曲线描述的关系时，便可以使用曲线回归分析进行拟合。

曲线回归分析的 SPSS 操作步骤如下：

【例 7-3-1】数据文件搜集了从 1997～2011 年的农村家庭人均收入与农村家庭人均工资性收入的数据，数据来源于国家统计局公布的数据，利用曲线回归分析方法，分析农村家庭人均工资性收入与农村家庭人均纯收入的关系。

【Step1】打开数据文件，进入“SPSS Statistics 数据编辑器”窗口，在菜单栏中选择“分析”｜“回归”｜“曲线估计”选项，如图 7-3-1 所示。打开“曲线估计”对话框，然后将“农村人均工资性收入”选入“因变量”，将“农村人均纯收入”选入“变量”。

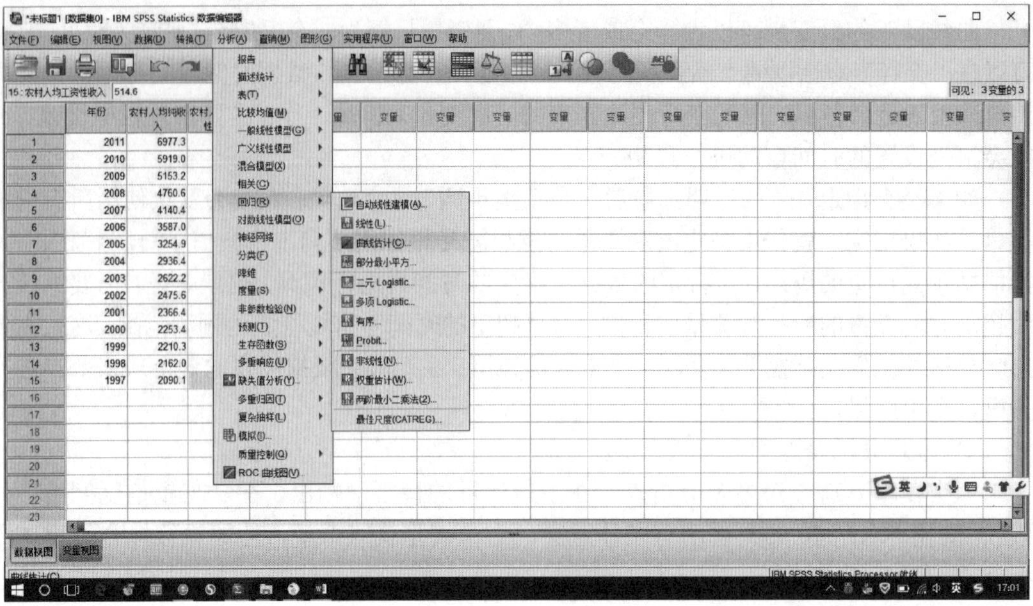

图 7-3-1 线性回归-曲线估计

【Step2】在“曲线估计”对话框中选择“线性”、“对数”和“二次项”复选框，然后单击“保存”按钮，保存设置，如图 7-3-2 所示。

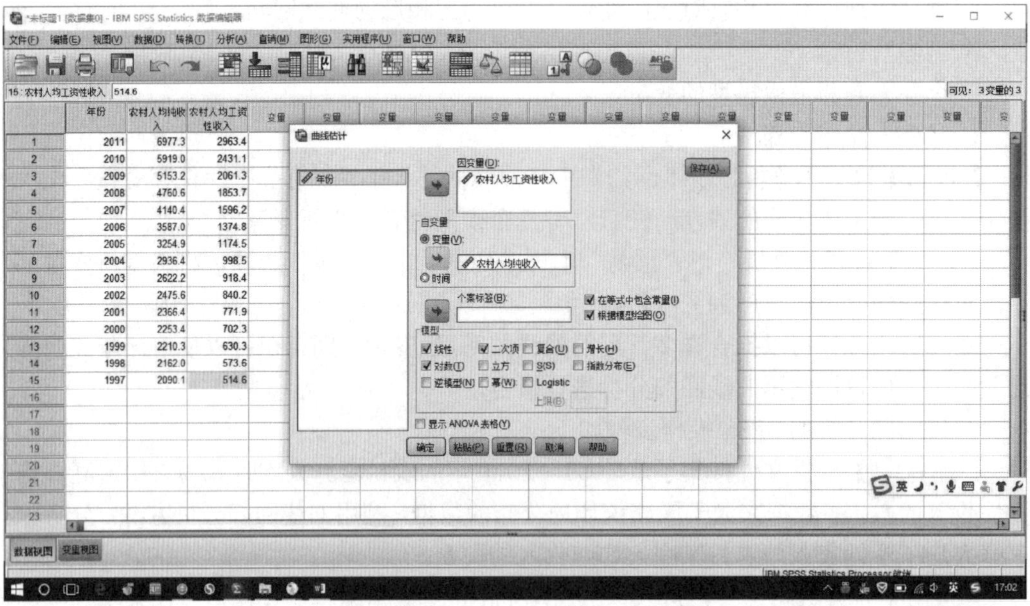

图 7-3-2 线性回归-曲线估计-变量选择

【Step3】单击“确定”按钮，便可得到曲线回归结果，如表 7-3-1～表 7-3-3 和图 7-3-3 所示。

表 7-3-1 模型描述

模型名称		MOD_1
因变量	1	农村人均工资性收入
方程	1	线性
	2	对数
	3	二次项
自变量		农村人均纯收入
常数		包含
其值在图中标记为观测值的变量		未指定
用于在方程中输入项的容差		0.0001

表 7-3-2 模型汇总和参数估计值

方程	模型汇总					参数估计值		
	R^2	F	df1	df2	Sig	常数	$b1$	$b2$
线性	0.997	3937.333	1	13	0.000	−405.496	0.482	
对数	0.978	571.498	1	13	0.000	−13539.030	1833.636	
二次项	0.997	1886.354	2	12	0.000	−465.908	0.515	-3.950×10^{-6}

注：因变量为农村人均工资性收入；自变量为农村人均纯收入。

表 7-3-3 变量处理摘要

摘要处理		变量	
		因变量	自变量
		农村人均工资性收入	农村人均纯收入
正值数		15	15
零的个数		0	0
负值数		0	0
缺失值数	用户自定义缺失	0	0
	系统缺失	0	0

表 7-3-3 给出了个案变量处理摘要，从该表可得到参与曲线回归的个案数共有 15 个，无缺失值，可分析。

实验结果及分析：单击“确定”按钮后，从“SPSS Statistics 查看器”窗口中输出的结果如图 7-3-3 所示，给出了模型基本情况的描述，可看出模型因变量和自变量的名称、含有的常数项、方程的容差及三个方程的类型，表 7-3-2 还给出了模型汇总情况和参数估计值及相应的统计量。从图 7-3-3 可以看出，三个回归曲线模型中拟合最好的是二次项模型。

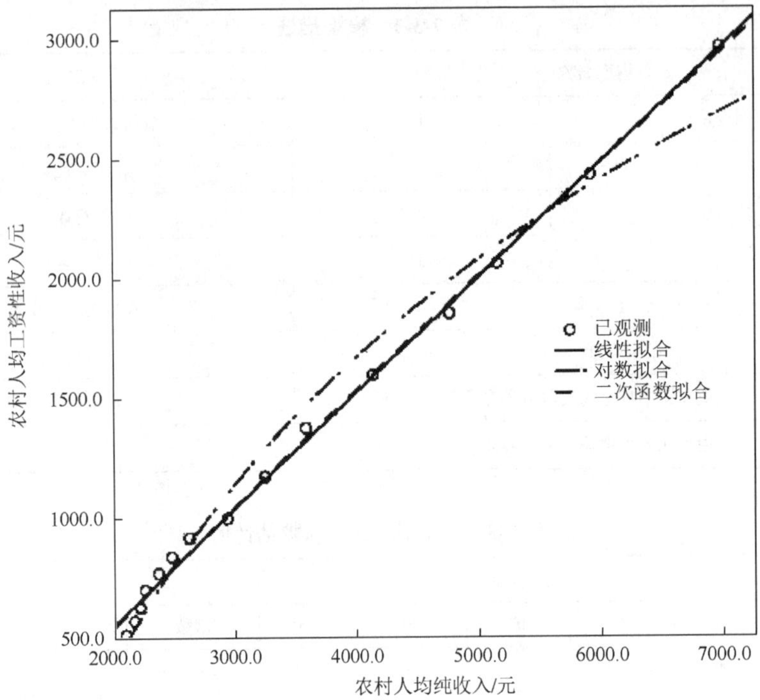

图 7-3-3　曲线估计图

二、非线性回归分析及应用

有一类模型，其回归参数不是线性的，也不能通过转换的方法将其变换为线性的参数，这类模型称为非线性回归模型（nonlinear regression model）。

在许多实际问题中，回归函数往往是较复杂的非线性函数。非线性函数的求解一般可分为将非线性转换成线性和不能转换成线性两大类，这里主要讨论可以转换为线性方程的非线性问题。处理非线性回归的基本方法是，通过变量转换，将非线性回归化为线性回归，然后用线性回归方法处理。假设根据理论或经验，已获得输出变量与输入变量之间的非线性表达式，但表达式的系数是未知的，要根据输入、输出的 n 次观察结果来确定系数的值。按最小二乘法原理来求出系数值，所得到的模型为非线性回归模型。

如果回归模型的因变量与自变量之间为一次以上函数形式，回归规律在图形上表现为形态各异的各种曲线，则称为非线性回归。下面将以具体的 SPSS 操作实例来介绍非线性回归分析。

【例 7-3-2】数据文件搜集了某实验田中肥料投入费用与农作物收益的数据（图 7-3-4）。本例利用非线性回归分析方法分析肥料投入费用与农作物收益之间的关系。

【Step1】打开数据文件，进入“SPSS Statistics 数据编辑器”窗口，在菜单栏中选择“分析”｜“回归”｜“非线性”选项，打开“非线性回归”对话框，如图 7-3-5 所示。

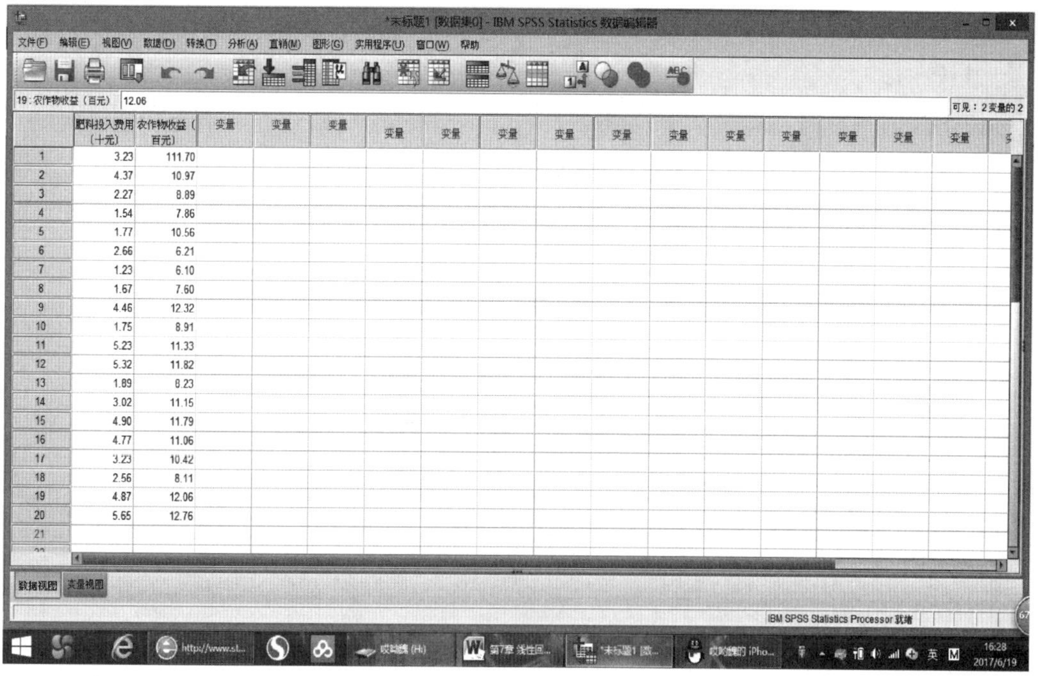

图 7-3-4　肥料投入费用与农作物收益对照

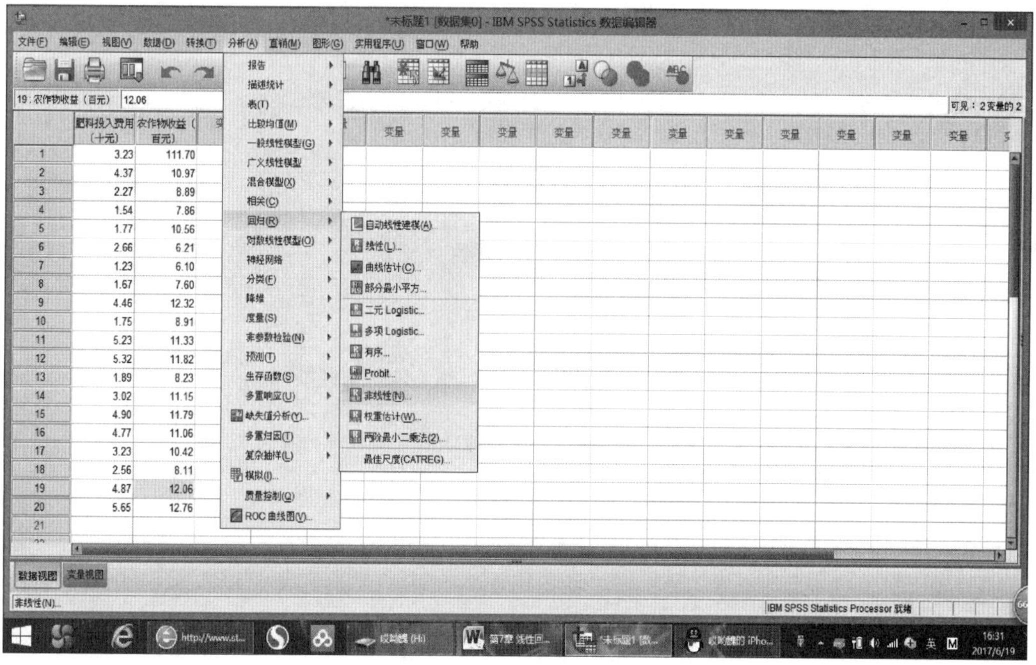

图 7-3-5　非线性回归

【Step2】从左侧变量列表中选择“农作物收益（百元）”，将其选入“因变量”中，设置模型表达式如下：$a+b*\mathrm{EXP}(c*$肥料投入费用(十元))，如图 7-3-6 所示。

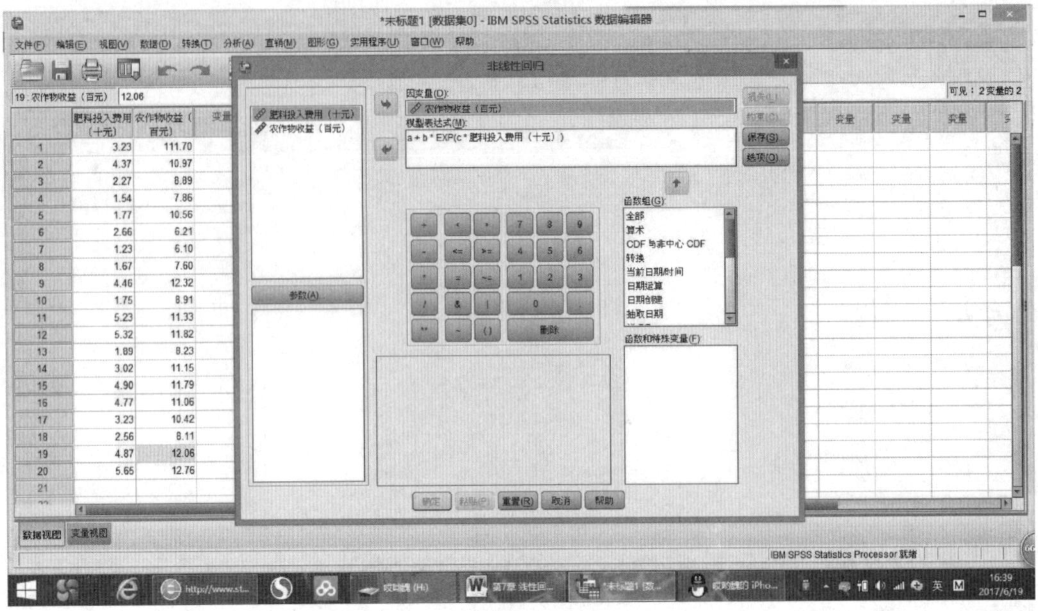

图 7-3-6　非线性回归变量

【Step3】单击“参数”按钮，弹出“非线性回归：参数”对话框，设置参数的初始值 $a=13$，$b=-6.5$，$c=-1.5$（通过做两变量的散点图得出），如图 7-3-7 所示。

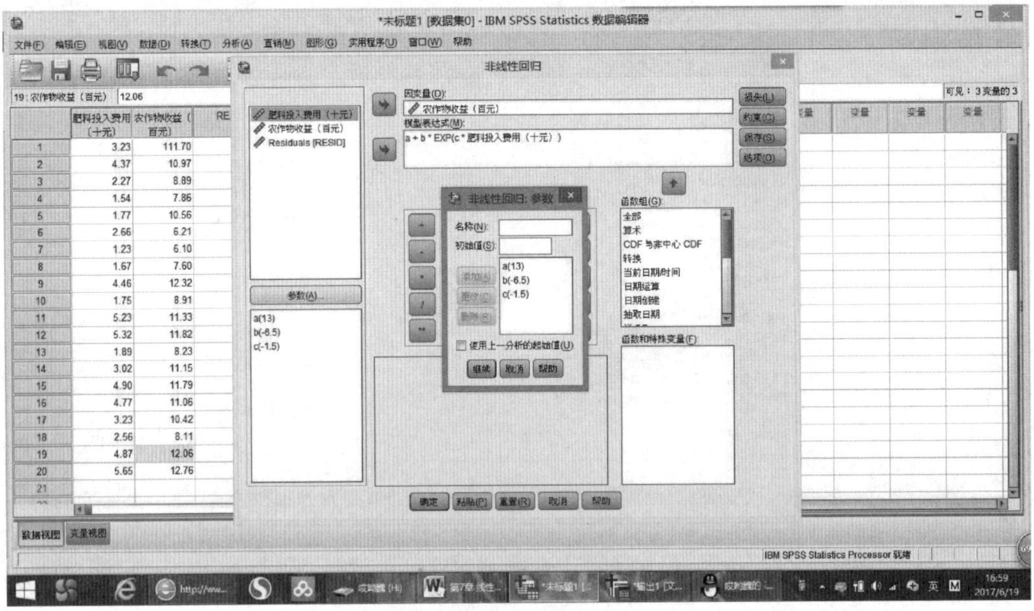

图 7-3-7　非线性回归参数设计

【Step4】单击“保存”按钮，在“非线性回归：保存”对话框中选择“残差”复选框，单击“继续”按钮，如图 7-3-8 所示。

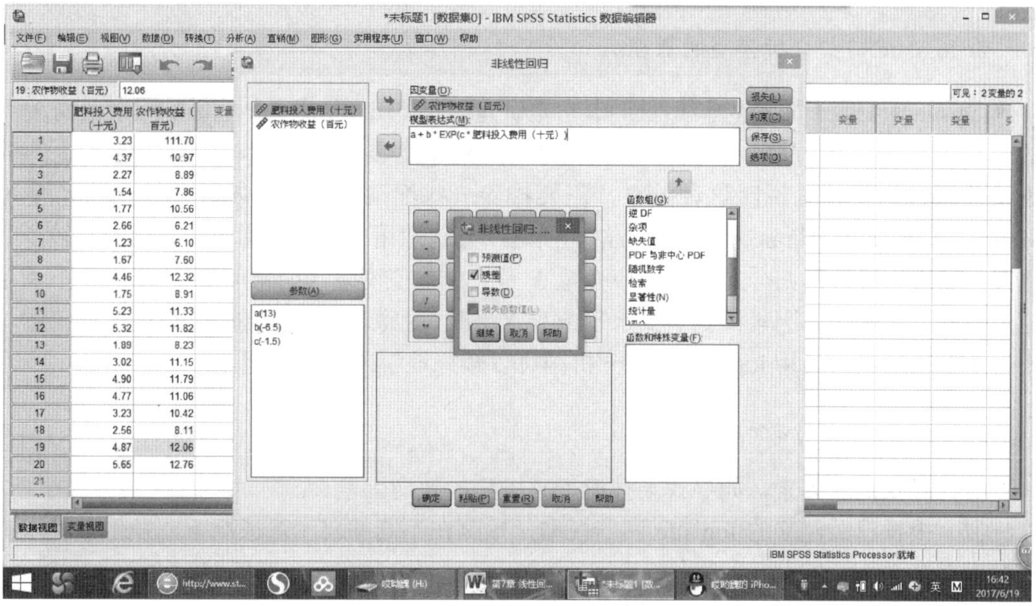

图 7-3-8 非线性回归-保存

【Step5】单击“确定”按钮，便可得到非线性回归的结果。

三、logistic 回归分析及应用

logistic 回归分析是一种广义的线性回归分析模型，常用于数据挖掘、疾病自动诊断、经济预测等领域。

例如，可以应用 logistic 回归分析探讨引发疾病的危险因素，并根据危险因素预测疾病发生的概率。以胃癌病情分析为例，选择两组人群，一组是胃癌组，另一组是非胃癌组，两组人群必定具有不同的体征与生活方式等。因此，因变量为是否患胃癌，值为“是”或“否”，自变量包括很多，如年龄、性别、饮食习惯、幽门螺杆菌感染等。自变量既可以是连续的，也可以是分类的。然后通过 logistic 回归分析，可以得到自变量的权重，从而可以大致了解到底哪些是胃癌的危险因素，同时通过该权值可以根据危险因素预测一个人患癌症的可能性。

1. logistic 回归分析模型的适用条件

（1）因变量为二分类的分类变量或某事件的发生概率，并且是数值型变量。但是需要注意，重复计数现象指标不适用于 logistic 回归。

（2）残差和因变量都要服从二项分布，二项分布对应的是分类变量，不是正态分布，所以不是用最小二乘法，而是用最大似然法来解决方程估计和检验问题。

（3）自变量和 logistic 概率是线性关系。

（4）各观测对象之间相互独立。

2. logistic 回归分析模型的原理

logistic 回归属于概率型非线性回归，它是研究二分类观察结果与一些影响因素之间关系的一种多变量分析方法。在流行病学研究中，经常需要分析疾病与各危险因素之间的定量关系，为了正确说明这种关系，需要排除一些混杂因素的影响。传统上常常使用 Mantel-Haenszel-Cochran 分层分析方法，但这一方法适用于样本含量大、分析因素较少的情况。如果用线性回归分析，由于应变量 Y 是一个二值变量（通常取值 1 或 0），不满足应用条件，尤其当各因素都处于低水平或高水平时，预测值 Y 值可能超出 0～1 的范围，出现不合理现象，而用 logistic 回归分析则可以较好地解决上述问题。

3. logistic 回归分析的用途

（1）寻找危险因素，如寻找某种流行感染病的致病因素。

（2）根据已经建立的 logistic 回归模型，预测在不同的自变量情况下，发生某种情况的概率有多大。

（3）判断某人患某病或者属于某种情况的概率有多大。

（4）借鉴微生物生长曲线的方法，分析缓慢期、对数期、稳定期、衰亡期的拐点值，进而进行相应的心理引导或行为干预。

第八章　教育测量学概述

第一节　教育测量学的历史与发展

现代教育测量起源于古代的考试制度。我国是最早建立考试制度的国家，早在西周时期（公元前 1046～公元前 771 年）就建立了学校教育考试制度，至隋炀帝大业二年（公元 606 年）又兴起了“科举取士”考试制度——科举制，中国数千年的考试制度为现代教育测量的产生奠定了坚实的基础。回顾教育测量学的历史脉络，厘清教育测量学的当代进展，是教育测量学学科建设与发展的重要任务。

一、教育测量学的历史脉络

教育测量起源于中国，我国最早的教育专著《学记》记载了距今三千多年前西周时期的教育制度和考试制度。教育测量虽然发端于我国，但我国的古代考试还不能称之为科学的教育测量。20 世纪初，实验心理学和心理测验的发展使教育测量开始走上科学的发展道路，教育实践的需要和心理测量的发展相结合使教育测量学真正成为教育科学中的一门独立学科。

被誉为教育测量鼻祖的美国心理学家桑代克（Thorndike）于 1904 年出版了《心理与社会测量导论》，在书中首次系统介绍了统计方法和编制测验的基本原理。教育测量的客观化标准化问题受到了极大的重视，教育测量由此真正走上了科学化道路。

1909 年，桑代克又用统计学上的“等距原理”发明了编制量表单位，编制了首批标准化的教育测量量表，包括《书法量表》《拼字量表》等。1909～1915 年，依据教育测量学原理编制的教育测量逐渐增多，各种关于教育测量的出版物也极为活跃，这一时期是测验研究的兴盛时期。

一直到辛亥革命后，教育测量学才随着西方的科学技术引进我国。1918 年，俞子夷根据《书法量表》中的编制程序，编制了包括正楷和行书中字、小字的《小学国文毛笔书法量表》，开创了我国教育测量编制的先河。1925 年前后，编成的中小学教育测验不少于几十种，如廖世承的中学国文常识测验、陈鹤琴的小学默读测验等。1926 年起，艾伟曾编制语文、英语测验。我国于 1931 年在南京成立了中国教育测验协会，1932 年《测验》杂志创刊。

1949～1978 年，即十一届三中全会召开前的三十年，由于受苏联教育的影响，教育测量学遭到否定。

进入 21 世纪以来，教育测量学的理论与方法有了很大的发展，特别是 20 世纪 70 年代后，教育测量学的理论与方法有了飞跃性的发展，经典测量理论与现代测量理论成为两大代表。

二、教育测量学的发展趋势

（1）在教育教学中发挥更为积极的作用。

首先，高质量的考试能够优化教育。现在提倡的素质教育并不是否定考试和取消考试，与素质教育对立的是粗制滥造的考试和不科学的考试。

其次，教育测量学是相关学科的基础。在教育科学中与教育测量学密切相关的学科有教育统计学、教育评价学等，而教育测量的结果是这些相关学科的主要数据和资料来源。

最后，教育测量学是进行教育科学研究和改革教育教学的工具学科。教育事业总是要向前发展的，教育教学必须根据科学技术的发展、社会发展来改进教学体制，不断地引进新的教材和新的教学方法。

（2）与社会、科学技术的结合越来越密切。

第一，社会对教育测量学的倚重增大，促进了教育测量学的理论与方法的进一步发展。

第二，科学技术的发展将会促进教育测量学的理论与方法的进一步完善。

第三，现代社会的需要，促进了教育测量学理论与方法的研究。教育测量学经过几十年的发展和应用，虽然已经建立了较为完善的理论体系和方法体系，但还不能满足社会的需要，如项目反应理论中多级评分模型的建立、测验等值的应用、大规模考试的题库建设等都是教育测量学中必须再深入研究的问题。

（3）社会效应将会得到进一步的重视。

教育测量学经过了近一个世纪的发展，已成为教育科学中具有独立理论与完整方法体系的重要学科之一。教育测量学将与社会发展、科学技术发展密切相关，教育测量的理论与方法中会越来越多地采用数理方法及数学模型，与社会的关系也会越来越密切。进入21世纪以来，随着社会的发展，科学技术的进步对社会有越来越大的影响力，因而教育测量学的发展，不但要在理论与方法上有所革新，还要重视其对社会、政治等方面的影响。此外，不能把教育测量学的结果作为评价一个人、评价一种教育教学方法、评价一种改革的唯一参考，还应当结合其他方面做综合评价，这样才能称之为客观。同时还要注意滥用或乱用教育测量学的理论与方法的问题，例如，把常模参照测量方法错用于标准参照考试中，或因不同的数据特征而乱套用数学模型，从而得出错误结论。

第二节　教育测量学的研究范畴

教育测量学主要应用数量化测定的原理、技术和方法，对教育领域的多种对象进行研究。作为教育科学体系中一门重要的学科，它有着独特的研究范畴和理论体系。明确教育测量学的研究范畴，是这个学科存在和发展的逻辑基础。

研究范畴中的范畴二字指向教育测量学这一具体学科的研究对象的概念类别。教育测量包括测量对象、测量标准及工具、测量结果这三个最核心的概念，这也是教育测量学的三大范畴。

一、测量什么——对象问题

对象问题是指对什么进行测量。从大的范围来说，测量对象包括客观存在的一切物体和现象，每一种物体现象有多种属性，在进行某种测量时，要指明事物及其属性。例如，可以对桌子的长度、体积、重量等进行测量，也可以对学生的智力、兴趣、态度、人格、品德、知识、技能等进行测量。物理测验中物体的长度、重量、体积、温度、速度都是可以测量的属性，这些属性以显性的方式存在。但在教育测量中测量的对象一般是人的精神属性或者心理特征，这些属性潜在于人的内部，不可直接观察或测量，只能设置一定的情境去引发相应的外显行为，从而了解其精神属性或者心理特征的情况。在教育测量中主要是对学生各个学段的学业成就及相关属性进行测验，包括语文、数学、英语、物理、化学等各学科知识及相关的技能、能力、态度、兴趣、习惯等。

二、怎么测量——标准及工具问题

标准及工具问题是指依据什么来进行测量，它主要包括标准、工具等，同一个测量对象依据不同的标准、工具，其测量结果是不一样的，依据科学、恰当的标准和工具可以得到准确客观的测量结果，反之则会产生无效或者错误的测量结果。这说明，建立和使用科学、恰当的测量标准及工具是测量工作的关键，但这不是一件容易的事情，无论是物理测量还是教育测量、心理测量，标准、工具的确定都是一个逐渐认识、逐渐完善、逐渐科学的过程。在此，以温度计的发明与使用为例。

温度计最早是由意大利科学家伽利略（Galileo）于 1593 年发明的，随后很多科学家对伽利略的温度计进行了改进，如华氏温度计、摄氏温度计、电阻温度计、高温温度计等。

相比之下，由于物理测量的对象是外显可见的，物理质量的规则比较明确，而教育测量、心理测量等精神测量由于内隐不可见，很难设计出明确、统一的标准和工具。例如，人们对智力测验的研究经历了一个漫长的过程，但始终没有一个被完全认可的量表。

1905 年，法国心理学家比奈（Binet）和西蒙（Symon）研究出第一个量表——比奈-西蒙量智力表，又分别于 1908 年、1911 年两次修订了这一量表。在此基础上，1916 年，美国斯坦福大学心理学家特曼（Terman）进一步进行了修订，这就是斯坦福-比奈智力量表。特曼还引用了智商概念，提出了智商计算公式。此外，美国心理学家韦克斯勒（Wechsle）编制了多种智力量表，包括韦克斯勒学龄儿童智力量表及其修订版、韦克斯勒成人智力量表及其修订版、韦克斯勒学龄前儿童智力量表等。英国心理学家瑞文（Raven）于 1938 年设计了瑞文标准智力测验，该智力测验是非文字测验，旨在测验人的一般智力水平，尤其可以测量人解决问题的能力、观察力、思维能力、发现和利用自己所需的信息及适应社会生活的能力。瑞文分别于 1947 年、1956 年对该智力测验进行了小规模修订。此外，还有其他研究者编制了不同的智力量表。

由此可见，建立标准和设计工具是测量过程中非常关键的环节，也是非常困难的环节。如果标准、工具本身不科学、不恰当，那么整个测量工作就会不科学、不恰当。众多学习者、研究者和实践者应该高度重视这个环节，采取各种可能的方法，建立和设计科学恰当的标准和工具。

三、测量结果如何——质量问题

测验是教育测量的主要工具，测验质量的高低直接决定着教育测量的成功与否。在使用测验时，首先要对它的质量进行研究分析。质量高，测验才有效；质量低，测验就低效或无效。测验质量的评判有四个指标，即信度、效度、难度和区分度。

信度（reliability）是指测验的一致性、稳定性和可靠性程度，具体而言是指测验结果的可靠程度，即测验能否稳定地反映被试者的实际水平。先后对同一批被试者施测，两次结果保持一致，就说明这个测验是可靠的，能够有效地控制误差。但教育测量测试的特质或属性潜存于人的内部，而这种内部特质或属性又是发展变化的，导致在不同时间对同一批被试者施测所得到的结果出现不一致。此外，施测环境、主试者和被试者的情绪态度等也会影响结果的一致性。因此，好的测验必须能够有效地控制住各种因素对测试结果的影响，即测验的信度必须要高。

效度（validity）表示一项研究的真实性和准确性程度，又称真确性，是指测验实际上测到所要测量的特质的程度。如果真正测到了要测的特质，这样的效度就高，否则效度就低或者无效。任何测验都要考量它的效度问题，例如，不能用体重秤去测体积，不能用学科知识测验去衡量被试者的智力水平。可以看出，测验的有效性与测量的目的是紧密相连的，一个测验用于某一目的的测试可能无效或者低效，但用于另一特定目的的测试则可能有效。例如，将尺子用于测试体重可能无效或者低效，但用于测量身高则有效，所以测验不能脱离测量目的。另外，效度高的测验总是针对某个特定目的而言的。

难度（probability of correct answer）是指测验的难易程度，它是指被试者完成项目作答任务时遇到的困难程度，这个指标是针对具体的项目而言的。有的项目很难，只有个别被试者能正确作答；有的项目容易，几乎所有被试者都能正确作答。通常一个测验包含多个项目，不同项目的难度是不相同的，整个测验的难度可以用所有项目难度的平均值来表现，在教育测量中不同类型测验的难度是不一样的。常模参照测验的目的是尽可能把握被试者的个别差异，其难度应接近中等水平。而目标参照测验的目的是考察被试者水平是否达到特定要求，其难度要依据特有的标准来确定。

区分度（discrimination）是指测验在多大程度上能将水平高低不同的被试者区分开来的量度，要求能够准确地鉴别出被试者的水平，这个指标也针对具体的项目。高水平被试者，在所测特质的项目上应该得高分；低水平被视者，在所测特质的项目上应该得低分。如果某项目不能有效地鉴别被试者的水平，就说明该项目的区分度低。

以上内容着重从教育测量的测量对象、测量标准及工具、测量结果这三个核心概念论述了教育测量学的研究范畴。在测量结果方面则着重从信度、效度、难度、区分度四个方面来进行论述。通过这一小节的学习，相信大家对于教育测量学研究范畴有了较为深刻的理解。

第三节　教育测量学的理论体系

一、经典测验理论

1. 引言

经典测验理论（classical test theory，CTT），也称真分数理论，是最早实现数学形式化的测量理论。该理论从19世纪末开始兴起，20世纪30年代形成比较完整的体系而渐趋成熟。50年代，格里克森（Grixson）的著作用完备的数学理论形式解释了经典测验理论，而1968年洛德（Lord）和诺维克（Novik）出版的《心理测验分数的统计理论》一书，将经典测验理论发展至巅峰状态，并实现了向现代测量理论的转换。

（1）真分数。

为了研究方便，心理学家引入了真分数的概念。真分数（true score）即测量中不存在测量误差时的真值或客观值，操作定义就是无数次测量结果的平均值，在实际的测量中，误差是不可避免的，当误差接近于真分数时，就说明误差较小，通常用T表示真分数。

（2）数学模型。

观察分数用X表示，E表示测量误差，则真分数的基本方程式为：$X=T+E$。T和X是线性的关系，这里的误差只包括随机误差，系统误差是包含在真分数里的。

（3）假设。

根据公式$X=T+E$，我们可推导出三个相互关联的假设公理：第一，反复观察N次，误差平均数为零，即真分数等于实得分数的平均数；第二，真分数和测量误差之间相互独立；第三，各平行测验误差相关为零。在实际应用当中，用平行测验反复测量同一个人的同一心理特质是行不通的，因为平行测验不仅要求所测特质相同，题目、数量、难度、区分度等也要保持一致性，这就增加了编制方面的困难。一般我们都是用同一个测验测量一个团体，团体中的每个人的误差可以假设是随机的，并服从正态分布。所测团体的实测分数、真分数和误差分数的方差之间有如下的关系：$S_X^2=S_T^2+S_E^2$，其中公式中只涉及随机误差，系统误差的方差包含在真分数方差中，这就是说真分数方差中包含与测量目的有关的变异S_V和与测量目的无关的变异S_I。由此，公式可以变为$S_X^2=S_V^2+S_I^2+S_E^2$。

2. 优势

（1）易于理解、操作。

CTT 建立在较简单的数学模型之上，比较直观形象，易于被人理解和接受，且计算简便，容易推广。

（2）便于实施。

CTT 的体系完整，数学表达比较简单；理论假设较弱，对实施条件要求不严格，便于实施，在实践中有较广的适用性。

（3）实用性强。

在多数情况下，由于误差在一定范围内能得到有效的控制，此时 CTT 是足够精确的，可以放心地应用。且研究表明，对于多数的测量数据，仍然可以采用 CTT 加以分析。

3. 不足

（1）真分数与观测分数间存在线性关系的假定不符合事实。

CTT 假定真分数 T、观测分数 X 和测量误差 E 间的关系可以用一个简单的线性函数 $X=T+E$ 表示。但大量的研究表明，真分数与观测分数间的非线性关系更符合事实。

（2）测量误差与真分数独立的假设难以满足。

CTT 假定测量误差与真分数独立，即测量误差与真分数的相关系数为 0，这是不符合事实的。低能力的被试者答题时一般会比高能力被试者有更多的猜测，所以其测量误差的大小及方差必然要大于高能力的被试者。

（3）对被试者能力的估计依赖于测验项目的难度。

在 CTT 中，被试者能力与测验项目的难度是相关的，试卷一般由中值难度多的不同试题组成，这种设计方法与中间能力水平的被试者较为匹配，而对高能力或低能力的被试者就不能做出精确的估计。只有当测验项目的难度和每个被试者能力水平相匹配时，测验的效度才可能达到最大，此时即使缩短试卷长度也不会影响其成绩，这便是“因人施考”的问题。但在 CTT 中，“因人施考”是难以实现的，因为对两次不同难度的测验，我们是无法进行直接比较的。

（4）测验参数具有对被试样本的很强的依赖性。

CTT 指标中最主要的就是测验的信度、效度和测验项目的难度、区分度。要施行高质量的测验，离不开对这四个“度”的准确估计。但是在 CTT 中，这些参数的估计对样本的依赖性是很大的，最明显的就是测验项目难度。对于同一项目，若样本的群体水平较低，就有较高的难度估计值；若样本的群体水平较高，则又会有较低的难度估计值。项目区分度从本质上讲是样本群体的项目分与测验总分之间的相关系数，而众所周知的是，相关系数的估计受样本全距的影响很大。样本全距宽，则相关系数值大；样本全距窄，则相关系数值小。测验的信度和效度也主要通过相关分析估计，因此同样会受到样本全距的影响。当样本能力水平的差异大时，测验分数的分布范围就大，计算出的信度值就高，反之信度值就低。

为此，CTT 为避免抽样偏差对参数估计的影响，特别强调样本对总体的代表性。但 CTT 应用的是随机抽样，随机抽样的偏差总是存在的，而且有时是会很大的。更何况在实际操作中，由于客观条件的限制，有时还做不到真正的随机抽样。参数估计值的这种样本依赖性使得所估参数对测验的分析仅具有有限价值。

（5）测验信度建立在平行测验假设的基础之上。

在 CTT 中，信度是通过平行测验来定义的。平行测验指内容相似，平均数、标准差及误差均相同的测验。但在实际工作中，严格平行的测验是无法实现的。即使同一测验在不同时间施测，测验分数也会产生较大变异；再者，信度的实际计算方法也与计算难度和区分度类同，取决于样本测验分数的变异程度。

（6）信度是针对被试者全体的，只代表平均测量精度。

信度不能给出不同能力水平的准确测量精度，因而对如何提高不同能力水平的测量精度问题，CTT 显得无能为力。

（7）忽略测量误差的差异性。

CTT 模型中，擅自假设对所有被试者来说，测量的误差变化量是相同的。实际上，不仅误差分数与真分数是相关的，不同的测验间的误差也是相关的。

二、概化理论

凡是测量都有误差，误差可能来自测量工具的不标准或不适合所测量的对象，也可能是因为工具的使用者没有掌握要领，也可能是测量条件和环境所造成的，也可能是测量对象不合作所引起的。总之产生测量误差的原因是多种多样的，而 CTT 仅以一个 E 就概括了所有的误差，并不能指明是哪种误差或在总误差中各种误差的相对大小如何。这对于测量工具和程序的改革没有明确的指导意义，只能根据主试者自己的理解去控制一些因素，针对性并不强。鉴于此种情况，20 世纪 60～70 年代初，克伦巴赫（Cronbach）等提出了概化理论（generalizability theory，GT）。

概化理论指出，任何测量都处在一定的情境关系之中，应该从测量的情境关系中具体地考察测量工作，提出了多种真分数与多种不同的信度系数的观念，并设计了一套方法去系统辨明及实验性研究多种误差方差的来源，并用“全域分数（universe score）”代替“真分数”，用“概括化系数——G 系数（generalizability coefficient）”代替了“信度”。

概化理论认为，测量的总方差可以分解为代表目标测量的方差成分和构成误差的种种方差成分。测量工作中要加以认识和应用的心理特质水平是测量目标。而构成测量条件与具体情境关系的因素，称为测量侧面（facets of measurement），如学生阅读能力测验，其目的是对学生阅读能力的测量，因此，阅读能力就成为测量目标。除此之外，试题的水平和评分者等因素也会影响测验的总变异，这两个因素就是测量侧面，这里对学生阅读能力的测量是在双侧面情境下进行的。

测量侧面中的单个事例称为侧面的水平，如有两个评分者甲和乙，则评分者这一侧面就有两个水平。测量侧面又分为随机侧面和固定侧面。随机侧面是指测量侧面中所包含的各水平中是类似水平的随机样本，而非固定不变的侧面，例如，大规模考试中评分者每次都有可能不同，由这样变化的评分者所组成的测量侧面就称为随机侧面。固定侧面是指在各次实施中所在水平一直保持不变的测量侧面，如标准化的心理测验中测验的项目总是一样的，这样的侧面就称为固定侧面。因此，进行测验的标准化就是对某些测量侧面进行固定。固定侧面可以减少测量误差，但却会使测量目标变得更为局限。例如，将阅读理解题定为科技说明文，这时，所测的特质就不再是一般的阅读理解能力，而是特定的对科技说明文的阅读理解能力了。这样，测验所得的分数就不能再推广到原来那么宽广的范围了。

概化理论强调，测量目标是具体的，并不是绝对固定不变的。因而全域分数也就不固定，可以有多种。一方面，当固定侧面时，侧面本身会转化为测量目标的一部分（如对一般阅读理解能力的测量转变为对科技说明文阅读理解能力的测量），测量目标要局限化；另一方面，当测量中考察目的与应用需要改变时，测量目标对象就可能完全转移。例如，当作文考试结果是要对考生做判断时，测量目标就是考生的作文能力，若要把评分严与评分宽的评分者区分开，评分者的能力就成了测量目标，即测量目标就完全发生了转移。显然，测量目标不同时，标志测量目标的分数也就不同。测量目标在具体关系条件下的分数为全域分数，这样，有时对同一批测量资料来说，当测量工作的具体关系变化时，全域分数也会变，即同一测验资料就可能有多种全域分数。

概化理论是用方差分析的方法来全面估计出各种方差成分的相对大小，并可直接比较其大小。虽然真分数理论也可以分别估算出某一方差成分的大小，如代表试题侧面的内部一致性系数，代表评分者侧面的评分者信度等，正因为是单独估算出的，这些值之间不能直接比较，也只能对主效应做出估算，而不能对交互作用效应进行估算。而概化理论却能做到这一点，它既能估算出主效应，也能估算出交互作用效应，并能对各估算值的大小进行直接比较。在概化理论中，理论估算出各方差成分相对大小的过程，称为概化理论的概括研究阶段或G-研究阶段。

概化理论并不能静止地分析各种误差来源，还要在 G-研究阶段的基础上，通过实验性研究，进一步考察不同测验设计条件下的概括力系数的变化状况，如固定侧面或增加侧面水平下的变化状况，探求到最佳的控制误差的方法，做出最佳的设计决策，从而为改进测验的内容、方式方法提供有价值的信息，这一阶段称为决策研究或称 D-研究阶段。

概化理论在研究测量误差方面有更大的优越性，它能针对不同测量情境估计测量误差的多种来源，为改善测验、提高测量质量提供有用的信息。其缺陷是统计计算相当繁杂，可以借助一些统计分析软件解决这一问题。概化理论目前在我国还处于实验研究阶段，在面试、考核等主观性测评中有一些应用。

三、项目反应理论

项目反应理论（item response theory，IRT），又称题目反应理论、潜在特质理论，是一系列心理统计学模型的总称。IRT 是用来分析考试成绩或者问卷调查数据的数学模型，这些模型的目标是确定潜在的心理特征（latent trait）是否可以通过测试题被反映出来，以及测试题和被试者之间的互动关系，目前广泛应用于心理和教育测量领域。

1. IRT 的特点

（1）独立性。被试者特质水平不依赖于被试样本的代表性；被试者水平参数不依赖于测验项目组；项目特征参数不依赖于所测被试组参数不变的测验项目组。

（2）项目理论中被试者水平和项目难度可以直接比较。

（3）正视了测量误差和项目性能是否与被试者水平相关这一事实。

（4）提供了计算机化自适应测验这一策略。

（5）从计量学角度提出了自己的新观点与新技术。测验的被试者在测量同一种心理特质时得到不同测验分数，项目难度高，被试者测验分数就低。为了解决这一问题，经典测验理论要求所有被试者都实施相同的测验项目时，才能对测验结果进行比较，或者利用相同测验或平行复本测验被试者。

2. IRT 的优缺点简析

随着计算机技术的发展，IRT 得以迅速推广应用。目前一些大型的考试如 TOEFL，美国研究生入学考试（graduate record examination，GRE）等，都相继采用了以 IRT 为基础的计算机自适应性测验（computerized adaptive test，CAT），一些传统的智力测验如比奈测验、韦氏智力测验、瑞文测验等也使用 IRT 作为分析的理论依据，IRT 的前景是无可争议的。

1）优点

（1）对项目难度的估计不受被试样本的限制。

（2）对被试者能力的估计不依赖于特定的测验题目。IRT 将被试者能力和测题难度放在同一量尺上进行估计，无论测验的难易程度如何，被试者能力估计值都保持不变，不同的测验结果可直接比较。

（3）可发现靠猜测作答或表现异常的被试者。

（4）具有分数等值处理的功能。

（5）具有测试的适应性功能，可用于计算机自适应测试。

（6）根据项目信息量的大小来选择对能力估计精度最有增益的项目，使测验达到预先规定的满意的精度。对不同能力的被试者实施不同测题，既提高了测量精度又缩短了测验长度。

2）不足

（1）由于其理论假设建立在较深奥的数学基础之上，在普遍性上有一定的难度。

（2）从测量模型的理论框架来讲，由于 IRT 多使用 0-1 记分资料的单维模型，其在应用上受到严重局限。

（3）由于受到苛刻的假设限制，必须有大样本进行配合，否则精确性不高。

第四节　教育测量学的基本原理

一、核心概念

教育测量，是根据一定的客观标准和规则，运用可行的方法，对教育测量的要素、过程和效果进行价值评判的活动，并将评判的结果予以数量化的描述。

二、教育测量要素

教育测量要素包括教育计划、课程、学习结果、教育现象、教学活动、教育目标或程序等。

三、教育测量分类

1. 以测量的目标来分类

（1）学业成就测验。

学业成就测验（academic achievement test）是心理测验的一种，旨在检查学生在某种教学方法下的学习成就水平，通常用于教育评估及决定学生的录取和淘汰，如学校的期中、期末及毕业或升学考试。

（2）智力测验。

智力测验（intelligence test）是有关人的普通心智功能的各种测验的总称，又称普通能力测验。编制这类测验的目的是综合评定人的智力水平，早期编制的智力测验多采取个人测验的形式，这是单独评估普通心智功能的最好方法。

（3）人格测验。

人格测验（personality test）也称个性测验，用来测量个体行为独特性和倾向性等特征，最常用的方法有问卷和投射技术，问卷法由许多涉及个人心理特征的问题组成，可进一步分出多个维度或二级量表，反映不同的人格特征。

（4）能力倾向测验。

能力倾向测验（aptitude test）是对个体潜在能力的测定，预测个体在将来的学习或者工作中可能取得的成就。能力倾向测验通常通过对现有能力的测量来预测个体未来的成就，其作用在于发现个体的能力倾向并指导个体做出升学和就业的选择。

2. 以测量的来源来分类

（1）标准化测验。

标准化测验（standardized test）具有规范的标准，在各个环节按照系统的科学程序组织，对误差做了严格控制的测验，是一个系统化、科学化、规范化的施测过程。

（2）教师自编测验。

教师自编测验（self-made test）是由教师根据具体的教学目标、教材内容和测验目的而编制的测验，是为特定的教学服务的。教师自编测验通常用于测量学生的学习状况，而标准化测验则用来判断学生与常模相比时所处的水平。教师为了使自己的测验具有较高的信度和效度，在测验前要有周密的计划。

3. 以测量的时机来分类

（1）安置性测验。

安置性测验的根本目的是分班、分组。安置性测验涉及的范围比较窄，难度也比较低。

（2）形成性测验。

形成性测验针对某一教学单元而设计，在教学过程中进行，其目的不在于评定学生，而是为了调控教学。

（3）诊断性测验。

诊断性测验能够反映学习中常见的错误，诊断学习中存在的困难，特别是找到困难的成因。诊断性测验的目的是发现问题，评分不作为正式成绩。

（4）总结性测验。

总结性测验，也称“总结性评量”，是指完成某一单元教学或课程结束后实施的测验。其特点是在教学活动结束后实施，以整个教学活动的单元目标为根据，从测验结果中分析教学效果，为以后的教学提供参考和改进的依据。

4. 以测量的参照标准来分类

（1）常模参照测验。

常模参照测验（norm-referenced test）是用常模来解释个人测验分数的一种测验，它以团体的心理水平来衡量个体心理水平。常模参照测验的主要目的在于将被试者的表现与该团体中其他被试者相比较，从而区分不同的被试者，确定每个被试者的心理水平在总体中的相对位置。

（2）标准参照测验。

标准参照测验（criterion-referenced test）又称准则参照测验，是一种精心编制的，在一定的行为领域上按照具体的行为标准水平对被试者的测验结果做出直接解释的测验。

5. 以测量的方式来分类

（1）个别测验。

个别测验（individual test）指以个别方式进行的心理测验，即一个主试者对一个被试者进行测验。具有代表性的个别测验有早期的比奈-西蒙智力量表和后来发展的韦氏智力量表。个别测验通过向被试者提问，要求其完成某些操作任务等方式进行，如回答常识问题和算术问题，用木块拼出指定图案等。个别操作测验可以较全面观察被试者在测验中的反应和行为特征，深入分析测验结果，但测验费时且对主试者的条件要求高。

（2）团体测验。

团体测验（group tests）通常是指可以在同一时间点上使用大规模的样本同时进行测试的纸笔测验，即在同一时间内由一位主试者对多人施测。

其优点是节省时间，可以在短时间内收集到大量资料；其缺点是被试者的行为不易控制，容易产生误差，从而影响测验信度和效度。

四、教育测量的功能

教育测量可以帮助人们获得信息，以便进行有效决策，它的主要功能表现在以下几个方面。

1. 改进教学的良好工具

教育测量能够为教师在教学过程中的各个阶段的教学信息的反馈提供各项客观的资

料，帮助教师更准确地甄别出学生的知识、能力和思想品德的水平，区别出学生的学习兴趣和才能，诊断出学生在学习过程中存在的困难和问题，从而及时调节和改进教学。同时也能帮助学生发现自己学习中的薄弱环节，养成自我诊断的习惯，提高学生的学习动机。在编制测验的过程中，可以帮助教师进一步认识教学目标，通过测验也能让教师从中总结经验、吸取教训，进而探索教学的规律，不断提高教学质量。

2. 教育管理的重要手段

教育测量可以根据一定的目的，编制出客观的标准化量表，通过测量可制定出全省性的或地区性的常模作为参照，这样就为科学分析各个学校的教学质量提供了客观的标准。

3. 教育研究的重要方法

教育测量是教育研究的重要方法之一，它为新的教育理论、新教材的编制、新教法的实验和检验提供了客观、精确的依据，因而是当今教育科研和教学研究中必不可少的科学方法。

第九章　教育测量的质量分析

第一节　测 量 误 差

一、误差的含义

教育测量所指的误差（error）是指在测量中由无关的变因所产生的不准确或不一致的效应，此定义包含两层含义：第一，误差是由与检测目的无关的变因引起的；第二，误差是不确定或不一致的测量结果。

二、误差的分类

误差主要有两种类型：系统误差和随机误差。系统误差（systematic error），又称规律误差，是由与测量无关的因子所引起的恒定的、系统的、有规律的变化，它稳定地存在于每次测量中，所以又称为常定误差（图 9-1-1）。随机误差（random error）是由与检测目的无关的偶然因素所引起的随机的、不系统的、无规律的变化，它的几次测量结果不一致，又称为测量误差、观察误差或者偶然误差（图 9-1-2）。从图 9-1-1 中可以看出，所有的射击几乎是稳定散落在把心的同一外侧，即射击的偏差具有一致性和系统性。从图 9-1-2 可以看出，所有的射击几乎是随机散落在靶心的四周，不具有一致性和规律性。

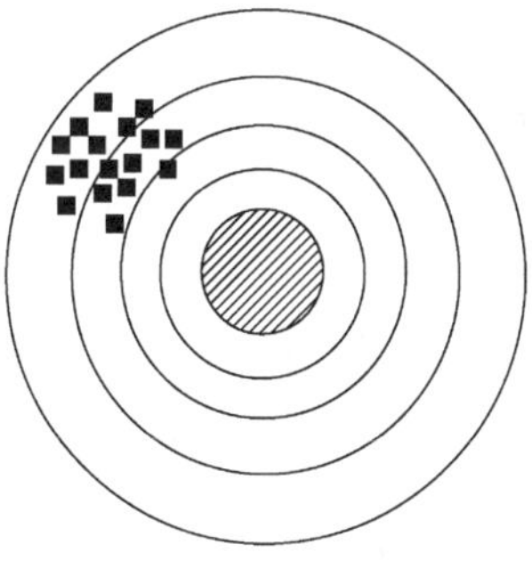

图 9-1-1　系统误差

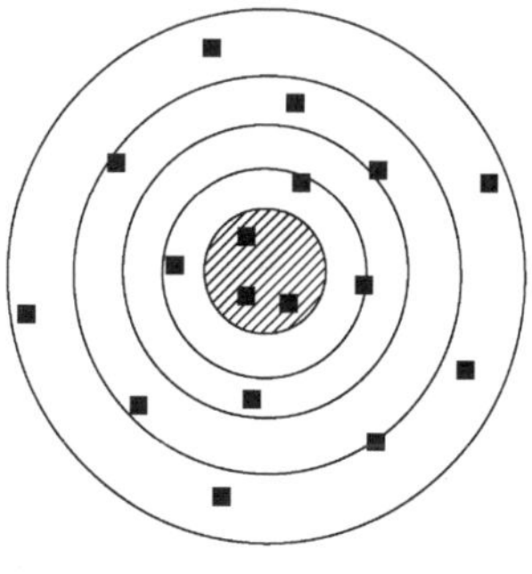

图 9-1-2　随机误差

随机误差与系统误差不仅在产生原因及特点上有差别，而且对于测量结果的影响也不相同（表 9-1-1）。

表 9-1-1　随机误差与系统误差的比较

误差类型	产生原因	特点	效能	指标
随机误差	不易控制的偶然因素	方向与大小完全随机	影响准确性和一致性	效度、信度
系统误差	稳定、有规律的因素	稳定的存在于每次测量中	影响准确性	效度

从表 9-1-1 可以看出，系统误差不能引起测量结果的不一致性，所以与信度无关，但它却直接影响测量的准确性，因而与效度有关。随机误差与信度和效度都有关，且信度完全受随机误差的影响。

三、误差的来源

要使测量准确可靠必须尽可能减少误差，而减少误差的前提是了解误差的来源，常见的误差来源包括三个方面：测量自身、施测过程、被试者，如图 9-1-3 所示。

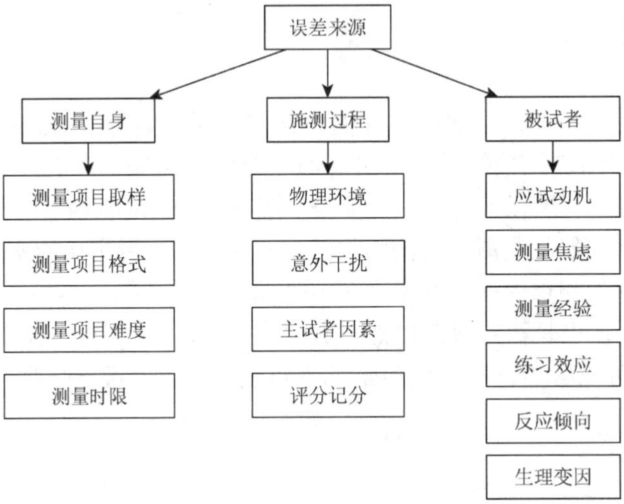

图 9-1-3　测量误差来源

1. 测量自身引起的误差

测量自身引起的误差主要存在于测量的编制过程中，其中测量项目影响最大。测量项目能否准确地代表测量内容，是测量目的是否达成的重要方面。当测量的项目较少而取样缺乏代表性时，被试者的反应很难代表其真实水平。此外，测量项目格式不妥、用词模棱两可、要求叙述不清、难度水平不适中、指导用语不恰当、测量时限过短都会带来误差。

2. 施测过程引起的误差

测量的实施过程是一个多种影响因素综合存在的过程，这些影响因素包括物理环境、意外干扰、主试者因素、评分记分。

（1）物理环境。

施测现场的温度、光线、通风情况、桌面高低好坏等都会影响被试者的情绪和作答心态，从而对测量成绩产生正向或者负向的影响。测量的时间安排也是影响测量准确性的一个重要因素，如果时间安排不当或者时限不统一，必然会引起测量结果的改变。

（2）意外干扰。

在测量环境复杂，特别是当被试者人数较多时，可能会发生意外情况，如有人生病、作弊、卷子发错、卷面印刷不清、停电等，都会引起测量结果的改变。

（3）主试者因素。

主试者的年龄、性别、外表、言谈举止、表情动作、对测量过程的熟悉程度等都可能影响测量的结果，这就是主试者效应。如果不按照规定施测，如给予暗示、制造紧张气氛等都会带来很大的误差。如果被试者是儿童，则主试者的影响更甚。

（4）评分记分。

评分不客观和记分错误也是较常见的误差。一般来说，客观题的评分较为准确客观，而主观题的评分标准难以把握，再加上阅卷者的风格、情绪及其他心理因素的干扰，很难保证分数的一致性。

3. 被试者引起的误差

在测量过程中，最复杂的和最难控制的是由被试者本身引起的各种误差。

（1）应试动机。

被试者的应试动机通过影响其作答态度、注意力、持久性和反应速度等给测量结果造成影响。例如，在测量性格、能力时，如果被试者动机不强，他就不会尽力作答；在测量态度、情绪时，如果被试者动机不强，他就会敷衍了事，这就是动机效应。如果动机效应在反复测量中以一种恒定的方式出现，则会导致系统误差，从而降低测量的有效性。如果动机效应只是偶然的、不稳定的，则会带来随机误差，使测量的有效性、可信性降低。

（2）测量焦虑。

测量焦虑是被试者在测量前和测量中出现的一种紧张的情绪体验。一般来说，适度的焦虑水平将提高被试者的兴奋性、增强注意力、加快反应速度，从而对测量产生积极的影响。但过高的焦虑水平会导致被试者注意力分散、思维受局限、反应速度慢，从而在很大程度上影响测量结果的真实性。

（3）测量经验。

被试者的测量经验也会影响测量成绩。如果被试者面对的是一种全新的项目形式，可能会因为陌生而影响测量成绩，但如果测量之前有足够的演示或者练习，测量成绩很可能会提高。如果被试者经历过多次测量，具有一定的应试技巧，他们可能会善于察觉各个答案之间的微妙差别，合理地安排作答时间，因此常常比那些能力相近但缺乏测量经验的人获得更高的分数。

（4）练习效应。

任何一个测量在重复使用时，由于被试者对测量的内容和程序已经相当熟悉，测量成绩自然都会得到提高。例如，用一份英语测试卷在不同时间对同一批被试者进行测量，由于被试者经过第一次测量对测量内容已经熟悉，再加上间隔时间中的学习，在第二次测量中成绩很可能会提高。

（5）反应倾向。

反应倾向简单地说就是每个被试者回答问题的习惯，它独立于测量内容而存在。反应倾向会使本来能力相同或相近的被试者获得不同的成绩。例如，在速度测量中，由于测量时间有限而题量又较大，“求快”与“求准”这两种不同倾向会对测量成绩产生影响；对于是非题，某些被试者可能有偏好选“是”或选“非”的倾向；对于选择题，有些被试者可能有偏好选择某个位置或偏好选长项的倾向；对于人格测量题目，有的被试者可能会掩饰自己。这些都会给测量结果带来误差，因此，在编制测量项目时一定要注意控制这些倾向的影响。

（6）生理变因。

除了上述心理因素会影响测量结果外，被试者的健康状态、疲劳状态、睡眠等生理因素，以及在智力、情绪、体力等方面的生物节律也会影响测量成绩而带来误差。

总之，能带来误差的因素还有许多，实际上任何与测量目的无关的变因都可能引起误差。测量的标准化就是为了控制这些误差因素，使测量分数更可信、更有效。上述种种误差诱因主要导致了测量结果的不稳定性或不一致性，在测量中应该尽可能缩小误差，但完全消除误差几乎是不可能的。将误差导致的不一致控制在怎样的范围之内，测量结果才能被公众接受，这便是测量信度关注的问题。

第二节　测 量 信 度

对教育测量整体进行质量评估时，首先必须考察测量结果的稳定程度和测量的信度。信度对于教育测量有着非常重要的意义，一个好的测量必须是可靠稳定的，多次使用所获得的结果应该是前后一致的。然而，由于任何测量结果都会因测量误差的客观存在而或多或少受到影响，测量达到百分百可信几乎不可能，但可以通过分析、筛选和改进来提高测量的信度，为教育测量提供更加客观的依据。

一、测量信度的含义

测量信度（reliability），指测量结果的可靠性和一致性，它是指同一组测量对同一组被试者重复测量后所得结果的一致性程度，或者等值的两个测量对同一组被试者施测所得结果的一致性程度。如果被试者在连续两次或多次测量中所得结果相一致，即其测量结果的相关程度较高，这种测量的信度就较高；反之，两次测量结果的一致性低，说明测量的信度低。例如，用同一测量内容对同一组学生进行测试，如果被试者在两次测量中的相对地位非常接近，那么表明测量结果是可靠的或者信度是高的；反之，两次测量中被试者的相对地位发生较大的变化，则表明测量结果缺乏稳定性，意味着测量结果不可靠或者信度低。

信度作为任何一种测量的必要条件，对教育测量尤为重要。只有测量值接近或等于真值，即用相同的工具测量同一特性获得相近甚至是相同的结果时，才能认为这个测量结果是可靠的。教育测量的对象主要集中在精神、意志层面，如注意力、倦怠感、成就感等一些难以把据的要素，为了能真实地反映被试者的某种特点，需要更加注意测量的信度。只有信度高的教育测量才能供教育工作者和研究者参考和运用，才能有利于教师更好地对学生做出客观科学的评价并有针对性地改进教学方法，才能为教育工作者的决策提供客观有效的依据。

二、测量信度的分类

1. 同质性信度

同质性信度也称为内部一致性信度（internal consistency reliability），是指测量内部所有题目之间的一致性程度，即所有题项测量的是同一种心理特质，并且所有题项得分之间具有较高的正相关。

2. 分半信度

分半信度（split-half reliability）也称作折半信度，是将一个测量的测试项目按奇偶项或其他标准分成两半，分别记分，由两半分数之间的相关系数得到的信度系数。一般来说，常用的分半方法有三种：一是随机分半；二是奇偶分半；三是先将测量内容分成若干板块，再将各板块的题目奇偶分半。分半所求的相关系数只是半个测量的信度，可能会高估原测量的信度，因此需要根据斯皮尔曼-布朗公式校正：

$$r = \frac{2r_{hh}}{1 + r_{hh}} \tag{9-1}$$

式中，r 表示校正相关系数；r_{hh} 表示两半测量分数的相关系数。

【例 9-2-1】用一份测验试卷向 20 名被试者施测，试题按奇偶分半，计算这份测验试卷的分半信度系数。

SPSS 操作步骤如下：

【Step1】建立 SPSS 数据文件（图 9-2-1）。

	被试者	奇数题	偶数题	变量
1	A1	45.00	47.00	
2	A2	45.00	45.00	
3	A3	38.00	37.00	
4	A4	41.00	40.00	
5	A5	43.00	45.00	
6	A6	38.00	36.00	
7	A7	40.00	38.00	
8	A8	35.00	38.00	
9	A9	42.00	45.00	
10	A10	38.00	40.00	
11	A11	41.00	45.00	
12	A12	38.00	40.00	
13	A13	31.00	32.00	
14	A14	28.00	30.00	
15	A15	45.00	47.00	
16	A16	45.00	43.00	
17	A17	45.00	45.00	
18	A18	47.00	45.00	
19	A19	41.00	45.00	
20	A20	35.00	37.00	

图 9-2-1　20 名被试者奇数题和偶数题成绩

【Step2】选择“分析”｜“相关”｜“双变量”选项，弹出“双变量相关”对话框，在“相关系数”中选择“Pearson”相关系数，在“显著性检验”中选择“双侧检验”，最后勾选“标记显著性相关”（图 9-2-2）。

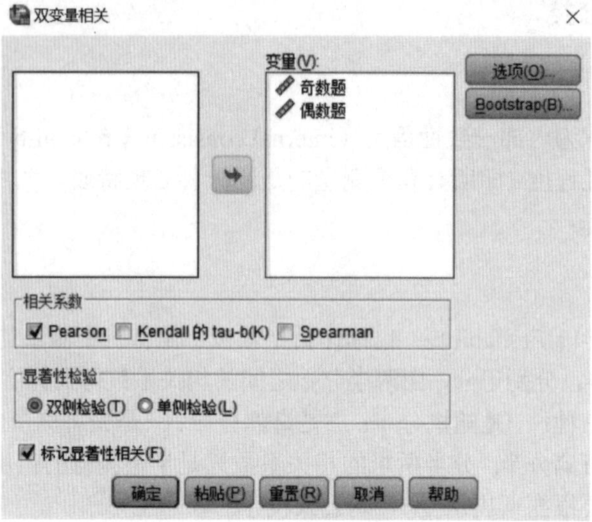

图 9-2-2　20 名被试者奇数题与偶数题成绩双变量相关

【Step3】单击“确定”按钮，输出结果（表 9-2-1）。

表 9-2-1　20 名被试者奇数题和偶数题成绩双变量相关结果

		第一次测验	第二次测验
奇数题	Pearson 相关	1.000	0.917**
	显著性（双侧）		0.000
	N	20	10
偶数题	Pearson 相关	0.917**	1.000
	显著性（双侧）	0.000	
	N	20	20

**表示显著性相关。

由表 9-2-1 可知，两个半测验得分的相关系数为 0.917，代入式（9-1）得

$$r=\frac{2r_{\mathrm{hh}}}{1+r_{\mathrm{hh}}}=\frac{2\times 0.917}{1+0.917}\approx 0.957$$

所以，该测验试卷的分半信度系数为 0.957，信度系数较高。

3. 再测信度

再测信度（test-retest reliability），又称为重测信度，是用同一测量在先后两个不同时间内对同一组被试者进行测量时，两次结果的一致性程度，其大小等于同一组被试者在两次测量上所得分数的皮尔逊积差相关系数。

再测信度属于稳定系数，它的优点在于编制的试卷不仅能保证几次测量的属性完全相同，并且省时省力。但再测信度需要对同一样本施测两次，被试者容易受到各种事件、环境和他人的影响，而且对间隔时间长短也有一定限制，因此在实施中有一定困难。再测信度适用于事实式问卷（如性别、出生年出月等），在两次施测中不应有任何差异，大多数被试者的兴趣、爱好、习惯等在短时间内不会有十分明显的变化。如果没有突发事件导致被试者的态度、意见突变，这种方法也适用于态度、意见式问卷。再测信度满足的假设有以下三点：

（1）所测量的特质必须是稳定的。

（2）遗忘和练习的效果相同。

（3）两次测量间被试者对问题的熟悉情况没有差别。

如果不能满足以上条件，则不宜采用再测信度。使用再测信度时还需注意适当的间隔，时间太短会增加稳定性，时间太长易受其他因素影响，所以一般以 5～7 天为宜。同时，第二次测量时，需要调动被试者积极性，避免被试者由于重复测量引起不必要的情绪反应，影响第二次的测试效果。

再测信度的计算一般采用以下公式：

$$r=\frac{N\sum XY-\sum X\sum Y}{\sqrt{N\sum X^2-\left(\sum X\right)^2}\sqrt{N\sum Y^2-\left(\sum Y\right)^2}} \tag{9-2}$$

【例 9-2-2】一份数学试卷，分两次对同一组学生进行测验，两次测验时间间隔一周，计算这份试卷的再测信度。

SPSS 操作步骤如下：

【Step1】建立 SPSS 数据文件（图 9-2-3）。

	ID	第一次测验	第二次测验
1	A1	89.00	90.00
2	A2	85.00	85.00
3	A3	80.00	82.00
4	A4	91.00	90.00
5	A5	75.00	73.00
6	A6	86.00	90.00
7	A7	95.00	98.00
8	A8	86.00	85.00
9	A9	90.00	87.00
10	A10	95.00	96.00

图 9-2-3　两次测验成绩原始数据

【Step2】选择“分析”｜“相关”｜“双变量”选项，弹出“双变量相关”对话框，在“相关系数”中选择“Pearson”相关系数，在“显著性检验”中选择“双侧检验”（图 9-2-4）。

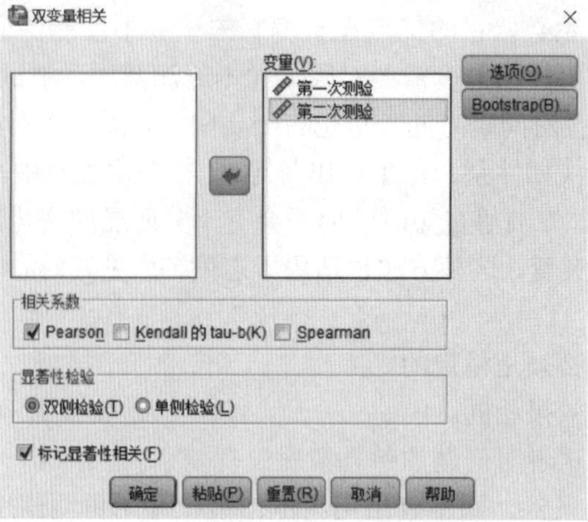

图 9-2-4　两次测验成绩双变量相关-变量选择

【Step3】单击“确定”按钮，输出结果，就可以得到两次测验的再测信度（表 9-2-2）。

表 9-2-2　两次测验成绩双变量相关结果

		第一次测验	第二次测验
第一次测验	Pearson 相关	1.000	0.952**
	显著性（双侧）		0.000
	N	10	10
第二次测验	Pearson 相关	0.952**	1.000
	显著性（双侧）	0.000	
	N	10	10

**表示显著性相关。

4. 复本信度

复本信度（alternative-form reliability）是指两个平等的测验测量同一批被试者所得的结果一致性程度。只要可以获得两个或者多个平等的测验，就可以使用这种方法计算信度。复本信度广泛应用于标准化测验，它根据一组被试者在两个等价测验上的得分计算的相关系数来评估测量信度。

优缺点分析：复本信度反映的是两个测验之间的等价程度，这种方法可以在一定程度上避免再测法的缺陷，但需要编制两份等价的试卷，并且要求两份试卷在内容、形式、数量、难度、区分度等方面相等，因此也具有一定的难度。

适用范围：无论从测验的理论来说，还是从实验研究的观点来看，复本信度是考察测验可靠性的最好方法。它不仅适用于难度测验，也是估计测验信度的最好方法。在做追踪研究或探讨某些影响测验成绩的因素时，大多使用复本测验。

5. 评分者信度

评分者信度（scorer reliability）一般用评分者信度系数来表示，即不同评分者对同一份测量内容给出不同分数，求不同评分者分数之间的相关系数。评分者信度一般针对主观性测量题目，如论文、作文、艺术作品等。这些测量没有固定的答案，受评分者主观意志影响较大，实现客观计分比较困难，因此必须考虑评分者之间的一致性。评分者信度根据评分者人数及评分的形式不同，选择不同的公式进行计算。

（1）斯皮尔曼等级相关系数。

如果一个测量是由两位评分者按照各自的评分标准与等级进行计分的，评分者信度可以用测量结果的两个等级之间的相关系数来表示，其计算公式为

$$r_s = 1 - \frac{6\sum D_i^2}{N(N^2-1)} \tag{9-3}$$

式中，$D_i = x_i - y_i$ 表示两位评分者评分的等级差；N 表示评分项目数。

【例 9-2-3】甲、乙两位教师评阅 10 份语文试卷，计算两位教师评分的信度。

SPSS 操作步骤如下：

【Step1】建立 SPSS 数据文件（图 9-2-5）。

	ID	甲	乙
1	A1	90.00	91.00
2	A2	85.00	80.00
3	A3	76.00	78.00
4	A4	90.00	85.00
5	A5	90.00	87.00
6	A6	81.00	79.00
7	A7	83.00	80.00
8	A8	96.00	90.00
9	A9	90.00	89.00
10	A10	85.00	86.00

图 9-2-5　两位教师评阅 10 份语文试卷原始数据

【Step2】选择“分析”｜“相关”｜“双变量”选项，弹出“双变量相关”对话框，在“相关系数”中选择“Spearman”，在“显著性检验”中选择“双侧检验”（图 9-2-6）。

图 9-2-6　两位教师评阅成绩双变量相关-变量选择

【Step3】单击“确定”按钮，输出结果（表 9-2-3）。

表 9-2-3　两位教师评阅成绩双变量相关结果

			甲	乙
Spearman 的 rho	甲	相关系数	1.000	0.890**
		显著性（双侧）		0.001
		N	10	10
	乙	相关系数	0.890**	1.000
		显著性（双侧）	0.001	
		N	10	10

（2）肯德尔和谐系数。

肯德尔和谐系数适用于分析有两列以上且变量值是顺序水平的数据，其计算公式为

$$r_{\mathrm{w}}=\frac{S}{\frac{1}{12}K^{2}(N^{3}-N)} \tag{9-4}$$

式中，K 表示变量个数，即评定者数或评定次数；N 表示样本容量；S 表示每题等级之和的离均差的平方和。

【例 9-2-4】有 5 名评委对 10 名学生的英语演讲比赛进行评分，计算 5 名评委评分的信度。

SPSS 操作步骤如下：

【Step1】建立 SPSS 数据文件（图 9-2-7）。

	评委	A1	A2	A3	A4	A5	A6
1	A	8.00	6.00	8.00	8.00	7.00	7.00
2	B	7.00	5.00	7.00	7.00	6.00	6.00
3	C	8.00	6.00	8.00	9.00	7.00	7.00
4	D	7.00	5.00	7.00	8.00	6.00	6.00
5	E	8.00	6.00	8.00	7.00	6.00	7.00

图 9-2-7　5 名评委评分原始数据

【Step2】选择“分析”｜“非参数检验”｜“旧对话框”｜“K 个相关样本”选项，在打开的“多个关联样本检验”对话框中，在“检验类型”中选择“Kendall 的 W”（图 9-2-8 和图 9-2-9）。

【Step3】单击“确定”按钮，输出结果（图 9-2-10）。

在实际的教育测量中，往往会产生各种误差，从而导致测量信度不高。因此，有必要通过分析影响测量信度的误差，来寻求提高测量信度的途径。

三、提高测量信度的方法

测量信度是测量过程中随机误差大小的反映，随机误差大，信度就低；随机误差小，信度就高。因此，在测量过程中凡是能引起测量随机误差的因素都会影响测量信度，具体包括以下两个方面。

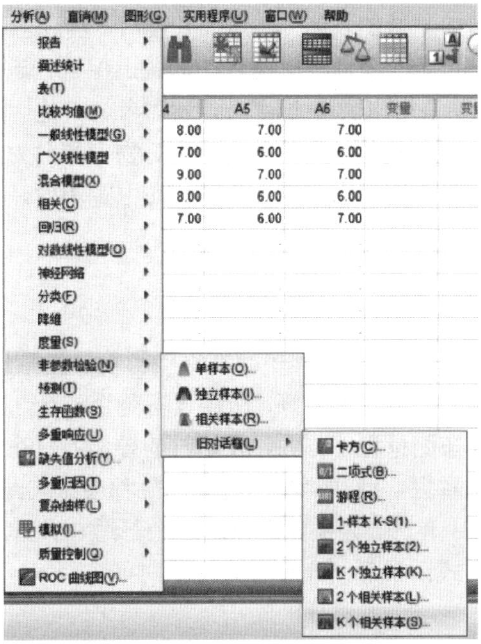

图 9-2-8　非参检验-*K* 个相关样本

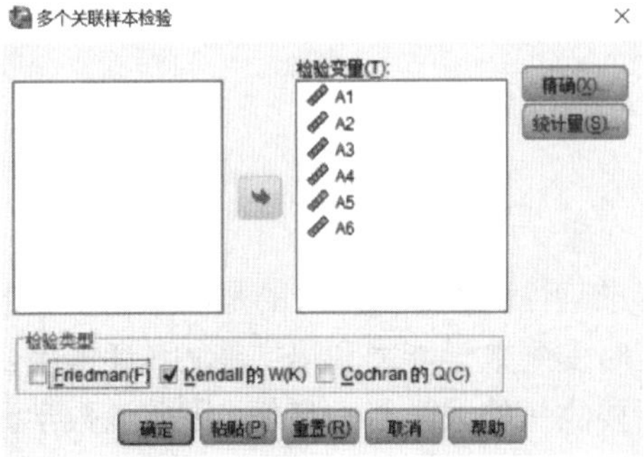

图 9-2-9　非参数检验-多个关联样本变量选择

检验统计量

N	5
Kendall W[a]	0.906
卡方	22.658
df	5
渐近显著性	0.000

a. Kendall 协同系数

图 9-2-10　非参数检验-多个关联样本肯德尔系数

1. 测量工具方面

测量工具对测量信度的影响：首先是测量长度即测量题目的多少对测量信度的影响。一个测量题目越少，得分越容易受偶然因素的影响，因此测量的信度就越低。反之如果测量题目较多，即测量长度延长，被试者得分范围相应扩大，可在一定程度上排除偶然因素的影响，从而提高测量信度。但测量信度和测量长度并不是等比例提高，当信度系数较小时，可延长测量长度，增加信度系数；当信度系数较大时，延长测量长度，对增加信度系数影响不大。其次是测量的难度对信度的影响，如果测量题目对被试者来说难度较大，会引起被试者大量猜测答案，则所有被试者的总分接近于随机分布，其变差大部分为误差变差，其信度就小。但如果测量题目对被试者来说难度较小，则所有被试者的总分离差越小，其信度就越小。

改进措施：①适当增加测量的长度。在增加长度时，需注意增加的新题目必须与原始测量内容所有题目同质，即新增题目与原题目在形式上保持一致，新的题目必须与原题目所测量的对象一致。另外，在延长测量长度时，还需考虑其他因素的影响，如被试者在回答问题时是否疲倦或产生厌烦情绪，是否节省时间、物力和财力，题目是否符合测量目的等；②使测量中的题目难度接近正态分布，并控制在中等难度。因为难度适中也能使测量的区分度达到最大。

2. 测量过程方面

测量过程中的环境、时间、施测的程序等都直接影响着测量信度的高低。实施测量时，环境是否安静、光线和通风情况是否良好、所需设备是否齐全，桌面是否符合被试者的要求等都会影响测量信度。在测量程序方面，开始时的导语、回答问题的方式、问卷的分发与回收方式、测量时间的掌握、两次测量的时间间隔都会影响测量的信度。

完善测量过程的措施：首先，为被试者营造一个舒适、明亮、开放的测量环境；其次，注意测量程序的内容与方式；最后，充分保证测量时间。

第三节 测量效度

对于任何一项测量，信度都是必不可少的条件，但并非是唯一条件。而对于教育测量，效度显得更为重要。

一、测量效度的含义

效度（validity）是指测量结果的有效性或者准确性程度，它反映的是测量预期目的的达成度。例如，一个小学数学测试中若被试者同时受到数学能力和语文能力（读懂题目的能力）的影响导致分数较低，则不能判断实际所要测量的数学能力高低，因此该数学测量并未达到预期的测量目的，可以说该测量的效度较低。如果用方差来描述效度，即效度是在测量中的目标真分数方差与观察分数方差的比率，有

$$r_{xy}=\frac{\delta_v^2}{\delta_x^2} \tag{9-5}$$

式中，r_{xy} 表示测量效度；δ_v^2 表示目标真分数方差；δ_x^2 表示观察分数方差。

可以从以下几个方面来理解效度。

对于某个测量，效度回答了两个基本问题。首先，该测量是否达到它所要测量特性的程度，即测量的效度。其次，该测量对它所测量的东西测量到了什么程度，它是否可以用于制定精确的决策，即用于决策的效度。

效度是个相对概念，它的相对性主要表现在以下两个方面：首先，效度是相对于测量目的而言的，一个测验或量表是否有效主要看它是否达到了测量的目的。例如，一个综合能力测量，如果最终实际测量的不是综合能力而是解题能力，那么测量的效度就低。

其次，效度只有程度上的差异，而不是“全”或者“无”的差异。例如，测量学生的英语口语能力，不管测量形式有多大的差异，测量结果总有一定的效度，只是效度高低不同罢了。

效度与信度关系密切。根据公式 $\delta_x^2=\delta_v^2+\delta_i^2+\delta_e^2$，即观察分数的方差 δ_x^2 应等于目标真分数方差 δ_v^2、非目标真分数方差 δ_i^2 和随机误差方差 δ_e^2 之和。根据信度和效度的理论定义，可以得到信度和效度的关系主要表现在以下两个方面：首先，信度高是效度高的必要条件，信度提高只给目标真分数方差 δ_v^2 的增加提供了可能，至于是否提高效度 $\frac{\delta_v^2}{\delta_x^2}$，还是要看观察分数方差 δ_x^2 的大小，因此信度高时不一定效度高。但是效度高时，目标真分数方差所占比较大的比重，则信度必然高。其次，测量的效度受测量信度的制约。根据信度和效度的定义，可以得到效度的最大值不会超过信度的平方根，效度不可能超越信度值。

各种测量都存在效度问题，但效度在教育和心理领域远比在其他领域更为重要，因为教育测量的对象大多是精神和意志现象，属于间接测量，测量工具能否真正测到被试者的某种特性绝非一目了然的事情。而且，教育测量的对象是具有主观能动性的人，被试者可以有意识地调节自己的外部行为从而掩饰某种内心活动，这也为测量增加了难度。因此，效度已经成为选择和评鉴教育测量质量的重要指标之一。

二、测量效度的分类

1. 内容效度

内容效度（content validity）是实际测量到的内容和所要测的内容之间的吻合程度，也可以说是测量的题目对测量内容的代表程度。以测量学生的数学成绩为例，“所要测的内容”是指数学教学大纲规定的教学内容，“实际测到的内容”是指学生学习之后对教材的记忆、理解和应用。如果一份数学测试卷的题目能恰当地代表数学教学大纲的全部内容，那么学生的测量分数就能正确反映学生的学习成绩，因此可以说该测量具有较高的内容效度。但是，在实际的测量中，内容效度是一个相当复杂和不易解决的问题，如果仅用几个或是几十个测量试题来代表全部教材内容，不仅形式上要涵盖所有教学内容，在实质上也应包含学生对知识的记忆、巩固、理解和应用等多个方面，这是比较困难的。内容效度常应用于成绩测量、职业型选拔测量和分类测量。

一个测量具备良好的内容效度应满足两个条件：①测量内容范围要明确。对学业成绩测量来说，就是试题要符合教材内容的主要方面和教学大纲，试题不应该超出确定的范围；②试题应是已界定的内容范围的代表性样本。它应该覆盖所测内容的主要方面，并使各部分题目所占比例适当。

确定内容效度常用的方法是由专家对试题与所涉及的范围进行符合性判断，这是一种定性分析法，也有复本法和再测法等一些计算相关系数的定量化方法。

内容效度适合于评价学业成绩测量和职业型选拔测量，对目标参照测量更加重要，因为在目标参照测量中，我们主要关心的是考生在一定范围内的知识技能掌握得如何。为了使测量有较高的内容效度，应先制定考试大纲，编制命题双向细目表，由专家和教师相互配合，完成试卷的组合。内容效度主要是依据专家和教师的主观判断，没有数量指标，所以具有主观性，这是需要进一步研究的问题。

2. 结构效度

结构效度（construct validity）是指一个测量实际所要测量的理论和特质结构的程度。结构效度首先取决于事先假设的心理特质的结构理论，如关于智力、焦虑、成就、动机等的理论，这些结构理论是在大量实验研究和逻辑分析的基础上建立的。例如，美国耶鲁大学的斯滕伯格和波维尔通过调查研究和因素分析，确定了智力结构的三种重要因素：语言能力、解决问题能力和实践能力。如果根据这种理论编制的智力测量，确实能测出被试者的语言能力、解决问题能力和实践能力，那么就可以认为所编制的测量具有结构效度。结构效度主要应用于智力测量、人格测量等一些心理方面的测量。

确定结构效度的基本程序如下：首先，对研究的心理特质的结构进行界定；其次，依据理论框架，提出可能的假设；最后，收集数据，验证假设。

以智力测量为例，首先要界定关于智力的一套结构理论，如智力的定义、结构、发展曲线、与环境的关系、与遗传的关系等。然后根据这些理论提出相关的假设，如：①不同年龄的人的智力构成因素是不同的；②各智力因素有着独立的功能；③测量分数在 16 岁以前随年龄增加；④智力与学业成正相关等。根据上述假设编制智力测量后，收集测量材料来验证假设。如果测量结果支持假设，则可以认为所编制的智力测量的结果与理论结构符合，即有结构效度。如果假设没有得到测量结果的支持，就表明该测量的结构效度不高或者智力结构的理论有缺陷。由此也可以看出结构效度是通过测量什么、不测量什么的证据积累起来确定的，因而不可能有单一的数量指标来描述结构效度。

3. 效标关联效度

效标关联效度（criterion related validity）是指测量对个体的效标行为表现进行估计的有效程度，又称为经验效度或统计效度。效标效度的高低用测量分数和效标之间的相关系数来表示。所谓效标，就是衡量一个测量是否有效的外在标准，是所要预测的行为，它通常以另一个独立测量的结果来表示。效标效度的估计方法为：根据收集效标的时间，可以分为同时效度和预测效度。同时效度的效标资料与测量资料同时收集主要用于诊断现状，效标关联效度的计算方法有相关法、分组法和预期法三种。

相关法是确定效标关联效度的最为普遍的方法，其思路是计算测量分数与效标分数之间的相关系数，可以是积差、等级相关系数或者是二列相关系数。

分组法首先将效标分数按规定的分数进行分组，然后考察组与组之间原测量分数的差异是否显著。如果经检验差异显著，则可以认为原测量效度达到了要求。这种显著性检验测量受整体分布情况、样本容量等的影响，所以根据不同情况需要选择不同的检验方法。

三、提高效度的方法

不同的测量对效度系数有不同的要求，想让测量达到所要求的效度标准，就要分析影响效度的因素，来探讨提高效度的途径。

1. 测量量表

首先，测量题目数量的多少会影响测量效度；其次，测量项目的质量直接影响测量效度。如果测量题目不能比较好地代表所要测量的内容和结构，测量的内容效度和结构效度必然不高。如果一项智力测量内容以记忆的知识为主，那么在很大程度上测量的是被试者已有的知识水平，而不是智力水平。同时，题目语义不清，指导用语不明确，题目太难或太易，题目安排不当等都会降低测量效度。

因此，研究者要精心编制测量量表，避免出现比较大的系统误差。首先，测量内容要与测量目的匹配。题目不仅在形式上要体现测量目的，在内容实质上也要体现所要测量的某种能力（如语言能力、解决问题能力等）。其次，测量题目必须表述清楚，不能引起歧义，内容还要尽量能引起被试者的兴趣。最后，题目难度尽量做到适中，有足够的区分度。

2. 效标的性质

选择适当的效标是统计效度的先决条件，如果因为选择的效标不当，以致测量的效度不能显现出来，那么测量的价值就可能体现不出来。一个测量因其所采用的效标不同，其效度可能大相径庭。

效标（validity criterion）是用来测量效度的尺度，因此效标必须能够反映某个方面的特性和功能。一个好的效标测量不仅随着测量的种类不同而变化，还可能随着时间的改变而改变。总体而言，效标应符合以下几个条件。

（1）必须真实地反映关联效标的重要方面。

（2）必须可靠稳定。

（3）必须客观，不存在偏见。

（4）在保证有效性的前提下，尽量做到简单省时、代价低。

3. 样本的性质

首先是样本容量，如果样本容量过小，计算出的相关系数意义不大，用这样的相关系数表示的效度是不可靠的。其次是样本本身的性质，即使是同一测量，如果对不同的样本施测，测量结果可能是完全不同的。然后，样本团体的年龄、职业、受教育水平、家庭环境及其他任何个体的特征都可能对信度资料的获得产生影响。最后，样本在施测过程中的动机、情绪、态度、兴趣及身体状况等都会影响测量结果的可靠性和正确性。

为了尽量减少样本性质对测量效度的影响，可以加大样本容量，从而提高样本对整体的代表性，让随机误差相互抵消，使测量更可靠。同时增加样本区分度，被试者差异也就加大了，效度也就提高了。另外，样本应尽量通过随机选取。

4. 测量的信度

如前所述，测量的效度并不是独立于信度而存在的，而是受信度的影响。虽然提高信度只是提高效度的必要条件，但提高信度对于测量效度的改进有益无害。因此，改进信度指标的所有途径都可用于效度指标的改进。另外，创设标准的测量环境，妥善组织测量，控制随机误差，对于改进效度指标也是必不可少的措施。

第四节　测 量 难 度

一、难度的含义

难度（item difficulty）是指试题的难易程度，通俗的理解为试题的得分率或答对率，可以用 P 表示。P 值在 0～1，数值越大，表示得分高或答对的人数越多，说明试题越容易。测验的计算方法不同，试题难度的计算方法也有所不同。

二、难度的计算方法

1. 主观性试题的难度

基本公式法：$P=1-\frac{X}{W}$，其中 X 为该题平均分；W 为该题总分。

极端分组法：$P=1-(X_{\mathrm{H}}+X_{\mathrm{L}})/2W$，其中 X_{H} 为高分组的平均分（前 27%）；X_{L} 为低分组的平均分（后 27%）。

2. 客观性试题的难度

基本公式法：$P=1-\frac{R}{N}$，其中 R 为答对人数，N 为全体人数。

极端分组法：$P=1-(P_{\mathrm{H}}+P_{\mathrm{L}})/2$，其中 $P_{\mathrm{H}}=R_{\mathrm{H}}/n$ 为高分组通过率，R_{H} 为高分组答对人数，n 为总人数的前 27%；$P_{\mathrm{L}}=R_{\mathrm{L}}/n$ 为低分组通过率，R_{L} 为低分组答对人数。

3. 难度系数

在统计学领域，基于以上公式计算出来的 P 值称为项目的难度系数。难度系数反映试题的难易程度，可以理解成“容易度”。难度系数越大，题目得分率越高，题目则越容易。反之，难度系数越小，题目得分率越低，题目则越难。

在实际命题过程中，难度系数的确定需要考量多个因素：一是基于测验的性质进行合理的题目筛选。平时测验的难度要利于学生的学习，但一定的难度能增加区分度，这对全面了解、掌握学生学习情况有十分重要的作用；二是难度系数的确定要考虑及格率，防止损伤学生的自尊心；三是难度系数的确定要考虑对分数分布的影响，一般以偏正态分布为前提，有时偏正态分布更能激发学生的学习积极性。

第五节　测量区分度

一、区分度的含义

区分度（discrimination），是指测量题目对考生实际水平的区分程度或鉴别能力。例如，一道测试题，测试学业水平、实际能力不同的考生，所测分数不同，则可认为该题目有好的区分度。区分度分析主要以效能为依据，考查考生在每个题目上的反应与其在效标上的表现之间的相关程度。区分度 D 的取值介于 $-1.00 \sim +1.00$，值越大，区分度的效果越佳。区分度 $D>0$ 时为正区分，$D<0$ 时为负区分，$D=0$ 时为零区分。

二、区分度的计算方法

题目区分度是题目区别被试者能力水平的量度，常记为 D，对于不同题型，计算公式有所区别。

对于客观性题目，题目区分度的简便计算公式为

$$D = P_{\mathrm{H}} - P_{\mathrm{L}} \tag{9-6}$$

式中，D 表示区分度；P_{H} 表示高分组通过该题目的人数占高分组（前 27%）总人数的百分比；P_{L} 表示低分组通过该题目的人数占低分组（后 27%）总人数的百分比。

或者使用高分组与低分组的平均分来表示，即

$$D = \frac{\bar{X}_{\mathrm{H}} - \bar{X}_{\mathrm{L}}}{X} \tag{9-7}$$

式中，D 表示区分度；$\bar{X}_{\mathrm{H}}$ 表示高分组（前 27%）的平均分；$\bar{X}_{\mathrm{L}}$ 表示低分组（后 27%）的平均分；X 表示该题目总分。

对于主观类题目，题目区分度可以这样计算，即

$$D = \frac{M_{\mathrm{H}} - M_{\mathrm{L}}}{N(H - L)} \tag{9-8}$$

式中，D 表示区分度；M_{H} 表示高分组（前 27%）全体考生该题目得分之和；M_{L} 表示低分组（后 27%）全体考生该题目得分之和；N 表示所有考生总人数的 27%；H 表示该题目最高得分；L 表示该题目最低得分。

三、区分度的分析

测量多少都带有将被试者水平加以区分的意图，那么构成测量的每一个题目都应该为这一目标做贡献，区分度就是刻画题目这种功能的质量指标。在所测特质上，被试者水平

总是有高低之分的，倘若高水平被试者在测量题目上得分高，而低水平被试者只能得低分，那么测验题目区分被试者水平的能力就强。假如高水平被试者和低水平被试者在测量题目上所得分数没有差异，题目不能提供关于被试者水平差异的信息，则它的区分能力就很弱。可见，题目区分度是测量性能的一个重要指标，说明的正是题目对于测量目的的有效性程度。

在区分度的分析过程中，必须找一个标准，以确定被试者实际水平的高低。只有被试者水平高低清楚了，才能判定测量题目对被试者水平的区分是否正确。因此，理想的办法就是先找一个客观的标准（一个不依赖于测量成绩的外部的客观标准），再将被试者成绩按优劣顺序排好，然后看被试者在测量题上的得分顺序是否和前者相符。但是，这种外部客观标准是很难找到的。因此，在对测量试题作区分度的分析时，一般都是使用内部标准，即把考生在整体测量上所得的总分当成考生的实际水平。当然，这在逻辑上是缺乏充分根据的，因为总分是否正确可靠，在分析工作尚未进行之前是无法肯定的。然而，一般来说，测量都是经过一番设计的，以总分作为标准，有利于增强测量题目间的同质性，从而提高整个测量的信度。同时，也说明每个题目应为测量目的做贡献，如果不一致，恰好就说明了该题目所测特质与测量目标不一致。

所以，区分度的分析方法，大约可以归纳成两类：一类为外在效标法，即分析被试者在测量题上的得分与外部客观标准上的表现之间的关系；另一类为内部一致性法，即分析被试者在测量题目上的得分与在整个测量中的总分之间的一致程度。在实际操作中，主要使用的是后者，从这个角度来说，区分度的实质就是题目得分与测量总分的相关程度。

四、区分度对测量的影响

1. 区分度与难度之间的关系

我们从方差来看题目区分度和难度之间的关系。

对于以 1 和 0 评分的题目，某题目的难度即该题所通过的人数比例，有

$$P=\frac{\text{通过该题目的人数}}{\text{总人数}}=\frac{1+1+1+\cdots+0+0}{N} \tag{9-9}$$

用某题目对 N 个被试者施测时，答对分数的总和则为 $\sum X=1+1+1+\cdots+0+0=NP$，答对分数的平方和应为 $\sum X^2=1^2+1^2+1^2+\cdots+0^2+0^2=NP$。

将上述结果代入方差的计算公式 $S^2=\frac{\sum X^2-\left(\sum X\right)^2/N}{N}$，则有

$$S^2=\frac{NP-(NP)^2/N}{N}=P-P^2=P(1-P) \tag{9-10}$$

或

$$S=\sqrt{Pq} \tag{9-11}$$

式中，S^2 表示方差；S 表示标准差；P 表示难度系数；$q=1-P$。

由式（9-10）和式（9-11）可知，题目的方差依其难度而变化，而方差又可作为题目

区分度的指标。因为方差属于条件差异数，所以方差越大，测量中的个案就越分散，题目的鉴别能力就越大。区分度是关于 P 的二次函数，图像是开口向下的抛物线，当 $P=0.5$ 时，区分度最大。因此，题目难度系数应保持在 $0.3<P<0.7$，最好达到 $0.4<P<0.6$。也就是说，测量中特别难或特别简单的题目都很少，中等难度的题目应该多一些，使得所有题目的平均难度系数接近 0.5。

2. 区分度和信度之间的关系

一个良好的测量，信度必须要高。艾贝尔（Ebel）的研究结果表明，整个测量中题目的区分度 D 值的平均数越高，测量的信度就越高。信度是随区分度提高而增长的，且信度增长的速度比区分度增长还快。所以要想使得测量信度达到理想值，提高题目区分度是一个很好的途径。但是，也必须指出区分度的大小应根据测量的性质和目的而定，对于以选拔和比较为目的的常模参照测量，区分度越大越好，这样便于选拔和比较。而对于以考查被试者对知识掌握情况为目的的目标参照测量，区分度已没有太大意义，不必过多考虑。

五、提高区分度的方法

1. 使题目的难度适中

太难或太易的题目区分度一般都不会高，题目的难度适中可使区分度达到最大值。因此，保证题目难度适中是提高区分度的重要方法。

2. 着重考查复杂的学习结果

尽量避免考查单一、机械的简单内容，可以考虑考查复杂的学习结果，将不同水平的被试者区分开来，使分数尽量分布在整个分数量尺上。

3. 掌握区分度的评价标准

就学业测验而言，区分度在 0.4 以上时表明此题的区分度很好，在 0.3～0.39 时表明此题的区分度较好，在 0.2～0.29 时表明此题的区分度不太好需修改，在 0.19 以下时表明此题的区分度不够好应该淘汰，但是这一标准也不是绝对的。如果是选拔性测验，其区分度应该高一些，如果一个测验只是用于考查学生的掌握情况，可不考虑区分度，即使区分度为 0，只要该项内容是重要的，就可继续使用。

第十章　教育测量数据的统计处理

通过教育测量可以获得大量的原始数据，但是这些原始数据并不能直接应用于研究中，因为这些原始数据中可能存在一些问题，因此就要检查数据是否存在差异或错误，同时剔除一些无效数据。当然，在对数据进行检查后，还需要对数据做进一步的整理，因为这些数据可能是混乱无序的，我们无法在这些无序数据中得到规律与结论。如果想进一步挖掘数据的话，还需要对数据进行转化或组合。

第一节　数据的检查与整理

一、数据的检查

检查数据是对教育测量数据的初步处理。在对原始数据进行检查时，主要是检查数据的完整性和准确性。数据的完整性检查指检查所获得的原始数据是否有缺失与重复，数据的准确性检查指对数据的统计方法、度量标准、误差处理等进行检验。

1. 数据缺失

（1）数据缺失的分类。

数据缺失（missing）分为三类：第一类是数据的完全随机缺失，是指目标变量缺失，与自身或其他观测变量的取值无关，此类缺失会导致信息的缺失；第二类是数据的随机缺失，是指有缺失值的变量，其缺失情况的发生只与已观测到的变量有关，此类缺失不仅会导致信息的缺失，还可能导致分析结果发生偏差；第三类是非随机缺失，也称不可忽略的缺失，指缺失数据不仅与变量有关，也与自身取值有关。

（2）数据缺失的检测。

SPSS 默认缺失值以黑点表示，可以通过快速浏览数据列表（data view）发现缺失值，记录其所在数据的列。

（3）数据缺失的处理。

针对数据的缺失值，SPSS 中给出了三种处理方法：第一种是删除缺失值，这种方法适用于缺失值很少的情况，在相应的“分析”对话框“选项”子对话框中进行设置；第二种是替换缺失值，利用“转换”菜单中的“替换缺失值”命令将所有的记录看成一个序列，然后采用某种指标对缺失值进行填充；第三种是缺失值分析过程模块，是 SPSS 专门针对缺失值提供的。

2. 奇异值和极端值

奇异值（singular value）和极端值（extreme value）是指变量中与整体数据相差较大

的极值，它的夸大作用常常会歪曲统计结果，导致错误结论。奇异值的出现通常有四种原因：第一种，数据输入错误；第二种，在不同数据进行格式转换时，缺失值的数码代号被当成实际观测值；第三种，出现奇异值的样本并非属于所要考查的总体；第四种，考查的样本相对于正态分布有较多极值。

（1）奇异值和极端值的检测。

SPSS 可以用箱形图、正态检验的 Q-Q 图检测有无奇异值和极端值。

（2）减少奇异值和极端值影响的方法。

第一种：将奇异值和极端值作为缺失值处理，在“变量视图”中选择“缺失”栏下含有奇异值和极端值的变量，弹出“缺失值”对话框。有 3 个选项可以使用：①“离散缺失值”选项：最多可以指定 3 个数值为缺失值；②“缺失值范围”选项：指定某一取值范围内的数值为缺失值；③“范围加上一个可选离散缺失值”选项：指定某一取值范围和某一特定数值为缺失值，根据检测的奇异值和极端值，用“数据”中“选择个案”工具中的“如果....”对数据的取值范围进行限定，然后再进行统计分析。

第二种：对奇异值进行估计，将原始数据转换成标准 Z 分数，或进行其他的转换后再进行统计分析。

第三种：删除奇异值所在的观察单位。

3. 处理奇异值的 SPSS 操作步骤

【Step1】选择“分析”选项，在“描述统计”菜单中选择“探索”选项（图 10-1-1）。

【Step2】弹出“探索”对话框，将变量选入“因变量列表”（此处将“成绩”选入），单击“统计量”按钮（图 10-1-2）。

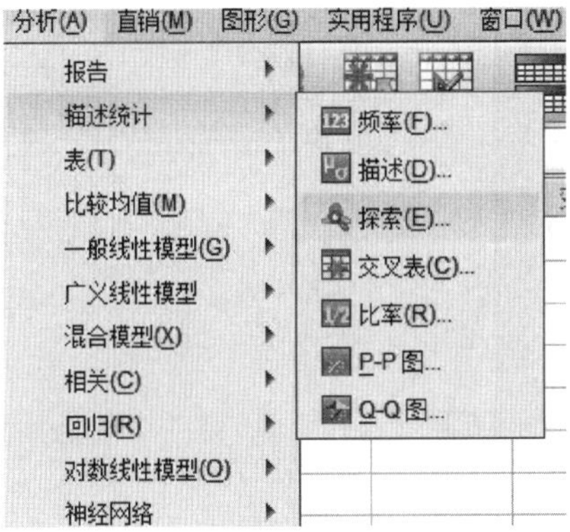

图 10-1-1　描述统计-探索性分析

图 10-1-2　描述统计-探索性分析变量选择

【Step3】在“输出”栏选择“两者都”，单击“确定”按钮，就可以得到正态检验的 Q-Q 图、直方图、箱形图，检测有无极端值和奇异值（图 10-1-3～图 10-1-5）。

观察箱形图，可以发现数据的奇异值。箱形图的含义是：中间的粗线为中位数，灰色的箱体为四分位，两头伸出的线条表示极端值（下线为最小值、上线为最大值）。箱形图用离群值和极端值表示那些在绳索外侧的值。离群值是指值与框的上下边界的距离在 1.5 倍框的长度到 3 倍框的长度之间的个案，在图中用“ o ”号表示。极端值是指值与框的上下边界的距离超过 3 倍框长的个案，用“ * ”号表示。通过箱形图我们可以发现数据中的异常点，通过对数据进行核对、检验和筛选，发现数据中的成绩存在着离群值，没有极端值，并且离群值是序号为“1”和“2”的学生。

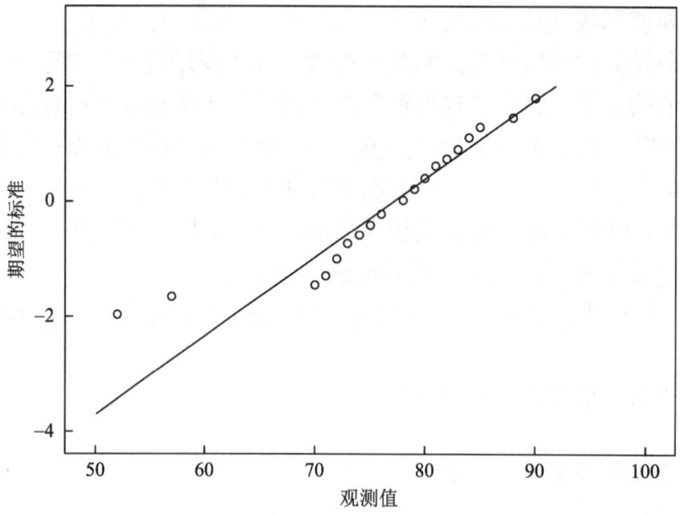

图 10-1-3　描述统计 Q-Q 图

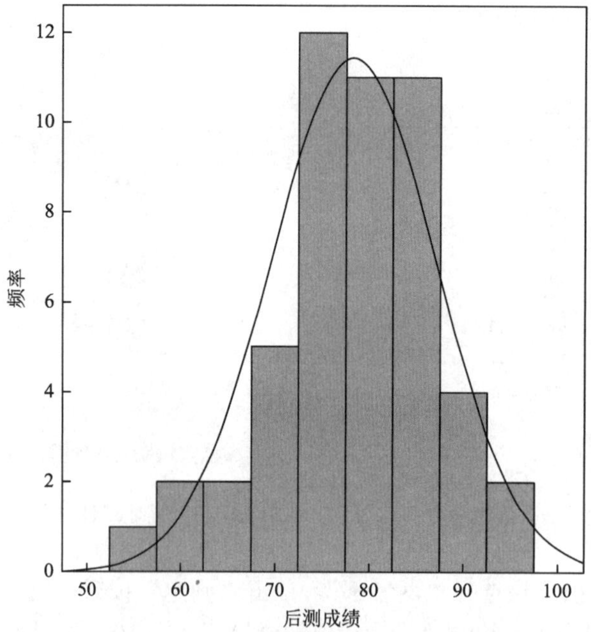

图 10-1-4　描述统计-直方图

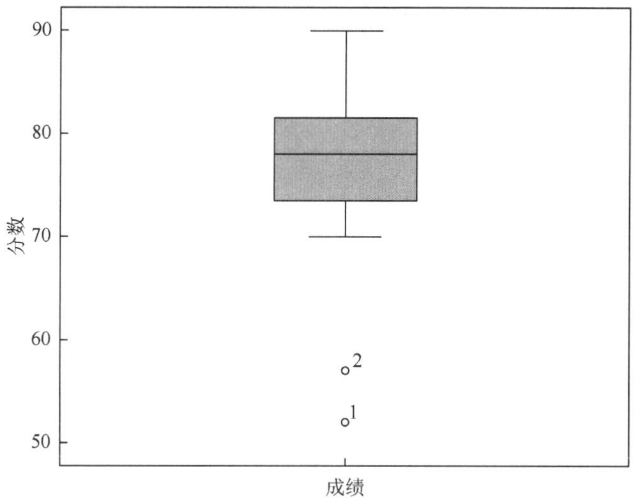

图 10-1-5 描述统计-箱形图

二、数据的整理

在剔除无效数据后，就要对数据进行整理分析。对数据进行整理时，主要分为两个步骤：一是对数据进行排列，二是编制频数统计表。

1. 数据的排列

数据的排列是按照数据所表示事物的量性特征和质性特征进行分类的。量性特征的排列是指运用数量进行测定数据的特征，如身高、体重、年龄等。而质性特征的排列是指依据数据所代表的事物的性质进行排列，如性别、成绩的等级等。在教育测量领域，用量性特征对数据进行顺序排列，用质性特征对数据进行等级排列。

（1）顺序排列。

顺序排列是指按照测量数据的数值大小进行排列。顺序排列是一种简单有效、操作性较强的排列方法。对数据进行顺序排列，可以清晰地了解全体数据的最大值和最小值。

顺序排列在 SPSS 中的操作步骤如下：

【Step1】打开 SPSS，选择菜单栏中的“数据”选项，选择“排序个案”（图 10-1-6）。

【Step2】根据所要排序的个案，将其选入“排序依据”中（此处选择“成绩”），根据需要，在“排列顺序”中选择“升序”或“降序”排列，单击“确定”按钮（图 10-1-7）。

（2）等级排列。

等级排列是指依据一定准则对数据按等级进行排列，等级排列在等级考试中运用较为广泛。

SPSS 还提供了一种快捷的排序方法，即在数据文件窗口上，将光标移至需要排序的变量名称上，单击右键即可实现排序。

【例 10-1-1】图 10-1-8 是某班学生的数学成绩原始数据，现对其进行等级排列。在 SPSS 中对数据进行等级排列，需先将数据进行转换。

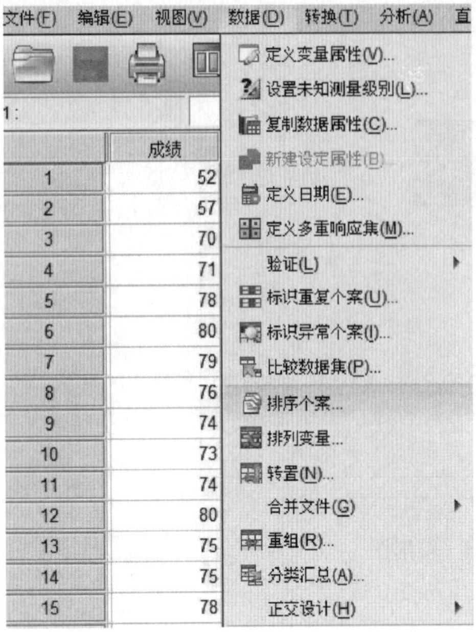

图 10-1-6　数据整理-排序个案

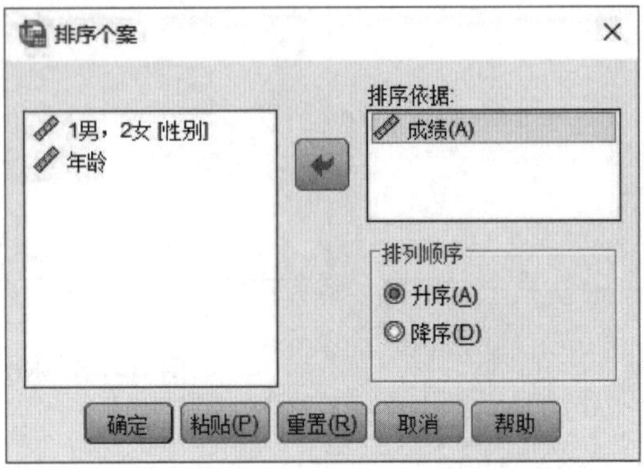

图 10-1-7　数据整理-排序个案依据

	性别	年龄	成绩
1	2	23	52
2	2	28	57
3	1	25	70
4	2	18	71
5	2	20	78
6	1	16	80
7	2	24	79
8	2	26	76
9	1	15	74
10	2	17	73
11	2	20	74
12	1	19	80
13	2	35	75
14	2	18	75
15	1	25	78
16	1	27	75
17	2	30	73
18	2	21	80
19	2	22	76
20	2	23	78

图 10-1-8　某班学生的数学成绩原始数据

【Step1】选择菜单栏中的“转换”选项，再选择“重新编码为不同变量”选项（图 10-1-9）。

【Step2】在弹出的对话框中选定需要的个案（此处将“成绩等级”选入，在“输出变量”中输入“成绩等级”），单击“更改”按钮（图 10-1-10）。

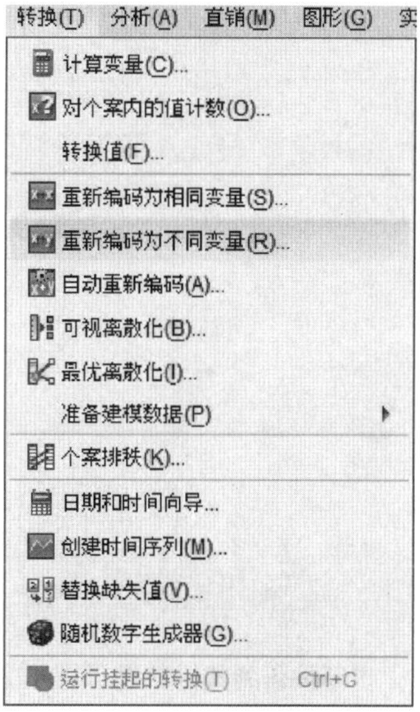

图 10-1-9　数据转换-重新编码为不同变量

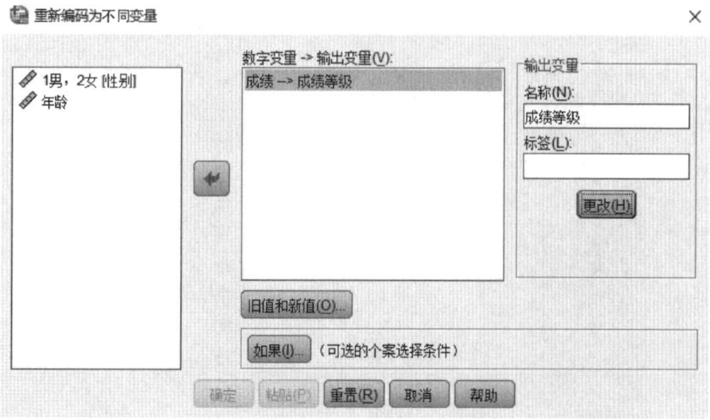

图 10-1-10　数据转换-重新编码为不同变量-输出变量

【Step3】单击“旧值和新值”按钮，进入“重新编码到其他变量：旧值和新值”对话框，“旧值”中的“范围”输入“50”“69”，“新值”的“值”中输入“3”，单击“添加”按钮（图 10-1-11）。

【Step4】依次进行如下操作：“范围”中输入“69”“79”，“新值”中输入“2”；“范围”中输入“79”“89”，“新值”中输入“1”。全部选定后单击“继续”按钮，弹出“重新编码到其他变量”对话框，单击“确定”按钮，结果如图 10-1-12 所示。

【Step5】进行排列操作，操作过程与顺序排列操作相同。

2. 统计表

统计表是用来表达统计指标与被说明的事物之间数量关系的表格。统计表能够反映数据的大体情况，也方便数据后续的转化、组合。

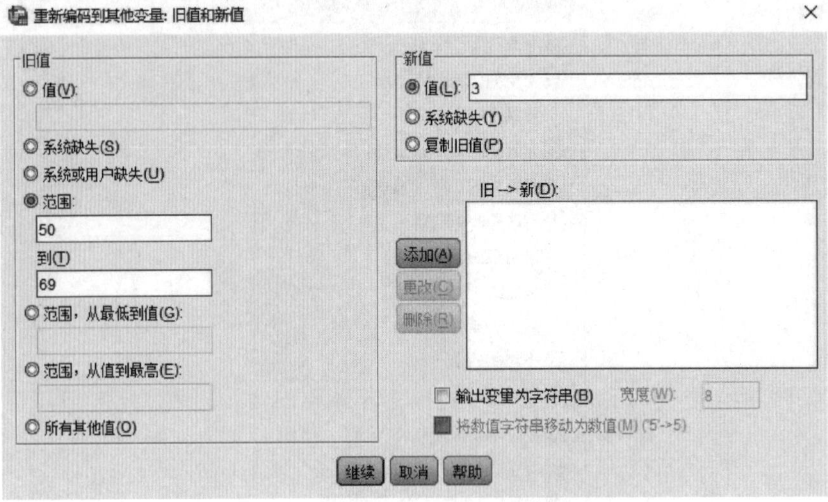

图 10-1-11　重新编码到其他变量-旧值与新值对应

	性别	年龄	成绩	成绩等级
1	2	23	52	3
2	2	28	57	3
3	1	25	70	2
4	2	18	71	2
5	2	20	78	2
6	1	16	80	1
7	2	24	79	2
8	2	26	76	2
9	1	15	74	2
10	2	17	73	2
11	2	20	74	2
12	1	19	80	1
13	2	35	75	2
14	2	18	75	2
15	1	25	78	2
16	1	27	75	2
17	2	30	73	2
18	2	21	80	1
19	2	22	76	2
20	2	23	78	2

图 10-1-12　数学成绩与相应等级对应结果

统计表由标题、标目、线条、数字、表注等组成，基本格式如表 10-1-1 所示。

表 10-1-1　40 名学生数学成绩的频数分布

成绩	90～100	80～89	70～79	60～69	60 以下	总和
频数	5	15	10	6	4	40

通过频数分布表，可以看出所有数据在各区间里的分布，也可以进行直观的对比分析。

第二节　数据的转化

一般地，我们获得的原始数据具有不可比性，这种不可比性是数据间单位的不等值性造成的。例如，在一次班级考试中，学生的语文平均分数为 100 分，英语平均分数为 120 分，但我们却不能因此下结论：该班的语文学习情况不如英语。因为，此次语文测验内容偏难，成绩虽然偏低，但成绩差距较小；而英语测验内容较简单，虽然平均分数较高，但是成绩差距大，在语文测验中多得 1 分要比在英语测验中多得 1 分难。如果想比较这样的数据，需要先将数据转化为等值单位。一般来说，可以通过求百分等级和标准分数来完成数据转化。

一、百分等级

将数据进行百分等级转化，能够直接观测出某个数据在总体数据的位置。

1. 百分等级的概念

百分等级（percentile rank）描述的是某个测量数据在总体数据的相对位置。百分等级也称百分位，一般用 PR 表示。百分等级反映的是在某个观测分数下，数据个数占总个数的比例的百分数，取值在 0～100。

优点：容易计算，容易理解，对于各种被试者和各种测验普遍适用。

缺点：缺乏相等单位，属于顺序量表，测验分数通常呈正态分布，中间密集两端分散，而百分等级的分布通常呈长方形，因此接近中位数或分配中间的原始分数的差异在转换成百分等级时往往被夸大，而接近分数两端的原始分数差异转换成百分等级后则大大缩小。

2. 百分等级的计算

（1）一般计算方法。

第一步：将观测数据从小到大依次排列。

第二步：按不同的数据逐个地统计次数，并列表记录。例如，表 10-2-1 中将 40 名学生的成绩进行了次数统计。

第三步：由低值向高值方向，计算各个观测点数据以下的累积次数。例如，表 10-2-1 中以下累积次数“38”，说明学生成绩在 90 分以下的学生人数累计有 38 人。

第四步：计算各观测点数据的“以下累积相对次数”，即比例数。计算方法是将以下累积次数除以数据总个数 N。

第五步：确定各观察点数据百分等级的计算方法，将各数据的“以下相对累积次数”乘 100。

从表 10-2-1 中可以看到 40 名学生的成绩在数据中所处的位置，例如，有 60.0%的学生成绩在 80 分以下，没有人低于 52 分，有 95.0%的学生成绩低于 90 分。

表 10-2-1　确定观测分数的百分等级计算示例

分数 X	次数 f	以下累积次数	以下累积相对次数	百分等级
90	2	38	0.950	95.0
88	1	37	0.925	92.5
85	1	36	0.900	90.0
84	2	34	0.850	85.0
83	2	32	0.800	80.0
82	2	30	0.750	75.0
81	1	29	0.725	72.5
80	5	24	0.600	60.0
79	1	23	0.575	57.5
78	5	18	0.450	45.0
76	3	15	0.375	37.5
75	3	12	0.300	30.0
74	2	10	0.250	25.0
73	2	8	0.200	20.0
72	4	4	0.100	10.0
71	1	3	0.075	0.75
70	1	2	0.050	0.50
57	1	1	0.025	0.25
52	1	0	0.000	0.00

（2）根据频数分布表计算。

$$\mathrm{PR}=\left[\frac{f(X-L)}{i}+F_{\mathrm{b}}\right]\times\frac{100}{N} \tag{10-1}$$

式中，f 表示该分数所在组的频数；X 表示给定的原始分数；L 表示分数所在组的下限；$\dfrac{f(X-L)}{i}$ 表示将频数 f 按比例平均分配到 i 个组距；F_{b} 表示小于 L 的向上累积频数；$\dfrac{f(X-L)}{i}+F_{\mathrm{b}}$ 表示低于 X 的原始分数个数；N 表示总频数。

（3）根据原始分数计算。

$$\mathrm{PR}=100\left[\frac{N-(R-0.5)}{N}\right]=100-\frac{100R-50}{N} \tag{10-2}$$

式中，N 表示原始分数的个数；R 表示全体分数按大小顺序排列后，某一特定原始分数所处的名次。

【例 10-2-1】某位学生在某次数学考试中成绩是 80 分，在班级 40 名学生中排第 6 名，则其百分等级为

$$\mathrm{PR}=100-\frac{100\times6-50}{40}=86.25$$

3. 百分等级的应用

百分等级是描述某一特定原始数据在总体数据中所处位置的一种相对量数。百分等级主要应用于两个方面：一方面是成绩的相对评价与计分；利用测验原始分数直接评价学生的学习情况，往往是绝对评价。根据原始分数在次数分布中的相对位置来评价，则是相对评价。向学生提供测验成绩的百分等级信息，以便让学生了解自己的成绩在总体中的位置；另一方面是将两个或两个以上的百分等级分数直接进行比较，因为百分等级分数之间具有等值的单位。需要注意的是：

（1）百分等级是一种相对量数且是一种等级分数，可以进行排列、大小比较，但不能进行代数运算。对百分等级进行运算会造成不恰当的解释，对教育结论产生影响。

（2）百分等级是对原始分数的一种非线性转换。百分等级分数与原始分数之间没有必然联系，百分等级呈等值长方形分布，原始分数是呈正态分布曲线分布。因此，处在不同位置的原始分数差异对百分等级差异的作用是不一样的。百分等级受两端原始分数变化影响较小，当处于两端的原始分数发生较大变化时，不会引起百分等级的相应变化。例如，在英语考试中最高分无论是 150 分还是 140 分，其百分等级是不变的。但是，当原始数据分布比较集中时，就会引起百分等级分数的变化，即分布至原始分数中间部分的分数只要产生变化就能引起百分等级分数的差异。例如，在高考本科录取线上，达到分数线的学生与未达到分数线的学生原始分数差异不大，但他们的所处的排名位置差异较大，百分等级的差异也较大。

二、标准分数

标准分数是指将原始分数转化成以标准差为单位的导出分数，标准分数是一种不受原始测量单位影响的数值，不仅能够表明数据在其分布中的位置，也可以对各种不同单位的数据进行比较。标准分数可以进行顺序排列、大小比较、加减运算，可以用于不同考试、不同考生、不同科目之间的比较分析。

1. 标准分数的概念

标准分数（standard score）也称 Z 分数，是将原始分数与其平均数的差值，除以原始分数标准差所得到的商数。标准分数以原始分数的标准差作为度量单位，用来衡量原始分数偏离平均数的程度，以此来评定某一原始分数在全体原始分数排列中的位置。

标准分数的优点有：

（1）标准分数是等单位的量度，有利于进一步的统计分析。

（2）可以将同一被试者的不同测量特质的测验分数转化为标准分数，再进行比较。

（3）可以将同一特质的不同被试者的测验分数转化为标准分数，再进行比较。

（4）可以将几个测量特质的测验分数转化为标准分数后，相加求总和或求平均值。

标准分数的缺点：测验分数转化为标准分数后，常常带有负数或小数，不易被理解和接受。

2. 标准分数的计算

标准分数的计算公式为

$$Z = \frac{X - \bar{X}}{S} = \frac{d}{S} \tag{10-3}$$

式中，X 表示某一特定原始分数；$\bar{X}$ 表示全体原始分数的平均分数；S 表示原始分数的标准差；$d = X - \bar{X}$ 表示原始分数与其平均分数的离差。

【例 10-2-2】在某次数学考试中，甲、乙、丙三人的成绩分别为 95 分、85 分和 70 分，全体学生的数学平均分数为 85 分，标准差为 10 分，则这三名学生的标准分数分别为

$$Z_{甲} = \frac{95-85}{10} = 1, \quad Z_{乙} = \frac{85-85}{10} = 0, \quad Z_{丙} = \frac{70-85}{10} = -1.5$$

【例 10-2-3】在某次期末考试中，班级的数学、语文、英语平均分数分别为 85 分、90 分和 95 分，这三种成绩的标准差依次为 15 分、12 分和 10 分。该班某位学生数学 90 分、语文 88 分、英语 92 分，则该学生哪门成绩最好？

$$Z_{数} = \frac{90-85}{15} \approx 0.33, \quad Z_{语} = \frac{88-90}{12} \approx -0.17, \quad Z_{英} = \frac{92-95}{10} = -0.3$$

因为 $Z_{数} > Z_{语} > Z_{英}$，所以认为该学生数学成绩相对最好，其次是语文，最后是英语。

3. 标准分数的性质

1）标准分数的性质

（1）标准分数 Z 的绝对值表示原始分数与其平均数之间的距离，即原始分数偏离平均数的程度。分数的正负号反映某一特定原始分数位于平均数之上或之下的位置。

（2）一组原始分数 $X_i(i=1,2,3,\cdots,n)$ 的标准分数 $Z_i(i=1,2,3,\cdots,n)$ 的平均数 $\bar{Z}=0$。

（3）一组原始分数 $X_i(i=1,2,3,\cdots,n)$ 的标准分数 $Z_i(i=1,2,3,\cdots,n)$ 的标准差 $S_z=1$。

$$\sqrt{\frac{(Z_1-\bar{Z})^2+(Z_2-\bar{Z})^2+\cdots+(Z_n-\bar{Z})^2}{n}} = \sqrt{\frac{\sum_{i=1}^{n}(X-\bar{X})^2}{S_n^2}} = 1 \tag{10-4}$$

（4）标准分数 Z 是对原始分数进行的线性变换，它不改变原始分数的分布情况，即 Z 的分布形态与原始分数的分布形态相似，通常呈正态分布。

（5）标准分数 Z 的取值范围为 $-3 \sim +3$。

（6）标准分数 Z 的单位是相等的，其零点是相对的，不同科目的分数 Z 具有较好的可比性与可加性。

2）标准分数与百分等级之间的关系

在正态分布下，标准分数与百分等级之间是有联系的。百分等级与以标准分数为界点的正态分布曲线左尾部面积比例相对应。这种关系要通过正态分布表查找确定，通过正态分布表，当确定某个标准分数时就可以计算出所对应的百分等级。例如，当 $Z=0$ 时，$\mathrm{PR}=50$；当 $Z=-1$ 时，$\mathrm{PR}=84.13$。

4. 标准分数的应用

在教育测量与评价中，原始分数之间往往是不能进行直接的比较，需通过对原始分数转换，得到标准分数，因为标准分数具有等值性，所以方便进行运算与比较。

（1）标准分数可以确定某一特定原始分数在全体分数中的相对位置。例如，某学生在一次数学考试中的成绩是 80 分，转换为标准分数是 $Z=-1$，这表明该学生在这次数学考试中比全班学生的平均水平低一个标准差单位。

（2）标准分数可以比较两种原始成绩的高低。例如，某学生在一次测验中，语文成绩是 85 分，英语成绩是 90 分，通过标准分转化，得到 $Z_{语}=0$，$Z_{英}=1$。因此，我们可以得出，该学生的英语成绩在年级的位置高于语文，即英语成绩优于语文。

（3）标准分数还可以表示不同学生的多种课程总成绩的高低，由于标准分数具有等值性，可以进行加减运算，以此来评价学生更具科学性。例如，在一些省份中高考成绩采取的就是标准分数的计算方式。

（4）标准分数的转化。

在标准分数的应用中，标准分数 Z 值有小数、负值及分值过小的情况，不符合人们对分数的表述习惯，因此，将标准分数进行转化，一般转换公式为

$$T=a+bZ \tag{10-5}$$

式中，a 和 b 表示选定的常数；Z 表示标准分数；T 表示线性变换的标准分数。

①T 标准分数计算公式为

$$T=50+10Z \tag{10-6}$$

或

$$T=\frac{10(X-\bar{X})}{S}+50 \tag{10-7}$$

②韦氏智力量表中的计算公式为

$$\mathrm{IQ}=100+15Z \tag{10-8}$$

③标准九分。

标准九分（standard nine）是标准化九级分制的简称，根据标准分数 Z 的公式衍化而成，将全部分数排在 1～9 分，平均数为 5，除两端外，标准差为 2。标准九分将正态分布下的横轴分为九个部分，取值为 1～9 的整数，其计算公式为

$$S=2Z+5 \tag{10-9}$$

标准九分与其他评分制的相互关系如表 10-2-2 所示：

表 10-2-2　标准九分与其他评分制的相互关系

标准九分	Z 值范围	百分等级范围	标准九分百分比/%
9	+1.75 以上	96～100	4
8	+1.25～+1.75	89～95	7
7	+0.75～+1.25	77～88	12
6	+0.25～+0.75	60～76	17

续表

标准九分	Z值范围	百分等级范围	标准九分百分比/%
5	−0.25～+0.25	41～59	20
4	−0.75～−0.25	24～40	17
3	−1.25～−0.75	12～23	12
2	−1.75～−1.25	5～11	7
1	−1.75 以下	1～4	4

④其他。

美国大学入学考试委员会（College Entrance Examination Board，CEEB）指导举办的大学入学考试分数计算公式为

$$\text{CEEB} = 500 + 100Z \tag{10-10}$$

美国教育测验服务社举办的“托福”考试分数计算公式为

$$\text{TOEFL} = 500 + 70Z \tag{10-11}$$

标准分数常用于计算学力测验的“学力偏差值”，并且依此判断进入理想大学的可能性。在智力测验中，用来计算“智力标准分数”；在教育的用途上，常和“智力”一起当作参考的依据。

第三节　数据的组合

运用测量数据时，我们发现，仅靠某一项数据，是无法得出教育结论的。因此，要得出所需的教育结论，就要对这些数据进行组合。例如，在进行韦氏智力测验时，我们会测量所测对象的言语量表（词汇、常识、算数、理解、记忆和类比等）和操作量表（数字符号、图像完成、积木设计、图像排列、实物图像拼凑等），然后将这些分数按一定方法组合起来。数据的组合方式主要有：加权组合、直觉判断等。

一、加权组合

加权组合是考虑不同分数在合成分数中权重大小的一种分数组合方式，也是考虑不同分数的重要程度的一种组合方法，一般的加权组合包括单位加权和比重加权。

1. 单位加权

单位加权是指将不同单位的分数直接相加得出合成分数，计算公式为

$$X = X_1 + X_2 + \cdots + X_n \tag{10-12}$$

式中，X 表示单位加权后的合成分数；$X_i(i=1,2,\cdots,n)$ 表示不同单位的分数。

单位加权适用于重要程度相同的分数，各分数权重相等，并默认为1。

2. 比重加权

比重加权是将各个分数分别乘以其所在组合分数的权重，再累加求和，计算公式为

$$X = \omega_1 X_1 + \omega_1 X_2 + \cdots + \omega_n X_i \tag{10-13}$$

式中，X 表示比重加权后的合成分数；$\omega_i (i = 1, 2, \cdots, n)$ 表示各个原始分数在合成分数中所占的权重；$X_i (i = 1, 2, \cdots, n)$ 表示原始分数。

【例 10-3-1】某校在对某位教师的讲课评价中采用了学生评价、教师评价和专家评价三种评价方式，评价总分为 100 分，三者的权重分别为 0.2、0.3 和 0.5，最终学生评价的分数是 93 分，教师评价的分数是 95 分，专家评价的分数是 96 分，则该教师的最终讲课成绩为多少分？

$$0.2 \times 93 + 0.3 \times 95 + 0.5 \times 96 = 95.1$$

3. 加权算数平均数

加权算数平均数简称加权平均数，是指将数据加权的和除以这组数据权重和所得的商，计算公式为

$$\bar{X}_\omega = \frac{\sum_{i=1}^{n} \omega_i X_i}{\sum_{i=1}^{n} \omega_i} \tag{10-14}$$

式中，$\bar{X}_\omega$ 表示加权算数平均数；$\sum_{i=1}^{n} \omega_i$ 表示所有权重之和；$\sum_{i=1}^{n} \omega_i X_i$ 表示加权和。

【例 10-3-2】某校三个班级的数学测验平均成绩如表 10-3-1 所示，求这三个班级成绩的加权平均数。

表 10-3-1　某校三个班级数学测验平均成绩统计表

班级	平均成绩	人数
一班	75	36
二班	80	40
三班	78	35

根据式（10-14），得到加权平均数为

$$\bar{X} = \frac{36 \times 75 + 40 \times 80 + 35 \times 78}{36 + 40 + 35} \approx 77.75$$

4. 多个测量项目原始分数加权平均的标准化

多个测量项目原始分数加权平均的标准化，是为了解决单位加权和比重加权等直接加权存在的缺陷而采用的一种组合方法。首先，由于教育测量的原始分数不具有等值性与可运算性，必须转换成标准分数才能进行加减运算；其次，教育测量中的各个项目具有一定

的相关性，直接加权无法考虑到各测量项目的相关情况；最后，如果不进行标准化处理，只是对数据直接进行加权组合，会导致结论缺乏统一的解释标准。因此，在对多个测量项目原始分数组合时，应该进行加权平均的标准化。

多个测量项目原始分数加权平均的标准化分数计算公式为

$$Z=\frac{\sum_{i=1}^{n}\omega_i Z_i}{\sqrt{\sum_{i=1}^{n}\sum_{j=1}^{n}\gamma_{ij}\omega_i\omega_j}} \tag{10-15}$$

式中，Z 表示合成分数；$\omega_i(i=1,2,\cdots,n)$ 表示原始分数转化成各个标准化分数在总合成分数中的权重；Z_i 表示测量项目的原始分数转换后的标准化分数；γ_{ij} 表示第 i 个测量项目与第 j 个测量项目之间的相关系数；ω_j 表示各测量项目在整个测验中的权重。

【例 10-3-3】在某次测评中，需要参考学生的平时成绩、期中成绩和期末成绩，三者权重分别是 0.2、0.3 和 0.5；甲某在这次测评中的平时成绩、期中成绩和期末成绩分别为 90 分、95 分和 93 分，班级的平均分数分别为 90 分、93 分和 91 分，标准差分别为 10 分、15 分和 12 分；这三者之间的两两相关系数分别为 0.7、0.85 和 0.9，则这名学生的多个测量项目原始分数加权平均的标准化分数为多少？

$$Z_{平}=\frac{90-90}{10}=0,\quad Z_{中}=\frac{95-93}{15}\approx 0.13,\quad Z_{末}=\frac{93-91}{12}\approx 0.17$$

$$\sum_{i=1}^{3}\omega_i Z_i=0\times 0.2+0.13\times 0.3+0.17\times 0.5=0.124$$

$$\sum_{j=1}^{3}\sum_{i=1}^{3}\gamma_{ij}\omega_i\omega_j=0.7\times 0.2\times 0.3+0.85\times 0.2\times 0.5+0.9\times 0.3\times 0.5=0.262$$

$$Z_{标准化}=\frac{\sum_{i=1}^{3}\omega_i Z_i}{\sqrt{\sum_{j=1}^{3}\sum_{i=1}^{3}\gamma_{ij}\omega_i\omega_j}}=\frac{0.124}{\sqrt{0.262}}\approx 0.24$$

因此，这名学生的多个测量项目原始分数加权平均的标准化分数为 0.24。

二、直觉判断

直觉判断指评价者凭直觉经验，主观地将各种因素加权而做出结论或进行预测。它能从整体上对各个因素进行综合考虑，不仅考虑各个因素的相对重要性，也考虑到各个因素间的相互作用，是人们常用的一种组合测量结果的方法，例如，教师和家长在帮助学生填报高考志愿、选择学校和专业时，总是根据学生的各科平时成绩、兴趣爱好、专长、身体条件、政治情况及其他因素等综合分析，做出报考学校与专业的判断。这种方法是针对特殊的个体做出的判断，能考虑到每个人的具体情况。但直觉判断也有它明显的缺点：易受评判者偏见的影响、不够准确，并且缺乏精密的数学分析，没有精确的数量指标。因此，严格时，要求评判者受过专门训练，并具有丰富的经验。

第十一章　教育测验的编制程序和技术

第一节　教育测验的编制程序

一、教育测验的定义

教育测验（educational test）指有关个人教育成就情况的衡量。众所周知，我国从隋唐时期开始实行科举制度，教育测验成为选拔人才的重要方式。以唐代的考试方式为例，这种测验方式有帖经（填补句子中的空白字词）、墨义（即笔试）和口义（即口试），内容以儒家经典为主，目的是选拔合格的国家文职人员。关于这些史实，美国心理学家杜波伊斯在他的著作中曾经介绍过。

现代普通学校中，最常用的教育测验是个别教师自编的课堂测验，这种测验用来测试某一学科教学中的全部或部分内容。教学开始时的测试是要判断学生已掌握的有关知识，以便安排教学的进度，俗称“摸底测验”；教学过程中的测试是要检查教学的进展与效应；教学终结时的测试是要确定学生在所教授给他的学科内容中学到了什么，从而反映出教学工作的成果。测验项目的形式有汇选（包括正误、配对等）、自由反应（包括简答、填空、论说、解题等）和手工操作等。

二、教育测验的分类

教育测验根据测量目标分为：学业成就测验、智力测验、能力倾向测验和人格测验；根据测量对象分为：个别测验和团体测验；根据测量时机分为：准备性测验、形成性测验和总结性测验等。

三、教育测验编制的一般原则

1. 目的性原则

根据目的界定对象（年龄、生活背景、成长环境等）及其行为特征（能力、情绪、动机等），决定测验的难度、内容和方式等。

2. 典型性原则

题目是教学目标的一种抽样，需具有代表性及典型性。编制测验前须编制能够反映教学目标和教学内容的双向细目表，它包括各项教学目标在教学内容各方面的分数分配情况。

3. 灵活性原则

测验要根据实际情况，灵活选择适当的题型（主客观题相结合），难度要适宜（由易到难排序）。

4. 科学性原则

语言清楚准确，提示语要科学，答案明确无争议（尤其是主观题应拟出标准答案及各种可接受的变式）。

四、教育测验编制的一般程序

教育测验编制的一般程序分为测验目标的确立、测验设计、项目编制与编排、测验的技术分析与鉴定、测验的标准化等。

1. 测验目标的确立

测验目标是测验编制者通过测验所要实现的某种具体目的，它明确规定了测验所要达到测验的预期结果或标准。

（1）认知领域的教育目标。

认知目标按照由低级到高级的水平共分为六级。

*知识：指对先前所学内容的回忆，包括对具体事实、方法、过程、理论等的回忆。

*领会：指能把握所学内容的意义，具体表现为能用自己的话表述、能加以说明、能进行简单的推断。

*应用：指能将所学内容运用于新的具体情境，包括概念、方法、理论的应用。

*分析：指能分析所学内容的结构。

*综合：指能创建新的知识结构，如拟定一项操作计划或概括出一组关系等。

*评价：指能依据内、外在标准对所学内容进行价值判断，这是最高水平的认知学习结果。

（2）技能领域的教育目标。

技能领域的教育目标按照由低级到高级的水平共分为七级。

*知觉：指运用感官获得以后可用于指导动作的相关信息。

*定向：指从生理、心理和情绪等方面做好活动的准备。

*有指导的反应：指对某一动作技能的模仿和尝试。

*机械动作：指能以某种熟练和自信水平完成动作。

*复杂的外显反应：指能熟练操作复杂的动作。

*适应：指技能的高度发展水平，即学生能根据具体情境修正自己的动作。

*创新：指根据具体情境的需要创造出新的动作，这里强调以高度发展的技能为基础的创造能力。

（3）情感领域的教育目标。

情感领域的教育目标按照由低级到高级的水平共分为五级。

*接受：指注意某种现象。
*反应：指主动参与。
*价值化：指接受某种价值标准、偏爱某种价值标准和愿意为某种价值标准做奉献。
*组织：指能对不同的价值标准进行比较，建立内外一致的价值体系。
*价值或价值体系的性格化：指能运用价值体系长时期地控制自己的行为。

2. 测验设计

测验内容的选择要符合测验编制者的意图，可以检验被试者的水平和教育目标的实现程度，测验内容选择了之后可以通过双向细目表加以体现。

双向细目表（two-way list）是一种考查目标（能力）和考查内容之间的列联表。一般来说，双向细目表纵向为要考查的内容，即知识点，横向列出的各项是要考查的能力，或说是在认知行为上要达到的水平。关于双向细目表的制作，这里以某大学法语第二外语考试纲要为例，如表 11-1-1 所示。

表 11-1-1　某大学法语第二外语考试纲要双向细目表

测量内容		认知要求				合计
		了解	理解	掌握	应用	
《简明法语教程》上册	音素	3	3	6	6	18
	语音	3		6	6	15
	语法			5	6	11
	动词变位	2		6	3	11
	课文				6	6
	阅读材料			6	9	15
	交际法语	6	3	6	9	24
合计		14	6	35	45	100

双向细目表的制作步骤：
（1）列出课程标准或大纲的细目表，明确需要考查的内容。
（2）列出各部分内容的权重，各部分内容权重通常是用分数所占的比例来表述的。
（3）列出各种认知能力（学习水平）目标的权重。
（4）确定各考查点的“三个参数”（得分点、权重、分值）。
（5）审查各考查点的分配是否合理，检查考纲要求是否符合课程要求，确保考查到重要的核心内容，避免本末倒置。

双向细目表的优点：双向细目表可以避免在命题中出现内容覆盖面不到位的问题；避免同一内容在不同题型中重复出现；避免出现考核内容和要求与试卷分值不相称的问题；便于教师指导学生进行考前的全面复习，提高考试及格率；便于教学管理部门对教师的试卷进行有效审核。

3. 项目编制与编排

项目选出之后，必须根据测验的目的与性质，并考虑被试者作答时的心理反应，加以合理安排。在测验开头应该有若干相对容易的项目，以使被试者熟悉作答程序，解除紧张情绪、建立信心，进入测验情境。对项目的总的编排原则是由易到难，这样可以避免被试者在难题上耽搁时间太多，从而影响对后面问题的解答。在测验最后可有少数难度较大的项目，以测出被试者的最高水平。

1）两种常见的排列方式

（1）并列直进式。此种方式是将整个测验按项目内容或形式分为若干份测验，对于同一份测验中的项目，依其难度由易到难排列。

（2）混合螺旋式。此种方式是先将各类项目按难度分成若干不同的层次，再将不同性质的项目予以组合，作交叉式的排列，其难度渐次上升。此种排列的优点是，被试者对各类项目循序作答，从而维持作答的兴趣。

2）编造复本

为增加实际的效用，一种测验有时需要有两个以上的等值型，称为复本。复本越多，使用起来越便利。测验的各份复本必须等值，所谓等值需符合下列几个条件：

（1）各份测验测量的是同一种心理特质。

（2）各份测验包含相同的内容范围，但题目不应有重复。

（3）各份测验题型相同，题目数量相等，并且有大体相同的难度分布。

4. 测验技术分析与鉴定

一份教育测验的编制工作完成后，还需要对其进行分析检验等一系列科学操作，以此来鉴定其科学性和适应性。

1）预测

预测是为了获得编制项目的反馈信息，得出其中错误的或者模糊不清的信息，并且获得测验项目评定的指标。在预测过程中，应该注意以下几点：

（1）预测对象应该是正式被试者总体中具有代表性的样本，样本容量应该适中，不应该过小，也不应该过大；也可以选择总体中的具备条件的两个样本同时进行预测，进行比较分析，减小误差。

（2）预测的实施程序应该最大限度地还原正式测验情境，这样得出的结果更具有可靠性。

（3）预测收集的信息应该全面，这就需要预测规定的时间，以保证所有的被试者都能完成测验，当测验因为时间原因不可以按时完成时，预测时限可以适当延长。

（4）预测过程中，需要全面、及时地记录被试者的反应情况，如完成测验的最短和最长时间、一般时间以及被试者的情绪态度和疑问等。

2）测验项目分析

测验项目分析就是依据预测所得的数据资料，运用一系列方法对测验项目的难度、区分度、信度、效度等做出一系列客观分析。

依据项目分析的结果，对测验要求的项目进行修订或增删，对项目的呈现形式、顺序容量和时限等要素进行调整，以此来提高测验的科学性和适应性。

5. 测验的标准化

一套好的题目并不一定是一个好的测验，测验的基本要求是准确、可靠。为了减少误差，就要控制无关因素对测验目的的影响。这个控制的过程，称为标准化，包括测验编制的标准化和测验使用的标准化两方面。编制过程的标准化可保证量具本身符合要求，而使用过程的标准化可保证操作规范，使用得当。测验使用的标准化又可分为施测过程标准化、评分计分标准化和分数解释标准化三个环节。

第二节　教育测验的编制技术

一、命题细目表

命题细目表在前面已经介绍过了，现在着重介绍多维细目表。多维细目表相对于双维细目表来说更具有立体性和空间感，可以表述更多信息，在表述的信息较多较杂的时候可以考虑应用。

多维细目表的制作程序和方法和双维度是一样的，但是多维细目表可以借用颜色图形等进行表述（表 11-2-1）。这种细目表不拘泥于表头和表尾的形式，而是把细目表的四个角都利用起来了，由此展示了比双维细目表更多的信息。

表 11-2-1　淮北师范大学的教育统计学期末考试多维细目表

章节	了解	理解	应用	分析与综合	评价与探究	合计分数
第一章：绪论	2					
第二章：数据的初步整理			4			
第三章：集中量		2			10	
第四章：差异量			2			
第五章：概率及概率分布						
第六章：抽样分布及总体平均数的推断		4				
第七章：平均数差异的显著性检验		2				
第八章：方差分析				15		
第九章：总体比率的推断			4			
第十章：χ^2 检验	2					
第十一章：相关分析					15	
第十二章：回归分析				10		
第十三章：非参数检验		2				
第十四章：抽样设计						

续表

章节	了解	理解	应用	分析与综合	评价与探究	合计分数
第十五章：主成分分析						
第十六章：因素分析	2					
第十七章：聚类分析			4			
第十八章：教育测量学概述		2				
第十九章：教育测量的基本原理						
第二十章：教育测量的编制程序和技术		2		10		
第二十一章：教育测验的项目分析						
第二十二章：教育测验的质量评估			4			
第二十三章：教育测量分数的统计处理	2					

可以用颜色区别不同题型，例如，可以用红色代表选择题，蓝色代表填空题，紫色代表操作题，青色代表计算题等。在一些非彩印的书籍中也才采用斜线条纹和图形之类的进行表述，如斜条代表选择题，细网格代表填空题，纵线代表简答题，横线代表材料分析题，粗网格代表论述题等。

二、命题规范

命题的总体原则以各门课程教学大纲和考试大纲为依据，试题内容要覆盖全学期的教学内容，以考核学生掌握本课程的基本原理和基本知识为主，注意综合实践能力和创新能力的考查，考试试卷应反映出该课程的基本知识框架。命题的同时，应编制试卷参考答案和评分标准，确保考试和阅卷质量。

1. 选择题

（1）优点。

选择题可以测量学生多种层次的学习结果；评分标准统一、客观，有利于提高评阅的速度；允许较大的试题容量，可以保障题目的覆盖范围和代表性；可根据学生对似真选项的选择情况进行诊断。

（2）缺点。

无法了解被试者作答时的思维过程；难以考核被试者的综合能力；具有似真性的干扰选项有时不好编制；存在猜中答案的可能。

（3）编制原则。

题干意义完整，问题表述明确；题干及选项的语言均应简明，避免滥用否定结构、复杂句式；诱答项应具有似真性；同一测验中各题目应尽量保持独立，避免相互牵连；正确答案不能与错误答案有明显区别。

2. 填空题

（1）特点。

填空题主要用于考察被试者对基本知识的记忆和理解能力；受被试者猜测影响小，评分较客观；无法测量高级的学习结果；使用过多容易造成被试者死记硬背。

（2）编制原则。

题意要明确，限定要严密，以保证空白处应填答案的唯一性；题目中空白部分以一处为宜，过多则使题干支离破碎；所有空白处的线段长度应一致，避免产生暗示作用；若答案是数字，应指明单位或数字的精确程度。

3. 判断题和简答题

（1）特点。

判断题和简答题适合于考察被试者对基本知识、概念和原理的掌握、记忆情况；编制简单、灵活。

（2）编制原则。

问题叙述清楚、明确；答案要简短具体，使被试者可以用简洁的语言来回答，避免烦琐的计算和长篇大论；避免只出机械记忆性的题目，应注重知识的应用。

4. 论述题

（1）优点。

论述题可以用于高层次、复杂学习结果的测量；可以用于各学科领域，特别适用于人文、社会科学领域；可以增进学生的思考、应用及解决问题的能力，对于被试者的学习态度和学习方式可以产生积极的影响；可以促使学生注意教材内容的内在联系和对所学知识进行有机组织；试题编制相对容易，可以提高被试者的写作能力。

（2）缺点。

论述题一般都是大题，因此在一次考试中试题的取样范围比较小，且分布不均匀，难以做到全面考查。评分的主观性强，即使有参考答案和评分标准，但因被试者回答自由，回答问题的方向也不尽相同，评分的主观性仍难以避免。

三、命题审核

1. 试题编制的总体要求

（1）编制的试题应题意明确、文字通顺、表述简洁、科学合理，没有政治性、科学性、知识性的错误；无歧义；标点符号无误，制图规范；试题的答案应有定论，不应有争议。

（2）可以通过不同形式对应掌握的知识点进行考查，或从不同侧面提出问题，或从不同章节提炼知识点进行综合应用能力的考查。一道试题可以只考核一个知识点，也可对多章节知识点关联以考核学生知识结构的完整性。

（3）试题既有必须掌握的基本知识，也有绝大多数学生通过对知识点的深入理解能够解决的中等难度内容，还应有少数优秀学生能够通过努力完成的拔高内容。考试题型提倡多样化、标准化，可以设计为主观题，也可以设计为客观题，两者的比例可根据课程性质不同在适当范围内调整。

（4）客观性试题可以是单项选择题、多项选择题、判断题、改错题、填空题等。

（5）主观性试题可以是简答题、论述题、阅读分析题、制图题、证明题、计算题、作文题、案例分析题、设计题等。

（6）无论是主观题还是客观题，都应该遵循命题规范，同时整套试卷的编制和排版、印制都应该符合整体规范。学校可以委托相关部门进行专业审查和规范审批，表 11-2-2 是甘肃省某高校考试试卷审批表，可供参考。

表 11-2-2　甘肃省某高校考试试卷审批表

<table>
<tr><td rowspan="6">命题基本信息</td><td>课程名称</td><td colspan="4">面向对象程序设计</td><td>考试形式</td><td>卷考</td></tr>
<tr><td>开课学期</td><td colspan="4">2011-2012 第 1 学期</td><td>课程学时</td><td>48 + 16</td></tr>
<tr><td>课程性质</td><td colspan="3">A：通修课程平台（）
B：学科基础课程平台（）
C：专业课程平台（）</td><td>课程类型</td><td colspan="2">A：必修（）　B：选修（）
C：通修（）　D：通选（）</td></tr>
<tr><td>适用学生</td><td colspan="3">09 信息、09 应数</td><td>使用教材</td><td colspan="2">C++面向对象程序设计</td></tr>
<tr><td colspan="3">课程承担单位、教研室</td><td>计算机科学学院网络工程教研室</td><td>命题教师姓名及职称</td><td colspan="2">周凌云　讲师</td></tr>
<tr><td colspan="3">命题时间</td><td colspan="2">11 月 1 号</td><td>考试时间</td><td>120 分钟</td></tr>
<tr><td rowspan="14">教研室审核</td><td rowspan="3">材料检查</td><td>试卷类型</td><td>试卷</td><td>参考答案</td><td>评分标准</td><td>题型数量</td><td>电子文档</td></tr>
<tr><td>A</td><td></td><td></td><td></td><td></td><td></td></tr>
<tr><td>B</td><td></td><td></td><td></td><td></td><td></td></tr>
<tr><td rowspan="10">内容规范检查</td><td colspan="3">审核项目</td><td>很好</td><td>较好</td><td>一般</td></tr>
<tr><td colspan="3">A、B 卷题量、难易度是否相当</td><td></td><td></td><td></td></tr>
<tr><td colspan="3">打印规范、清晰</td><td></td><td></td><td></td></tr>
<tr><td colspan="3">题目分值标注规范、分配恰当</td><td></td><td></td><td></td></tr>
<tr><td colspan="3">试卷文字、插图工整、准确</td><td></td><td></td><td></td></tr>
<tr><td colspan="3">命题指导语简明、准确、规范</td><td></td><td></td><td></td></tr>
<tr><td colspan="3">试卷的题量大小、难易度</td><td></td><td></td><td></td></tr>
<tr><td colspan="3">试卷题型、主客观题的比例</td><td></td><td></td><td></td></tr>
<tr><td colspan="3">命题设计思路科学清晰</td><td></td><td></td><td></td></tr>
<tr><td colspan="3">试题与教学内容相关度</td><td></td><td></td><td></td></tr>
<tr><td>审核意见</td><td colspan="6">系（教研室）主任签章：
年　　月　　日</td></tr>
<tr><td>学院审批意见</td><td colspan="7">教学院长（主任）签章：
年　　月　　日</td></tr>
</table>

2. 试题施测的总体要求

命题要严格执行审批制度、保密制度，施测组织要科学、合理，尽量较少外界环境对于测验的干扰，评阅过程中要公平、公正，严格遵守评分标准。

附表　20 种常用的统计与测量分析方法汇总

统计与测量方法		方法解释/目的用途	统计指标/方法命令	适用条件/注意事项	应用举例
1. 描述统计	集中量	反映数据集中趋势	均值，众数，中位数	连续变量，同质数据	英语期末考试总体分析
	差异量	反映数据离散趋势	全距，四分位距，百分位距，四分位差，方差，标准差，差异系数	考虑数据波动和稳定性时使用	全班同学身高差异分析
	分布状态	描绘数据分布形态	偏态量，峰态量，正态分布，*t* 分布，均匀分布，二项分布，泊松分布	根据数据类型和现实关系选择分布形态	检验某班学生体育测试成绩的分布状态
	统计图表	用图与表的形式直观体现数据特征	频数分布表，交叉表，条形图，直方图，散点图，折线图，扇形图，箱图，高低图，人口金字塔图	根据研究目的选择最佳表现力的图表	对比分析某教改实验在不同对象,不同领域,不同时段的效果
2. 数据预处理	抽样设计	按要求从总体中抽取样本	随机抽样，分层抽样，整群抽样，系统抽样，判断抽样	大容量总体抽取 10%左右	从全校 2000 名学生中抽取 200 名学生参加某教学方法实验
	缺省值处理	对缺失值或异常值进行处理	剔除法，均值法，最近距离邻居法，比率回归法，决策树法	缺省值占比很小	一名同学试卷丢失，计算全班同学考试平均分数
	转换组合	个案选择与计算	抽取，拆分，排序，合并，转置，百分等级，标准分数，加权组合	同类型数据	期中与期末成绩按照 3∶7 权重计算总分
3. 正态性检验		检查一组数据是否符合正态分布	P-P 图，Q-Q 图，带有正态曲线的频率直方图，峰度-偏度法，卡方拟合优度检验，K-S 正态检验，Lilliefor 正态分布检验，D 检验，W 检验，动差法	样本容量较大	检验全市 7 年级数学统考成绩是否符合正态分布
4. 参数假设检验		对总体参数进行统计检验和推断统计	点估计,区间估计,平均数,百分数，方差，相关系数	总体分布已知	根据样本均数 70 推断总体均数的可能区间
5. 非参数检验	卡方检验	推断变量是否服从某种特定分布或存在依从关系或实验结果同质性检验	χ^2 值，四格表检验，RC 列联表检验	数据服从正态或近似正态分布	检查考试成绩是否在优，良，中，差四个等级上均匀分布
	单样本 K-S 检验	利用样本数据推断样本来自的总体是否服从某一理论分布	χ^2 值，正态分布表	顺序类型数据，非正态连续数据	利用样本数据推断周岁儿童总体身高是否服从正态分布
	独立样本检验	推断样本来自的两个总体的分布是否存在显著性差异	Mann-Whitney U 检验，K-S 检验，W-W 游程检验，Moses 极限反应检验，中位数检验	相互独立的两组数据，顺序类型数据，非正态连续数据	分析某班男生和女生月考平均成绩是否有显著性差异
	配对样本检验	推断两组配对样本来自的两个总体的分布是否存在显著性差异	McNemar 检验，符号检验，Wilcoxon 符号秩检验	配对数据	分析某教改实验的前测与后测成绩是否有显著性差异

续表

统计与测量方法		方法解释/目的用途	统计指标/方法命令	适用条件/注意事项	应用举例
6. 均值比较	Z检验	用标准正态分布的理论来推断差异发生的概率，比较平均数的差异是否显著	Z值，正态分布表	样本容量大于 30，符合正态分布	比较实验组和控制组前测和后测成绩是否存在差异
	单样本t检验	推断样本均数与已知总体均数（常为理论值或标准值）有无显著性差异	t值，F值，sig，均值，标准差	定量数据，（近似）服从正态分布	比较某大学学生体质健康水平是否高于全省水平
	配对样本t检验	检验两组配对样本均值是否有显著性差异	t值，F值，sig，均值，标准差，相关系数	定量数据，（近似）服从正态分布	比较两种运动饮料对人们跑步距离的影响差异
	独立样本t检验	检验两组独立样本均值是否有显著性差异	t值，F值，sig，均值，标准差	定量数据，（近似）服从正态分布	分析城镇储户和农村储户的一次平均取款金额是否存在差异
7. 信度	同质性信度	量表或问卷的内部一致性检验	克伦巴赫α系数，库德理查逊公式，协方差法，因素分析法	一般问卷、量表、试题在使用前都要检验该项	自制态度量表所有题项的一致性检验
	重测信度	重复检测检查测量的可信度和真实性	相关分析，稳定系数	所测心理特性稳定，遗忘和练习基本抵消，时间间隔恰当	用同一试卷间隔 5 天测试同一批被试者
	复本信度	使用复本（平行试卷）检查测量可信度	相关分析，等值系数	构造完全平行的测验，适用于难度或速度测验	用 A、B 卷连续测试同一批被试者
	分半信度	同一份试卷按照奇偶分半，检查相关性	相关分析，斯皮尔曼-布朗公式校正	无法重测或没有复本的情况下使用	对高考试卷进行分半信度检验
	评分者信度	多个评分者对同一批人的答卷评分的一致性程度	相关分析，肯德尔和谐系数	无固定答案的主观测验	分析5名面试考官对30名面试者的评价是否一致
8. 效度	内容效度	实际测量到的内容和所要测的内容之间的吻合程度	专家评判法，复本法，重测法，经验推测（实验检验）	一般事先需要建立内容标准	对会考试卷内容是否超纲进行分析
	结构效度	测验分数是否能够代表心理学理论的某种结构或特质	因子分析，内容效度，同质性信度，相容效度，区分效度	需要多个证据累加，相互佐证	人格量表结构分析
	效标效度	预测个体在某种情境下行为表现的有效性程度	相关法，区分法，命中率法，预期表法	效标关联需要有实际证据和意义	分析大学学业优秀与职场成功的效标关联
9. 相关分析	积差相关	两个连续变量之间相关程度	皮尔逊相关系数，sig	等距或比率变量，正态分布	身高与体重的相关性分析
	等级相关	两个等级变量之间相关程度	斯皮尔曼相关系数，sig	顺序变量	分析作文等级与演讲等级的相关性
	肯德尔和谐系数	多个等级变量之间相关程度	无参数假设检验，随机变量，sig	多列相关等级数据	分析 5 名评委对 20 名演讲者成绩的相关性
	质与量相关	连续变量与名义变量之间相关程度	二列相关，点二列相关，多系列相关	正态变量	分析学科分数与品德优劣的相关性
	品质相关	连续变量划分为不同品质之间相关程度	四分相关，χ^2相关，列联相关	变量划分为不同的品质类别	男女性别与及格与否的相关性分析
	偏相关	排除干扰因素之后的净相关	相关系数矩阵，线性回归法，迭代法	需要排除的干扰因素有交互作用	排除温度干扰因素，分析水稻产量与降雨量的相关性
	典型相关	利用综合变量考查两组指标整体相关性	典型相关系数	利用综合变量	分析 3 个学术能力指标与 5 个在校成绩表现指标之间的相关性

续表

统计与测量方法		方法解释/目的用途	统计指标/方法命令	适用条件/注意事项	应用举例
10. 方差分析	单因素方差分析	多个平均数之间是否有显著性差异	均值，方差，标准差	样本相互独立，总体正态分布	考查同年级6个班级英语水平是否有显著性差异
	多因素方差分析	多个因素对因变量产生影响	描述统计，方差齐性检验，多因素方差分析表，主体间效应检验	相互独立的随机样本，正态分布总体，方差齐性	分析职业和受教育程度对工资的影响
	协方差分析	排除协变量的影响后再对修正后的主效应进行方差分析	LSD检验法，Bonferroni校正法，S-N-K检验法，Tukey检验法，Games-Howell检验法	相互独立的随机样本，正态分布总体，方差齐性	排除职业因素，分析受教育程度对工资的影响
11. 回归分析	线性回归	检查自变量与因变量是否符合直线变化关系	一元线性回归，多元线性回归	连续型变量，因变量或残差服从正态分布	分析并预测产品质量和用户满意度之间的因果关系
	曲线回归	检查自变量与因变量是否符合某类曲线变化关系	曲线估计，logistic回归分析	用散点图与不同曲线拟合进行对比	分析广告支出和销售量的关系
12. 聚类分析		将样本数据归属到不同的类或簇	层次聚类，合并法，分解法，树状法，距离系数，相关系数，列联系数	可伸缩性，高维度可解释性和可用性	通过购买模式分析将客户归类到不同类别的客户群
13. 判别分析		根据研究对象的各种特征值判别其类型归属	Fisher判别分析法（距离判断），Bayes判别分析法	事先知道事物的类别和分类历史资料	消费者对新产品的“喜欢”和“不喜欢”的类型判别
14. 因子分析		从变量群中提取共性因子	主成分分析法，重心法，影像分析法，析出因子，验证因子，残差	明确测度项、因子、残差之间的关系	分析一份调查问卷的50个题项共体现了几个主要维度
15. 时间序列分析		研究随机数据序列的趋势，季节变动，循环波动和不规则波动	时间序列，序列观察值，下期预测值，平均值，自相关分析，谱分析	曲线拟合和参数估计方法	企业经营管理或市场潜量预测
16. 生存分析		描述或比较生存过程，研究生存时间分布规律，分析危险因素生存过程的影响	统计描述，非参数检验（乘积极限法，寿命表），（半）参数模型回归分析	各组生存曲线不能交叉	癌症患者生存时间分析，工程中的失败时间分析
17. 测量质量分析		从技术层面保证命题的科学性	误差分析，信度检验，效度检验，难度，区分度	与测量目的高度关联	统考试卷的科学命制与质量分析
18. 量表/问卷科学性检验		问卷是否达到科学性要求	一致性信度检验，内容效度检验，结构效度检验	改变测量条件或更换测量对象时需重新检验	自制调查问卷的科学性检验
19. 教育测验		保证教育测验的公平性和科学性	双向细目表，命题规范，命题审核，施测标准	教育性解释，慎用结果	大规模、高利害考试命题与施测
20. 其他测量理论与方法		对经典测量理论进行补充分析	概化理论，项目反应理论，数学建模，神经网络，系统方程	根据研究精度和研究目的综合选择	PISA[①]测试的科学性检验

①表示国际学生评估项目（The Programme for International Student Assessment，PISA）。

参 考 文 献

车宏生，2006. 心理与社会研究统计方法[M]. 北京：北京师范大学出版社.

戴海崎，2011. 心理与教育测量[M]. 广州：暨南大学出版社.

冯伯麟，2005. 教育统计学[M]. 北京：人民教育出版社.

顾海根，2008. 心理与教育测量[M]. 北京：北京大学出版社.

黄光扬，2012. 教育测量与评价新编教程[M]. 上海：华东师范大学出版社.

简小珠，2017. SPSS23.0 统计分析在心理学与教育学中的应用[M]. 北京：北京师范大学出版社.

金娣，2007. 教育评价与测量[M]. 北京：教育科学出版社.

梁红梅，2005. 教育统计学[M]. 长春：东北师范大学出版社.

邵志芳，2004. 心理与教育统计学[M]. 上海：上海科学普及出版社.

史晓燕，2016. 教育测量与评价[M]. 北京：北京师范大学出版社.

王孝玲，2006. 教育统计学[M]. 上海：华东师范大学出版社.

王孝玲，2012. 教育测量[M]. 上海：华东师范大学出版社.

辛涛，2010. 心理与教育统计学[M]. 北京：中国人民大学出版社.

张厚粲，2009. 现代心理与教育统计学[M]. 北京：北京师范大学出版社.

张厚粲，2015. 现代心理与教育统计学[M]. 北京：北京师范大学出版社.

张敏强，2010. 教育与心理统计学[M]. 北京：人民教育出版社.

张敏强，2019. 教育测量学[M]. 北京：人民教育出版社.

赵建三，2019. 测量学[M]. 北京：中国电力出版社.

朱德全，2008. 教育统计与测评技术[M]. 重庆：西南师范大学出版社.

朱德全，2016. 教育测量学[M]. 北京：中国人民大学出版社.